SORTIR DU CHÔMAGE

PSYCHOLOGIE ET SCIENCES HUMAINES

Martine Roques

sortir du chômage

Un effet de réorganisation du système des activités

MARDAGA

© 1995, Pierre Mardaga éditeur
Rue Saint-Vincent 12 - 4020 Liège
D. 1995-0024-6

Il est d'usage de remercier toutes les personnes qui nous ont aidé, d'une manière ou d'une autre, à aboutir à la production d'un ouvrage. Cependant, je ne remercierai ici qu'une personne.

Parce que cette personne est à l'origine du modèle présenté ici.

Parce que je souhaite à tous les étudiants de croiser un jour dans leur parcours un professeur comme celui-ci, passionné par son sujet et passionné par les étudiants.

Parce que c'est quelqu'un qui sait guider sans enfermer, qui par sa sincérité, jusque dans l'incertitude, par son amour de la vie et des autres, m'a apporté beaucoup, autant au niveau professionnel que personnel.

Certains diront qu'aux travers de ces phrases, on retrouve la soumission à un maître dont il faut savoir se détacher.

Je pense pour ma part que le rapport au maître est seulement ce que l'on en fait, rien de plus. Je ne sais pas si j'ai été une bonne élève, mais je sais qu'il a été et est encore un bon maître.

Je tenais à l'en remercier.

Je dédie ce livre, qui est aussi le sien, à Jacques CURIE.

NOTE AUX LECTEURS

Le modèle théorique dans lequel se place ce livre a été élaboré à l'Université de Toulouse le Mirail, par une équipe de psychologie sociale (Curie, Baubion-Broye, Cascino, Hajjar, Le Blanc, Marquié, Roques). Il a été notamment utilisé pour étudier la transition psychosociale que constitue le chômage.

Depuis quelques années, il a été mis à l'épreuve par d'autres équipes de recherche (par exemple à l'université de Poitiers et de Montpellier, au département étude et méthode de l'A.F.P.A.).

Il est heureux que de plus en plus de chercheurs adoptent ce modèle. C'est par les critiques, autant positives que négatives, d'une pluralité de chercheurs, que celui-ci évoluera et se consolidera.

Ce livre est le premier qui présente la problématique du système des activités et une application à la situation de chômage. Il vise à présenter de la manière la plus complète possible, ce modèle et ses implications, et ceci notamment pour le milieu scientifique. Mais ce livre s'adresse aussi aux praticiens. En effet, ce modèle apporte un éclairage nouveau et d'après nous essentiel à la pratique en direction des personnes en difficulté d'insertion sociale et professionnelle.

Cette ambition peut paraître, dès le départ, une gageure, car la communication en direction de ces deux publics utilise rarement le même langage, les mêmes codes. C'est ce que relevait Lucien Brams en 1992 : « Comment rendre compte de travaux de recherche à des destinataires qui sont le plus souvent mobilisés sur le court terme, qui n'ont guère le temps disponible, et qui n'ont aucune raison de s'intéresser à des produits dont l'écriture, la structure, la logique d'exposition, les résultats eux-mêmes, obéissent à des critères propres à la culture scientifique ? » (Bouillaguet et Guitton, 1992, p. 20).

Nous n'avons pas la prétention d'annuler, dans notre ouvrage, ce problème de communication. Ce livre, issu d'un travail entrepris dans le cadre d'une thèse de doctorat en psychologie sociale, reste ancré dans une culture universitaire.

Mais nous avons essayé de répondre, au moins partiellement, à cette double exigence (en présentant par exemple le plus souvent possible des résumés permettant au lecteur de se situer à tout moment; en présentant la recherche — partie 3 — de la manière la plus simplifiée possible; en essayant d'échapper à un langage trop « académique »; en incluant à la fin un index des auteurs et des thèmes, etc.).

Nous avons aussi mis, à la fin de chaque grande partie, un chapitre : « résumé-conclusion » qui permettra, avec l'introduction et la conclusion générale, d'avoir un premier aperçu du contenu de ce livre.

Nous espérons que chaque lecteur trouvera ainsi dans ce livre les éléments qui lui sont nécessaires et qu'il est venu y chercher.

Introduction

Ces dernières années, « les politiques de lutte contre le chômage de longue durée ont bénéficié de moyens croissants ; leurs instruments ont été perfectionnés et diversifiés ; des résultats positifs ont été obtenus. Pourtant, la réflexion aujourd'hui doit partir d'un constat d'échec » (Freyssinet, in Bouillaguet *et al.*, 1992, p. 18).

Ce constat s'appuie notamment sur l'augmentation de plus en plus inquiétante du nombre d'exclus. Ainsi, les réflexions sur le chômage rejoigne par bien des aspects celles de l'exclusion (voir par exemple : Wuhl, 1991). Les données du problème se trouvent complexifiées et parfois difficiles à identifier. A tel point que même le vocabulaire employé pour traiter de ces problèmes se trouve questionné, dans ces définitions (comme nous le verrons dans cette introduction) mais aussi dans son adéquation.

Ainsi, Curie (1993) note que « la notion d'insertion — « introduire, mettre dans, ... » — comporte plusieurs aspects dénotatifs et connotatifs dont il est faible de dire qu'ils ne correspondent plus [...] aux formes actuelles d'accès ou de retour à l'emploi. Et qu'ils handicapent même la réalisation de ce que cette notion prétend décrire. Cette notion d'insertion véhicule l'idée que l'individu doté par le système de formation et éventuellement par son expérience professionnelle d'un certain nombre de capacités va prendre place naturellement dans une case professionnelle pré-définie correspondant à ses capacités.

Économistes et sociologues ont depuis une quinzaine d'années fait observer à quel point ce modèle était devenu inadéquat : la relation entre l'emploi et les compétences acquises dans le système de formation devient plus ténue; entre la formation et l'emploi se situe de nombreuses navettes; des emplois précaires et/ou à temps partiel contraint précèdent l'entrée dans un emploi plus stable mais qui est de moins en moins «définitif»; l'accès à un emploi est long, il prend un temps qui doit être géré. Entre la vie professionnelle et la vie extra-professionnelle, les frontières deviennent plus poreuses au début mais aussi pendant et à la fin de la vie active.

Parler de *transition professionnelle* ne constitue pas un simple changement de mot. Cette notion prend en compte la durée de l'accès ou du retour à l'emploi, l'existence de phase dans ce cheminement, le travail psychique qu'il implique, la nécessité de supports institutionnels de ce travail» (p. 297).

De même, nous avons montré, dans une étude sur les bénéficiaires du Revenu Minimum d'Insertion (R.M.I.), «que le concept d'employabilité est apparu en premier lieu dans des périodes de plein emploi. Et cette référence est toujours sous-jacente, du fait que le concept d'employabilité réfère à la norme de plein emploi. L'usage du concept d'employabilité reste donc discutable s'agissant des exclus, même s'il peut permettre de mobiliser les plus dynamiques, car il favorise la confusion entre intégration sociale et soumission aux normes changeantes des employeurs» (Roques et Chapelier, 1994, p. 15; voir aussi Ferrieux, 1992, p. 93).

Cette remise en cause n'est pas une simple «volonté d'intellectuels», mais montre, d'après nous, que les problèmes d'insertion sociale et professionnelle ne peuvent plus être abordés comme dans le passé. Non seulement notre manière d'envisager le chômage doit évoluer, mais nous devons aussi adopter un «nouveau regard» pour accéder à une compréhension aussi complète que possible des réactions au chômage.

C'est ce «nouveau regard», au travers d'un modèle théorique, qui est présenté ici. Partant d'une question centrale : «quels sont les facteurs qui peuvent faciliter ou au contraire gêner la sortie du chômage?», nous nous efforcerons de montrer en quoi ce nouveau modèle permet d'accéder à une compréhension plus exhaustive du vécu de situations de transitions.

1. UNE QUESTION CENTRALE :
Quels sont les facteurs psychologiques et psychosociaux susceptibles d'accélérer (ou de gêner) la sortie du chômage ?

L'objet de ce livre est l'analyse des conditions psychologiques et psychosociales de sortie du chômage.

Autrement dit, quels sont les facteurs qui peuvent accélérer (ou au contraire, ralentir) la sortie du chômage ?

Ce questionnement provient d'un constat simple :

La catégorie des chômeurs est hétérogène quant à la période durant laquelle les individus demeurent demandeurs d'emploi. La variance dans la distribution des durées individuelles de chômage est, en effet, considérable, même si le chômage de longue durée devient, à l'heure actuelle, de plus en plus fréquent.

Il ne s'agit pas, précisons-le de suite, d'expliquer uniquement ces différences de durée du chômage par des causes psychologiques et/ou psychosociologiques. Une part importante, la plus importante même sommes nous prête à admettre, de cette variance est explicable par des facteurs relatifs à l'offre d'emploi. La variété des taux de chômage selon les «bassins d'emploi» s'explique très largement par une raréfaction de l'offre d'emploi due à des restructurations de l'appareil productif. Cette explication est tout aussi valable pour rendre compte de la croissance générale de la durée moyenne du chômage et du nombre des chômeurs de longue durée.

Cependant, cette explication économique massive ne peut faire oublier cette vérité toute simple que pour qu'il y ait emploi, il faut certes que l'emploi existe mais aussi qu'il soit recherché et trouvé. S'interroger sur les processus psychologiques et psychosociaux que mobilisent les demandeurs d'emploi pour faire face à leur situation n'est pas futile. En effet, dès que sont analysés un peu plus finement les grands agrégats économiques, on constate que, dans un même bassin d'emploi, des sujets, toutes choses étant égales par ailleurs et en particulier à caractéristiques socioprofessionnelles identiques, «s'en sortent» mieux que d'autres. L'inégale «performance» à trouver un emploi semble bien renvoyer, au moins pour une part, à l'inégale «compétence» à le chercher. D'ailleurs, c'est bien ce postulat implicite qui justifie l'ampleur des moyens d'aide mis à la disposition des chômeurs pour structurer un projet professionnel, mobiliser leurs connaissances, apprendre à rechercher un emploi. Nous retrouvons aussi ce postulat dans des études telles que celle menée par Eden et Aviran (1993), dans leur article : « la formation à l'auto-efficacité pour accélérer le réemploi : aider les personnes à s'aider elles-mêmes».

Blanch (1989) résume ainsi la nécessité de prendre en compte les dimensions psychosociales de la construction de «l'employabilité» :

«Lorsque ces médiations psychosociales ne sont pas prises en compte, les différents organismes socio-politiques qui affrontent le défi du chômage [...] paraissent assumer, de ce fait, des présupposés implicites comme les suivants :

– étant donné certaines conditions économiques, politiques, sociales, juridiques, l'emploi se répartit de façon aléatoire et équitable parmi tous ceux qui le demandent ;

– et, soit tous les demandeurs d'emploi peuvent/veulent/savent affronter, avec une efficacité identique, leur situation, soit les éventuelles différences entre eux à ce sujet n'ont pas de répercussions sur leur employabilité.

Cependant, de nombreux professionnels de l'insertion au travail connaissant et pratiquant leur métier [...] reconnaissent avoir l'impression que l'emploi n'est pas distribué au hasard parmi les demandeurs. Ni même parmi les catégories de demandeurs qui partagent les mêmes caractéristiques socio-démographiques et le même curriculum» (p. 3).

Il s'agit pour nous d'aller au delà des « impressions » des praticiens, non pas parce que nous pensons que celles-ci sont fausses, mais au contraire, parce qu'elles s'appuient sur des constats facilement repérables dans la réalité professionnelle de ces praticiens. Mais, pour nous, constater ne suffit pas, il est nécessaire de trouver des explications à ces constats.

Ainsi, une approche purement économique par l'offre d'emploi est insuffisante pour comprendre l'inégale employabilité des demandeurs d'emploi. De plus, la prédominance de cette approche conduit à centrer l'interrogation sur les conséquences psychologiques du non emploi. Autrement dit, pour reprendre la phrase de Jahoda (1979b, p. 492) : « Freud disait que le travail est le lien le plus fort entre l'homme et la réalité. Que se passe-t-il, alors, quand l'homme se trouve en dehors du travail ? » Mais, est-il vrai que le travail soit le lien le plus fort chez tous les individus ? N'en existe-t-il pas d'autres ?

En définitive, une réflexion, aussi rapide soit-elle, conduit à retirer au chômage et aux problèmes des chômeurs leur apparente simplicité. L'ambition de ce livre est, comme toute recherche, de substituer à une simplification de la réalité, opérée par les représentations sociales dominantes et les processus de catégorisation qu'elles impliquent, une autre simplification fondée sur une connaissance des processus qui génèrent cette réalité.

Mais avant d'aborder directement notre recherche, nous voudrions donner ici quelques éléments de définitions préliminaires qui nous semblent importantes pour clarifier notre propos.

2. QUELQUES DÉFINITIONS PRÉLIMINAIRES

Comme le souligne Marcel et Taïeb (1991) : « le chômage est un fait de société que personne n'ignore. Est-il pour autant si facile à appréhender sous ces différents aspects ? Rien n'est moins sûr. La définition même du phénomène n'est pas si simple qu'il ne semble » (p. 11).

Ce propos suppose que soit d'abord reconnu l'extrême complexité de cette réalité sociale que constitue le chômage.

De prime abord, le chômage semble être une réalité simple et sans ambiguïté. Le langage courant considère souvent la population des chômeurs comme homogène et ce terme générique est utilisé, sans interrogation sur la diversité qu'il recouvre.

Or, quand ce questionnement est pris en compte, il apparaît immédiatement que le chômage constitue une réalité socio-économique complexe. Cette complexité est mise à jour par la difficulté d'élaborer une définition unique et satisfaisante du phénomène. Comme le souligne Fahy (1985, p. 7) : « Le chômage serait un phénomène simple à appréhender si une définition claire en était donnée ». De plus, ce problème de définition ne concerne pas seulement le terme de chômage, mais aussi les notions d'emploi et de travail. Non seulement parce qu'une clarification conceptuelle est nécessaire, mais aussi parce que « les mots emploi et chômage sont interconnectés plutôt que séparés » (Hartley, 1980a, p. 412). De même, Chen, Marks et Bersani (1994) notent que les premières recherches sur les effets du chômage souffrent d'une imprécision de la conceptualisation de cette notion.

2.1. Définition du chômage

La définition du chômage donnée par le Bureau International du Travail comprend trois conditions :

1) ne pas avoir d'emploi,
2) être à la recherche d'un emploi rémunéré,
3) être disponible, à même de travailler immédiatement.

Ainsi, le chômage peut être défini « comme un état d'inactivité vécu par des personnes qui se considèrent, ou qui sont considérées par d'autres, comme des membres potentiels de la population active [...]. Les chômeurs sont donc ceux qui sont disponibles pour le travail et qui n'arrivent pas à s'en procurer [...]. Cette notion inclut des groupes qui n'ont jamais eu d'emploi, tels que les jeunes qui terminent leurs études, et aussi des groupes qui, à un moment donné, ont volontairement arrêté de travailler, mais qui désirent réintégrer la population active » (Hayes et Nutman, 1981, p. 8).

La perte d'emploi est défini comme « le terme involontaire et prématuré d'un emploi » (Hayes et Nutman, 1981, p. 9).

En France, comme dans d'autres pays (par exemple : en Espagne), le chercheur s'intéressant à la population des chômeurs s'adressera à l'organisme qui s'en occupe plus particulièrement : l'A.N.P.E. (Agence Nationale Pour l'Emploi), l'I.N.E.M. en Espagne (Institut National pour l'Emploi).

Cependant, toutes les personnes inscrites dans ces organismes ne correspondent pas obligatoirement à la définition du chômage donnée ci-dessus, à savoir une personne qui n'a pas d'emploi et qui en cherche un. C'est à cette définition que s'applique le terme de chômage complet (situation du travailleur qui ne peut trouver un emploi).

S'il semble clair, d'après ces définitions, que le chômage est l'absence « totale » d'un emploi, comme beaucoup d'évidences, celle-ci cache bien des situations intermédiaires, et déclarer un individu chômeur pose parfois des problèmes importants. Ceux-ci apparaissent notamment lorsqu'est abordée la dichotomie chômage/emploi.

2.2. La dichotomie chômage/emploi

Certaines formes de chômage recouvrent des réalités qui sont plus ou moins éloignées de la situation de chômage telle que définie précédemment, à savoir l'absence totale d'un emploi. Pour prendre quelques exemples, les personnes en chômage partiel (situation des travailleurs d'une entreprise, d'une branche industrielle, d'une région ou d'un pays qui, du fait des conditions économiques, ne peuvent être occupés pendant la durée légale du travail) et en chômage saisonnier (situation des travailleurs de certaines industries lorsqu'ils perdent régulièrement leur emploi à certaines périodes de l'année, du fait du ralentissement ou même de l'interruption périodique de l'activité de ces industries) ne devront pas être prises en compte par les études sur le chômage.

Blanch (1989, p. 2) a souligné cette difficulté : « Derrière la façade univoque et uniforme de l'emploi se cache une réalité complexe, hétérogène et historique. Le chômage constitue aussi une sorte de melting pot sur lequel il est urgent d'opérer un travail de clarification conceptuelle ». Il souligne que le terme de « chômeur générique, tel qu'il est habituellement invoqué dans le langage courant et même dans les discours politique, syndical et scientifique » doit être questionné.

Cette question a des implications pratiques importantes dans notre recherche, car cerner avec exactitude la position d'une personne entre l'emploi et le chômage est nécessaire pour constituer l'échantillon. Or, prendre les listings de l'A.N.P.E. ou de l'I.N.E.M. ne suffit pas à garantir que les personnes prises en compte correspondent à une situation de chômage complet.

Blanch (1989, p. 7) en décrivant la constitution de l'échantillon de son étude, précise que « parmi les 3 000 individus qui composaient l'échantillon initial, 307 sont exclus car, tout en étant inscrits officiellement comme chômeurs, ils sont apparus comme occupant un emploi au sein de l'économie irrégulière ».

Ainsi, diverses situations, en plus du chômage complet, peuvent être présentes pour les personnes inscrites à l'A.N.P.E., à savoir des personnes :
– ayant un emploi « officieux » (travail au noir);
– ayant un emploi mais, pour diverses raisons, désirant en changer;
– aidant un ou plusieurs membres de leur famille dans leur activité salariée (exploitation agricole, artisanat, ...);
– ayant un emploi à temps partiel (quart de poste ou mi-temps) et qui désirent trouver un emploi à temps plein.

Ces quelques exemples, non exhaustifs des multiples situations, montrent la difficulté de différencier de façon simple chômage et emploi.

De plus, comme le montre Depolo, Fraccaroli et Sarchielli (1989) : « les recherches qui existent montrent toutefois une limite importante : elles considèrent le processus de transition du chômage à l'emploi comme un passage automatique d'une condition où il n'y a pas de travail du tout, à une autre où travailler signifie un emploi stable, à plein temps» (p. 1). Or, étant donné le développement des contrats à durée déterminée et des stages, il est difficile de savoir à quel moment on peut considérer qu'un individu a retrouvé un emploi.

Lors de la constitution de l'échantillon de notre étude (que nous présenterons plus loin), nous avons trouvé plusieurs personnes qui correspondaient à ces situations «marginales» de chômage (ou d'emploi). Lorsque nous en avons eu connaissance, nous avons décidé de ne pas prendre en compte ces personnes dans notre étude. Mais, il est parfois difficile, notamment pour le «travail au noir», de déceler ces situations intermédiaires entre emploi et chômage.

Ce problème de dichotomie entre chômage et emploi est donc bien réel et il n'est pas toujours aisé, comme nous venons de le voir, d'y apporter des solutions. Une façon de l'éclairer, sans toutefois le résoudre complètement, est de s'attacher à la différence entre emploi et travail. Ainsi, par exemple, la personne, au chômage, qui aide un membre de sa famille dans son activité professionnelle travaille-t-elle? Cette aide peut-elle être considérée comme un emploi?

2.3. Différence entre travail et emploi

De nombreux auteurs insistent sur l'importance de différencier emploi et travail (par exemple Hartley, 1980a, p. 412; Feather, 1985, p. 267). Comme le précise Hayes et Nutman (1981, p. 8), être au chômage «ne signifie pas que les individus au chômage ne fassent rien, car nous utilisons travail dans son acception moderne, c'est-à-dire emploi rémunéré».

Hartley (1980a) précise que «pour comprendre l'impact psychologique du chômage, il est important de clarifier ce qui a été perdu en devenant chômeur. Ici, la distinction entre travail (work) et emploi (employment) est utile». Pour Hartley, le terme emploi convient «lorsque l'individu reçoit une récompense financière pour ses travaux [...]. Essentiellement, l'emploi est la relation entre l'employé et l'employeur — relation basée sur l'échange. D'un autre côté, le travail est une activité. Il peut être effectué à l'intérieur ou à l'extérieur de la relation d'emploi». De cette différenciation découle une vision du chômage en relation avec la définition de l'emploi: «perdre un emploi est souvent une double perte: non seulement on est privé des gratifications de la relation d'échange mais aussi des bénéfices de cette activité» (p. 412). Hartley remarque même que la structure de la langue anglaise souligne le fait que «l'emploi est perçu comme normal et le chômage comme anormal et temporaire» et qu'elle n'exprime en aucune manière «le manque d'emploi comme une activité positive». Le chômage est toujours décrit en référence à l'emploi; par exemple : «out of work» (hors du travail), «workless» (sans travail), «unemployed» (sans emploi, chômeur), «laid off» (licenciement).

Fryer et Payne (1984, p. 284; 1986, p. 236) insistent eux aussi sur cette distinction. Ils soulignent que leurs sujets établissent une différence entre le travail, activité intentionnelle, et l'emploi, institution sociale. Pour eux, l'emploi est défini comme une relation contractuelle d'échanges, volontaire mais réglée institutionnellement. C'est une relation entraînant des droits et des devoirs des deux côtés. Le travail est une activité visant un but qui dépasse le plaisir de sa propre exécution, c'est une action sur la nature, les gens ou les idées, destinée à augmenter leur valeur pour un usage futur.

Ainsi, à la question posée précédemment, nous pouvons maintenant répondre que la personne qui aide un membre de sa famille dans son activité salariée travaille, bien qu'elle n'ait pas d'emploi (si, bien entendu, ce travail n'est pas rémunéré). Cette distinction entre travail et emploi nous amènera donc à parler préférentiellement d'emploi. Cependant, les deux termes ont souvent été utilisés de façon interchangeable, malgré les exhortations à considérer la distinction conceptuelle (par ex : Pym, 1979). Lorsque nous ferons référence aux recherches sur les effets psychologiques du chômage, nous conserverons le terme employé par les auteurs.

C'est à l'analyse de la littérature sur ces effets psychologiques du chômage que sera consacrée la première partie.

Mais, fondamentalement, ce que nous voulons analyser, ce sont les *réactions* des chômeurs à ces effets, les processus d'organisation par lesquels les sujets vont répondre à la situation. La proposition d'un nouveau modèle d'analyse constituera la deuxième partie.

La mise à l'épreuve de ce modèle d'analyse fera l'objet de la troisième partie : nous présenterons les résultats d'une étude longitudinale permettant d'apporter des éléments de réponse à la question posée ici et de proposer des pistes de réflexion.

En conclusion, nous tirerons les enseignements théoriques et pratiques possibles à partir de cette recherche.

PREMIÈRE PARTIE

LES EFFETS PSYCHOLOGIQUES
DU CHÔMAGE

Introduction

Il est important, en introduction de cette partie, de préciser les choix que nous avons effectués pour conduire celle-ci. En effet, vouloir faire une revue de questions qui embrasse l'étendue de la littérature, même en se limitant aux études psychologiques et/ou psychosociologiques sur le chômage, peut paraître une gageure. La complexité de la compréhension du phénomène, les différents groupes concernés (qui peuvent être distingués par des variables telles que : âge, sexe, niveau de formation et/ou de qualification, race, catégorie socioprofessionnelle, situation géographique, pays, ...), la diversité des variables prises en compte (santé physiologique : taux de cholestérol, ... et/ou psychologique : bien-être psychologique, moral, estime de soi, stress, dépression, valorisation de l'emploi, supports sociaux, ...), les différents cadres et perspectives théoriques nous amènent devant un corpus de production intense, souvent confus et dont les résultats ne sont pas toujours comparables.

Diverses manières de répondre à la difficulté d'aborder les études sur le chômage sont présentes dans les revues de questions. Les auteurs ont choisi des points de focalisation qui leur permettent de rendre compréhensible et cohérent ce corpus complexe. Ceux-ci ne sont pas exclusifs les uns des autres et certains auteurs en ont pris plusieurs en compte (par exemple : Feather, 1985). Sans prétendre à l'exhaustivité, nous pouvons citer trois points de focalisation : se limiter à la production d'un seul pays, écarter les recherches concernant des groupes particuliers, se centrer sur la recherche des années 30 et/ou 70 à nos jours.

a) Se limiter à la production d'un seul pays

Ce choix a été fait par des auteurs tels que Furnham (1984), Kelvin et Jarett (1985) qui se sont intéressés à la littérature britannique, Feather (1985) s'étant centré sur la recherche australienne.

Kelvin et Jarett (1985), dans leur livre sur les effets psychologiques du chômage, ont restreint leur champ d'investigation aux études anglo-saxonnes pour différentes raisons. Ils prennent deux exemples :

– Le premier concerne les différences d'encadrement du chômage dans les différents pays : « la façon dont un individu réagit au chômage devrait être influencée de manière significative par le niveau de prestations que la société donne à ses chômeurs et par les conditions d'accessibilité à ces prestations » (p. 8).

– Le deuxième exemple pris est relatif aux différences climatiques. « On trouve en passant des références aux conditions atmosphériques, par exemple à l'angoisse supplémentaire causée par un hiver rigoureux (Zawadski et Lazarsfeld, 1935) mais il n'y a aucune comparaison vérifiée » (p. 9).

Les deux raisons invoquées, bien que d'après nous d'inégale importance, peuvent en effet avoir un rôle sur le vécu du chômage. Bien qu'il nous semble que d'autres conditions, certainement aussi importantes [comme par exemple le taux de chômage actuel dans le pays ou la région (dont parlent aussi Kelvin et Jarett, 1985, Jackson et Warr, 1987), le milieu rural ou urbain où se fera l'étude, etc.] peuvent aussi jouer dans une différenciation des réactions, nous ne pensons pas que cela soit un frein à une comparaison des résultats des études internationales. Il est à noter d'ailleurs que ces deux auteurs font référence dans leur revue à des études qui d'après eux sont incontournables du fait de l'importance des résultats mais qui ne sont pas anglo-saxonnes (Jahoda, Lazarsfeld et Zeisel, 1933, en Autriche; Komarovsky, 1940, en Amérique).

Feather (1985), quant à lui, s'est intéressé aux études australiennes, expliquant ce choix par l'impossibilité de faire le tour complet de la littérature internationale. Cette raison est tout à fait réelle et nous la reprenons à notre compte, même si elle nous amène à d'autres choix que celui d'une limitation à la littérature d'un pays.

Pour terminer sur ce point, il nous faut reconnaître que la littérature de langue anglaise est riche sur le sujet du chômage, alors que celle de langue française est plus fragmentaire et plus rare (bien qu'elle commence à se développer ces dernières années). Nous centrer sur la seule recherche française nous aurait amené à des lacunes certaines sur les apports de la recherche en général dans ce domaine. De plus, comme le souligne Brams : « une connaissance plus approchée de la situation et des politiques suivies ailleurs, l'apport des experts étrangers, ne peuvent que contribuer à une meilleure appréhension de la spécificité française » (in Bouillaguet et Guitton, 1992, p. 21).

b) Écarter les recherches concernant des groupes « particuliers »

Un deuxième critère est d'écarter les recherches portant sur des groupes « particuliers », c'est-à-dire des groupes pour lesquels le chômage peut être un effet de leurs caractéristiques particulières (par exemple : les handicapés physiques ou mentaux, les anciens détenus, etc.). Ce choix n'est évidemment pas dû au manque d'intérêt de ces recherches et nous nous sommes d'ailleurs intéressé en d'autres temps aux problèmes des chômeurs handicapés et immigrés (Roques, 1985). Cependant, la spécificité de ces groupes ne peut être niée et les problèmes inhérents à leur réinsertion, même s'ils rencontrent en certains points ceux des chômeurs en général, impliquent d'autres processus (xénophobie, rejet du handicap, ...) qui viennent complexifier la situation. Il semble nécessaire de comprendre d'abord le « modèle général » des effets du chômage avant d'aborder les questions de ceux qui ont des problèmes spécifiques. Nous verrons plus loin, dans cette revue de questions, que parler de « modèle général », même pour les personnes qui n'ont pas de problèmes spécifiques tels que ceux mentionnés ci-dessus, est déjà en soi un abus de langage. Et certains auteurs (par exemple : Fryer et Payne, 1984) se sont attachés à montrer que les résultats généraux des études sur le chômage ne tiennent pas compte de la complexité des réactions des individus.

Mais le choix d'écarter les recherches s'appliquant à ces groupes particuliers découle aussi d'une logique « historique » dont parlent de nombreux auteurs (Furnham, 1984, p. 52 ; Feather, 1985, p. 265 ; Kelvin et Jarett, 1985, p. 16 ; Macky et Haines, 1982). En effet, le début de la recherche sur les effets psychologiques du chômage remonte à 60 ans environ. Avant cette date, bien que le chômage existât, il touchait moins de monde et était traité comme les autres problèmes qui menaient à la marginalisation : pauvreté, handicap. Ce n'est qu'au début du XIXe siècle que les chômeurs commencent à être considérés comme une classe à part.

À partir des années 30, l'intérêt porté à cette recherche semble suivre les augmentations rapides des taux de chômage. Ainsi, durant les années 1930 à 1940, la « grande dépression », projetant un nombre important de personnes dans le chômage, a provoqué une multitude d'études (par exemple : Bakke, 1940a et b; Eisenberg et Lazarsfeld, 1938; Jahoda *et al.*, 1933; Komarovsky, 1940; Pilgrim Trust, 1938; etc.). De 1950 à 1970 environ, l'intérêt de la recherche en ce domaine a chuté, le chômage devenant à cette période un phénomène « marginal ». L'augmentation dramatique du taux du chômage à partir des années 75 a relancé la recherche, donnant lieu depuis à de nombreux articles et livres sur ce thème. Pour généraliser, quand le chômage est élevé, la recherche s'intéresse en priorité aux effets psychologiques du chômage sur la population en général. Quand les taux de chômage sont faibles, l'intérêt de la recherche concerne d'abord les causes psychologiques du chômage chez les individus ayant des problèmes particuliers.

C'est ce qu'expriment en d'autres termes Hayes et Nutman (1981, p. 6) dans l'introduction de leur livre : « Dans une société qui, comme la nôtre, repose essentiellement sur le travail, le chômage a de nombreuses conséquences qui passent relativement inaperçues tant que le problème reste limité ».

Nous nous limiterons, dans cette revue de questions, aux études simultanées ou consécutives à des périodes de chômage intense, et dont le dénominateur commun sont les effets psychologiques du chômage sur la population en général.

c) Se centrer sur la recherche des années 30 et/ou 70 à nos jours

Un dernier point de focalisation découle directement de cet aspect historique des études sur le chômage. La question sous-jacente ici est de savoir si les résultats des années 30 peuvent être comparés aux résultats des années 70 à nos jours. Ici, les avis sont assez partagés.

D'un côté, certains auteurs pensent que, globalement, les mêmes effets psychologiques se retrouvent d'une période à l'autre. Pour illustrer ce point de vue, nous pouvons prendre l'exemple de Kelvin (1981, p. 4) qui, après avoir cité cinq extraits d'entretiens avec des chômeurs, écrit : « Le nombre de récits biographiques détaillés et publiés est limité, mais si on regarde ceux des années 1930 ou 1970, les thèmes présents sont les mêmes. Les citations ci-dessus, par exemple, et elles sont représentatives, viennent respectivement de Marsden et Duff (1975), Bakke (1933), Gould et Kenyon (1972), Beales et Lambert (1934) et encore Marsden et Duff (1975), et je doute que le lecteur soit capable de les assigner à leur période simplement par leur contenu ».

À l'opposé, nous trouvons le point de vue qui affirme que la comparaison des résultats de ces deux périodes ne peut pas être faite sans beaucoup de précautions. Cette position est notamment illustrée par l'article de Jahoda (1979a). De même, Gurney et Taylor (1981), après avoir noté que certains auteurs considèrent, implicitement ou explicitement, que les résultats issus des années 30 sont également vrais actuellement, relèvent au moins trois objections pouvant être faites à cette affirmation.

— Premièrement, beaucoup d'études sur le chômage des années 30 ne sont pas assez performantes en regard des standards actuels de la recherche sociale. Ces études étaient bien menées et informatives, mais le commentateur actuel critiquerait leur procédure d'échantillonnage, leur manque de sophistication psychométrique et leur échec à utiliser des groupes de contrôle.

— Deuxièmement, les conditions socio-économiques et culturelles ont tellement changé depuis les années 30 qu'il semble improbable que le chômage actuel ait la même signification, autant pour les chômeurs que pour la société dans son ensemble. Bien que certains auteurs affirment qu'il y a une faible différence en ce qui concerne les dimensions fondamentales du problème du chômage avant et maintenant, Jahoda (1979a, p. 310) a attiré l'attention sur plusieurs changements sociaux importants qui laissent «la question ouverte de savoir si les régularités découvertes un demi-siècle plus tôt sont encore valides aujourd'hui».

— Troisièmement, la plupart des recherches des années 1930 semblent oublier certaines distinctions conceptuelles importantes. Par exemple, il a été souvent accepté a priori que toutes les caractéristiques des chômeurs pendant la dépression étaient une conséquence et non un antécédent du fait d'être sans emploi, alors que les recherches menées rendaient impossible de séparer les causes des effets. Cette difficulté est reconnue par Eisenberg et Lazarsfeld (1938, p. 358) quand ils écrivent que : «la structure des causes et des effets est trop complexe pour être analysée simplement par des observations incontrôlées». Pour prendre un autre exemple, l'impact différent du chômage sur des personnes variées n'a presque jamais été étudié. Alors que les effets rapportés pour une variété de groupes durant les années 30 ont montré beaucoup de similarités, les différences entre les groupes ont été ignorées. Il serait surprenant qu'il n'y ait pas de différence dans la réaction au chômage dans des groupes aussi divers que les agriculteurs, les ouvriers d'usines ou les jeunes quittant le lycée.

Gurney et Taylor (1981, p. 349) résument ainsi ces trois points : «En résumé, la recherche des années 30 apparaît comme ayant été insuffisamment rigoureuse, ayant perdu de sa pertinence à cause des changements survenus dans le phénomène étudié et dans les conditions sociales environnantes, comme n'ayant pas fait de distinctions conceptuelles assez précises, et comme n'étant pas aussi extensive qu'on le croit parfois».

Bien que ces critiques aient une validité certaine, il nous a semblé difficile de faire l'impasse sur la recherche des années 30, au moins parce que la majorité des auteurs font référence plus ou moins directement aux résultats de cette période. En consultant les listes des références bibliographiques des études, nous n'avons trouvé pour ainsi dire aucun article qui ne cite pas une ou plusieurs études des années 30. Il nous a donc paru important d'inclure cette période dans notre revue de question. Cependant, nous aborderons ces études beaucoup plus succinctement que celles actuelles. Nous nous contenterons souvent de donner très rapidement les principaux résultats, pour montrer notamment le lien qu'établissent certains auteurs entre les deux périodes.

Pour résumer, nous avons choisi d'écarter les études qui portent sur des populations «particulières», mais nous n'excluons pas les résultats des années 30 et nous ne nous limitons pas à la production d'un seul pays.

Les considérations qui ont guidé l'organisation de cette revue de questions sont autres. Pour rendre compréhensible et cohérent le corpus complexe composé par les études sur le chômage, il nous a semblé qu'il serait profitable de les présenter sous l'angle de leur perspective théorique.

En effet, l'examen des études sur le chômage peut nous permettre de différencier trois perspectives, qui peuvent être résumées de la manière suivante :

– La première, que nous appelons *fonctionnaliste*, s'attache à décrire les différences entre le fait d'être chômeur et le fait d'être employé.

– La deuxième, par contre, s'efforce de noter les différences qui peuvent exister dans les effets du chômage à l'intérieur du groupe même des chômeurs. Cette perspective est appelée *différentialiste*.

– La troisième, enfin, s'intéresse à l'évolution des effets du chômage, prenant en compte la durée de la situation. Nous sommes ici dans une perspective *génétique*.

Ces trois perspectives nous permettent de catégoriser la multitude des études en présence. Cependant, il faut bien reconnaître que la tâche n'est pas aisée. Comme la plupart des classifications, celle adoptée ici permet certes une clarification d'un corpus complexe, mais possède des frontières mouvantes et il n'est pas toujours aisé de rattacher une étude à telle ou telle perspective.

D'abord parce qu'une même variable (par exemple l'estime de soi) pourra amener à des études du type fonctionnaliste, mais aussi différentialiste et génétique.

Ensuite, parce que les théories sous-jacentes à ces recherches ne relèvent pas toujours d'un point de vue unique, une étude pouvant mêler deux perspectives.

Ces réserves étant émises, nous nous sommes efforcée :
− de proposer une définition générale de ces trois perspectives;
− de présenter la (ou les) théorie(s) majeure(s) liées à ces perspectives;
− de relever les résultats obtenus par les études réalisées sous l'éclairage théorique de chacune d'elle;
− de dégager enfin leurs apports et leurs limites.

Chapitre 1
La perspective fonctionnaliste

La phrase, citée en introduction — «Freud disait que le travail est le lien le plus fort entre l'homme et la réalité. Que se passe-t-il alors, quand l'homme se trouve en dehors du travail?» (Jahoda, 1979b, p. 492) — est illustrative de cette perspective. En effet, le point de vue fonctionnaliste part du rôle de socialisation du travail et/ou des fonctions de l'emploi et étudie les répercussions de la perte de l'emploi sur les rapports que le sujet entretient avec lui-même et avec les autres : par exemple les conséquences sur la vie personnelle et sociale, à savoir la dégradation de la personnalité, des liens relationnels, la perturbation de la représentation de l'avenir, etc.

Les études illustratives de cette perspective portent exclusivement sur une comparaison chômeurs/non chômeurs. Les recherches se donnent pour objectif de repérer ce qui différencie les chômeurs des personnes qui sont employées, fondant l'explication de ces différences sur le manque d'emploi et donc sur l'absence de satisfaction des fonctions remplies par l'emploi. On ne s'intéressera pas ici aux différences qui peuvent exister à l'intérieur du groupe des chômeurs.

Dans un premier temps seront abordées les fonctions de l'emploi, qui servent de fil conducteur à cette perspective.

Nous développerons ensuite une de ces fonctions qui occupe une place importante dans la recherche sur les effets psychologiques du chômage : l'emploi et l'identité.

Enfin, nous présenterons les résultats issus des études représentatives de ce point de vue, en insistant sur les variables qui ont été les plus utilisées (estime de soi, bien-être psychologique, interactions sociales, ...).

1.1. LES FONCTIONS DE L'EMPLOI

Les articles portant sur l'impact psychologique du chômage commencent, pour la plupart, par insister sur l'importance de l'emploi et, par conséquent, sur tout ce qui va «manquer» au chômeur dans sa nouvelle situation (Warr, 1982, 1984c).

D'une façon générale, Bethune et Ballard (1986, p. 133) écrivent que «être employé a un certain nombre de bénéfices qui incluent : gagner de l'argent; fournir une activité et une variété dans l'expérience quotidienne; fournir une structure temporelle à la vie quotidienne; étendre les contacts sociaux et fournir un statut et une identité à l'intérieur de la communauté». Le chômage, par contre, est associé à un accès réduit à l'économie, aux ressources sociales et politiques des sociétés.

Depolo et Sarchielli (1985) notent que «le travail contribue à structurer l'identité sociale; il est une occasion importante de socialisation; il structure le temps quotidien; il demande au sujet de s'investir dans toute une série d'activités. Il est évident qu'aucune des caractéristiques citées n'appartient exclusivement au travail : il n'est pas le seul moment du processus de socialisation; l'identité ne se fait pas que par le travail; les individus se trouvent normalement dans d'autres situations qui leur demandent d'activer des stratégies comportementales complexes. Ce qui importe toutefois, est le fait que dans le travail, on peut trouver tous ces éléments-là en même temps» (p. 1).

C'est cependant Jahoda (1979a) qui a le plus systématisé ces fonctions de l'emploi. Elle établit une différence entre les fonctions latentes et manifestes de la signification psychologique de l'emploi. Les fonctions manifestes sont le salaire et les conditions de travail. Mais c'est, pense-t-elle, la compréhension des fonctions latentes qui permet de se rendre compte que l'emploi constitue un appui psychologique et qu'il est plus qu'un simple moyen de subsistance. Ces fonctions latentes, selon Jahoda (1979a), sont au nombre de cinq :

1) L'emploi impose une structure temporelle à la journée, à la semaine, etc. Cette structure imposée par l'emploi en tant qu'institution sociale établit un lien avec «l'ici et maintenant» et évite d'être submergé

par le passé et/ou le futur. Bien sûr, cette structure temporelle imposée indigne souvent, mais en l'enlevant totalement (comme dans le chômage ou la retraite par exemple), on se trouve en présence d'un temps «désignifié», le sens du temps se désintègre et les chômeurs «deviennent» moins capable d'être ponctuel pour les repas ou autres (p. 309).

2) L'emploi implique des contacts et des expériences partagés régulièrement avec des personnes en dehors de la famille nucléaire. Ces contacts «lient à la réalité sociale, enrichissant la connaissance des similarités et des différences entre les individus, amenant à l'élaboration de normes et de règles informelles et fournissent l'accès à un champ plus large d'expériences qu'il ne le serait possible autrement» (p. 313).

3) L'emploi lie l'individu à des buts et à un sens de la finalité. A la fois l'organisation et le produit du travail impliquent l'interdépendance des êtres humains. Enlever cette expérience quotidienne de combinaison des efforts laisse les chômeurs avec un sentiment d'inutilité.

4) «L'emploi définit également la position, le statut et l'identité de l'individu dans la société. Il est évident que certaines personnes ne sont pas satisfaites du statut de leur travail et qu'elles essaient de le changer. Mais c'est autre chose de n'avoir aucune position définie. Le chômeur ne souffre pas seulement d'une absence de statut, il souffre encore bien plus d'une mutilation de l'identité» (Jahoda, 1979a, p. 313).

5) L'emploi force à l'activité. L'emploi présente l'opportunité d'effectuer des actions qui ont des conséquences visibles, pour l'exercice quotidien des compétences et des talents.

Jahoda (1979a, p. 313) ajoute que «ce sont ces conséquences «objectives» latentes de l'emploi dans les sociétés complexes industrialisées qui aident à comprendre la motivation à travailler au delà du simple fait de gagner sa vie; à comprendre pourquoi le travail peut représenter un support psychologique, même quand les conditions sont mauvaises et, du même coup, pourquoi le chômage est psychologiquement destructeur».

Pilgrim Trust reformule cette idée : «Pour la plupart des gens, le travail représente le cadre dans lequel s'inscrit leur vie; lorsque ce cadre disparaît, ils doivent endosser une responsabilité à laquelle leur vie professionnelle ne les a nullement préparés : la responsabilité d'organiser leur propre existence» (Pilgrim Trust, 1938, p. 149, cité par Hayes et Nutman, 1981, p. 36).

Hayes et Nutman (1981, p. 10-13) soulignent à plusieurs reprises l'importance de ces fonctions de l'emploi : «Le chômage est mal accepté à cause de la signification et du rôle particulier que le travail a acquis dans la société industrielle [...]. Tout au long de leur socialisation, les enfants apprennent l'importance du travail ; ils apprennent que l'une des sources principales d'identité et de statut, c'est le métier. Ils apprennent également que l'avancement professionnel est synonyme « d'avancement » social [...] être sans travail risque de miner les bases mêmes de l'identité. »

Il nous a semblé opportun de développer ici plus en profondeur une de ces fonctions de l'emploi, à savoir le fait que « l'emploi nourrit l'identité ». En effet, comme nous allons le voir, c'est une des dimensions importantes des études sur le chômage et la compréhension de cette focalisation mérite quelques développements.

1.2. EMPLOI ET IDENTITÉ

Sainsaulieu (1985, p. 383) écrit que « le concept d'identité désigne à la fois la permanence des moyens sociaux de la reconnaissance et la capacité pour le sujet à conférer un sens durable à son expérience. Désireux d'être, le sujet ne trouve cette plénitude que dans les moyens de codifier son expérience ».

Hall (1972, p. 472) donne la définition suivante : « L'identité est généralement définie comme la perception qu'a une personne d'elle-même dans sa relation à son environnement ».

Dans le cadre du chômage, les études font très souvent référence à ce concept d'identité. Comme le note, par exemple, Kelvin (1981, p. 2) « il est largement affirmé dans nos sociétés que l'emploi d'un individu est une partie intégrante de son identité, de la conception qu'il a de lui-même. [...]. Si l'emploi est crucial pour la conception qu'un individu a de lui-même, il sera aussi crucial pour sa relation avec les autres, parce que la façon dont il va être en relation avec les autres va dépendre largement de la façon dont il se voit et des sentiments qu'il a envers lui-même ». Il ajoute : « il est clair qu'en perdant son emploi, l'individu chômeur perd une grande partie de son sentiment d'appartenir à la société : en fait, il perd son identité professionnelle, mais aussi une grande part de son identité sociale ».

Nous trouvons ici autant le concept d'identité personnelle que sociale. Sans prétendre en faire le tour, tant ils sont multiformes et multidimensionnels, nous allons apporter quelques éléments de définitions qui nous aiderons à mieux en comprendre l'utilisation.

L'identité sociale est définie comme la somme des personnages (ou rôles) tenus par le sujet, c'est-à-dire les positions que le sujet occupe dans les divers systèmes (social, culturel, économique, ...).

Codol (1980) définit l'identité personnelle comme la somme d'une intégration cognitive par l'individu d'éléments d'informations qui lui sont fournis dans ses rapports avec ses différents groupes d'appartenance.

Tap (1979, p. 8) précise que l'identité personnelle concerne, en un sens restreint, les caractéristiques temporelles de la conscience de soi. «Mais on peut aussi, en un sens large, l'assimiler à un système de sentiments et de représentations de soi, c'est-à-dire à l'ensemble des caractéristiques physiques, psychologiques, morales, juridiques, sociales, culturelles à partir desquelles la personne peut se définir, se présenter, se connaître et se faire connaître, ou à partir desquelles autrui peut la définir, la situer ou la reconnaître». Cette définition précise les dimensions de l'identité personnelle (d'après Tap, 1979, p. 9 à 12) :

1) *Le sentiment d'identité personnelle nécessite une dimension temporelle :*
«Les individus ayant un sentiment évident de leur identité, perçoivent leur propre individualité comme intégrée aussi bien que stable et constante dans le temps : pour eux, il y a continuité entre ce qu'ils étaient hier, ce qu'ils sont aujourd'hui et ce qu'ils seront demain» (Mussen, 1980, p. 13).
Toute incapacité à maîtriser le passé, le présent ou l'avenir met en péril ou dilue le sentiment d'identité, met en question la structure de soi.

2) *L'identité personnelle implique le sentiment d'unité (ou de cohérence) :*
L'organisation de la dimension temporelle doit permettre à l'individu d'unifier son histoire; il doit pouvoir trouver une cohérence entre ses diverses activités (cohérence et intersignification des conduites) et entre ce qu'il est, ce qu'il a été et ce qu'il pense être.

3) *L'identité personnelle est un système d'identités multiples et tire sa richesse de l'organisation dynamique de cette diversité :*
Chaque personnage constituera une identité et c'est l'organisation dynamique (confrontation, juxtaposition, conflit, ...) de ces «identités multiples» qui permettra la constitution de l'identité personnelle, système toujours en dynamique.

4) *L'identité personnelle suppose la séparation, l'autonomie et l'affirmation :*
La quête d'autonomie est une partie intégrante de la dynamique de l'identité personnelle. Il faut que l'individu puisse se distinguer d'autrui, se différencier et ait le sentiment de pouvoir disposer de lui-même.

5) L'identité personnelle se renforce dans le sentiment d'originalité :
A l'identité comme unité et continuité (ressembler à soi-même) s'ajoute l'identité comme unicité incomparable (ne ressembler à personne).

6) L'identité s'enracine dans l'action et la production d'œuvres :
C'est dans la mesure où la personne devient lieu et source d'actions et d'œuvres, dans la mesure où elle devient responsable et créatrice que l'identité s'affirme et se consolide. Cette responsabilité et créativité peuvent s'effectuer au travers des «identités multiples» du sujet et c'est lui qui choisira et organisera cette dimension, en fonction notamment de ses contraintes et ressources et de la signification qu'il leur donne.
L'individu s'instaure créateur dès l'instant où, pour résoudre un conflit, il met en jeu de nouvelles conduites, sensori-motrices ou symboliques, lui permettant de dépasser l'impuissance résultant des conduites habituelles.

7) L'identité personnelle s'institue comme valeur :
Par l'action et l'œuvre, l'individu se valorise aux yeux d'autrui et par contre coup à ses propres yeux. L'identité personnelle se nourrit des valeurs de la personne et ne peut être valablement étudiée en dehors du système de valeurs et d'idéaux associés à l'action, à l'affirmation et à la conscience de soi.

Si nous faisons un parallèle entre les fonctions de l'emploi et ces dimensions de l'identité, nous constatons qu'il y a des recouvrements. Par exemple : si l'emploi structure le temps, l'identité personnelle nécessite une dimension temporelle; l'emploi est une source de créativité et de qualification, de même que l'identité s'enracine dans l'action et la production d'œuvre. Ce qui résume le mieux ces recouvrements est sans doute le fait que l'emploi est considéré comme un déterminant de l'identité personnelle et sociale, de telle sorte que lorsqu'il vient à manquer, cette identité se trouve altérée, comme les études citées ci-après tendent à le montrer.

1.3. CHÔMAGE ET ESTIME DE SOI

Un concept, largement utilisé dans les recherches sur le chômage pour «opérationnaliser» les liens entre chômage et identité est l'estime de soi. Nous y reviendrons plus loin, dans la perspective génétique. Nous nous contentons ici de noter les résultats obtenus dans la comparaison chômeurs/non chômeurs.

Ici, les résultats sont contradictoires. Certains auteurs ont trouvé des différences significatives entre chômeurs et non chômeurs, les chômeurs présentant une estime de soi plus faible que les non-chômeurs.

Kasl et Cobb (1982) montrent que l'estime de soi augmente avec le temps pour ceux qui retrouvent un emploi, alors qu'elle diminue pour ceux qui restent au chômage.

Cohn (1978) trouve que le chômage produit une diminution de la satisfaction de soi pour un échantillon national de 5 000 familles.

Plusieurs études ont montré que, comparativement aux jeunes employés, les jeunes chômeurs des deux sexes se caractérisent par une plus faible estime de soi (Donovan et Oddy, 1982 ; Feather, 1982 ; Gurney, 1980b ; Patton et Noller, 1984 ; Tiggemann et Winefield, 1984 ; Warr et Jackson, 1983 ; Winefield et Tiggemann, 1985). A propos de ces résultats, Winefield, Tiggemann et Wienefield (1990, p. 50) notent que «certaines données d'études longitudinales suggèrent que la différence est due à l'augmentation de l'estime de soi pour ceux qui trouvent un emploi plutôt qu'à une diminution de l'estime de soi pour les chômeurs».

Warr et Jackson (1983) ont mesuré séparément l'estime de soi positive et négative, dans cinq séries d'entretiens avec des jeunes récemment sortis de l'école, en Grande Bretagne (étude longitudinale). Ils observent une différence significative entre chômeurs et non chômeurs en ce qui concerne l'estime de soi négative, mais pas pour l'estime de soi positive. Une explication possible de ce résultat différentiel (donnée par les auteurs) est que les chômeurs «découplent» leurs conceptions de soi positive et négative d'une manière qui n'est pas nécessaire pour ceux qui travaillent. Les conceptions de soi positives peuvent être fondamentales psychologiquement, en ce sens qu'elles sont maintenues face à une adversité modérée, tandis qu'une estime de soi négative peut, en général, répondre davantage au stress environnemental.

Par contre, d'autres auteurs ne trouvent pas de différence significative entre chômeurs/non chômeurs.

Gurney (1980a) a utilisé une variante de l'échelle de Rosenberg (1965) auprès de 273 australiens âgés de 16 ans. Il n'a pas observé de différences entre hommes chômeurs et non chômeurs, mais note que les employées femmes ont des scores plus élevés que ceux des chômeuses.

Hartley (1980b) échoue lui aussi à trouver une différence significative entre chômeur et non chômeur. Il a obtenu des scores de différence entre soi actuel et soi idéal, utilisant 50 adjectifs, certains d'entre eux se référant à des caractéristiques désirables (adaptable, coopérant, intelligent, ...) et d'autres étant indésirables (anxieux, ...). Une comparaison entre 87 cadres chômeurs et 64 cadres non chômeurs britanniques n'a montré aucune différence en ce qui concerne l'estime de soi globale, que ce soit au travers de la comparaison chômeurs/non chômeurs ou d'une analyse transversale de l'estime de soi et de la durée du chômage.

Winefield *et al.* (1990), dans une étude longitudinale, comparent des employés (deux sous-groupes : satisfaits et insatisfaits de leur emploi) et des chômeurs, pour deux périodes séparées par trois ans (première période : âge de 19-20 ans; deuxième période : 22-23 ans). Ils notent que, dans l'échantillon le «plus jeune», les employés satisfaits ont une estime de soi plus haute que les deux autres groupes (insatisfaits et chômeurs). Ce résultat viendrait confirmer la conclusion de Shamir (1986c, p. 61) : «l'estime de soi n'est sensible ni au statut par rapport à l'emploi (chômeur/employés), ni à des changements de statut». Cette conclusion est basée sur les résultats d'une étude portant sur des chômeurs adultes ayant un haut niveau d'études, en Israël. Des résultats similaires ont été obtenus avec des chômeurs aux États-Unis (Little, 1976).

Les résultats concernant l'estime de soi globale sont donc variables, la majorité des études ne trouvant pas de différences significatives entre chômeurs et non chômeurs (Warr, 1984b).

1.4. CHÔMAGE ET BIEN-ÊTRE PSYCHOLOGIQUE

La notion de «bien-être psychologique» a été aussi largement utilisée dans les études sur les effets du chômage. De Franck et Ivancevich (1986, p. 5) notent que, «comme pour la santé physique, la définition de la santé ou du bien-être psychologiques peut varier considérablement d'un chercheur à l'autre». Comme le soulignent Warr et Jackson (1983, p. 355), ce «concept recouvre une grande étendue de processus affectifs et cognitifs [...]. Un faible bien-être psychologique renvoie à un ou plusieurs des facteurs suivants : anxiété, dépression, moral bas, manque de confiance en soi, faible sens de l'autonomie personnelle, inhabileté à faire face aux problèmes de la vie et insatisfaction de soi et de l'environnement physique et social». Ce concept renvoie à un nombre important de processus, et Warr et Jackson soulignent qu'une grande étendue d'indices de «bien-être psychologique» est requise si on veut évaluer de façon précise les réponses à la perte d'emploi. Un des instruments de mesure les plus utilisés est le Questionnaire Général de Santé (General Health Questionnaire : G.H.Q.) d'après Goldberg (1978).

Les résultats rapportés renvoient donc à un grand nombre de variables, à savoir : la satisfaction de la vie, les symptômes psychiatriques, la santé psychologique, etc. Bien que nous ayons conscience que ces variables soient loin d'être synonymes et bien que les définitions soient souvent loin d'être satisfaisantes, nous présentons sans distinction les résultats se rapportant à toutes ces variables.

Warr (1978) trouve que la satisfaction de la vie et les scores affectifs sont significativement plus bas pour les ouvriers qui restent au chômage que pour ceux qui ont retrouvé un emploi (voir aussi Warr, 1985).

Grayson (1993) montre que les chômeurs, tout en ayant des niveaux comparables d'activités physiques par rapport aux employés, sont en moins bonne santé.

Des études portant sur les jeunes chômeurs ont aussi montré que plusieurs composantes de l'état affectif subissent des modifications avec la situation de chômage. En comparaison aux jeunes employés, les jeunes chômeurs montrent une santé mentale plus faible (Stafford, Jackson et Banks, 1980), un plus haut niveau de désordres psychiatriques mineurs (Banks et Jackson, 1982; Donovan et Oddy, 1982; Finlay-Jones et Eckhardt, 1981, 1984), un indice de dépression plus élevé (Donovan et Oddy, 1982; Feather, 1982; Tiggemann et Winefield, 1980, 1984) et un plus faible degré de satisfaction (Carlson, Fellows, et Maslach, 1989; Donovan et Oddy, 1982; Tiggemann et Winefield, 1984).

Nous développons ici quelques exemples de ces études.

Banks et Jackson (1982) rapportent des données autant transversales que longitudinales de deux cohortes d'élèves quittant l'école. Ils se sont intéressés aux effets possibles du chômage sur les désordres psychiatriques mineurs, tels que mesurés par la version en 12 items du G.H.Q. Plus le score est élevé, plus grand est le niveau de détresse mentale. Sont ainsi mesurés la difficulté à se concentrer, à prendre des décisions, les expériences de surmenage et la perte du sommeil à cause des soucis, etc. Les auteurs trouvent une différence considérable et significative entre les chômeurs et les employés en ce qui concerne les scores au G.H.Q., mais pas de différence significative entre les sexes. Le groupe de chômeurs obtient donc des scores significativement plus haut que les jeunes travailleurs.

Hepworth (1980) trouve la même différence au G.H.Q. entre chômeurs et employés. Il note aussi que la durée du chômage est associée positivement avec le «désordre mental» et que le statut par rapport à l'emploi et l'occupation du «temps libre» sont parmi les meilleurs prédicteurs de la santé mentale, pour son échantillon de 92 hommes chômeurs. Brenner et Levi (1987) trouvent que les femmes au chômage rapportent un degré plus bas de bien-être psychologique que les femmes employées.

Feather (1982) obtient des scores de dépression plus hauts pour de jeunes chômeurs, hommes et femmes, comparativement aux employés. De même, Donovan et Oddy (1982) montrent aussi que les jeunes chômeurs sont plus dépressifs et anxieux, ont un bien-être subjectif plus pauvre et montrent une fréquence plus haute de morbidité mentale mineure que les employés.

Tiggemann et Winefield (1984) comparent des groupes de jeunes quittant l'école, employés et chômeurs, sur une étendue de questions concernant l'humeur et des échelles psychologiques. Des données comparables avaient été recueillies un an plus tôt, quand les deux groupes étaient encore à l'école. Les différences attendues sont observées sur la plupart des questions relatives à l'humeur avec les chômeurs qui se décrivent comme s'ennuyant plus, étant plus seuls, plus en colère contre la société, plus impuissants et plus dépressifs que les employés. La recherche longitudinale a permis une distinction entre les conséquences et les facteurs de prédispositions. Les différences dans l'ennui, la tristesse et le pessimisme sont des conséquences du chômage, les différences dans la solitude, la colère contre la société et l'humeur dépressive étant des facteurs de prédispositions.

Stokes et Cochrane (1984), comparant des femmes et des hommes chômeurs ou employés, montrent que le chômage est associé à un niveau plus élevé de symptomatologie psychosociale, que les chômeurs montrent un niveau d'hostilité plus haut et un niveau plus bas de satisfaction personnelle.

Liem et Liem (1988) prennent en compte, pour leur part, autant les réactions du mari chômeur que de sa femme. Ce fait est important à noter car certains auteurs (par exemple Fryer, 1985; Mc Ghee et Fryer, 1989) insistent sur la nécessité de prendre en compte la famille comme vecteur affrontant le chômage. Liem et Liem notent que, en comparaison avec les employés, les chômeurs rapportent un niveau significativement plus haut de symptômes psychologiques, en général immédiatement après la perte d'emploi. Ces effets sont autant le fait des chômeurs que de leur épouse, suggérant que le chômage ne peut être traité seulement comme un événement personnel.

1.5. CHÔMAGE ET SANTÉ PHYSIQUE

Plusieurs études ont montré que la privation de l'emploi, et par conséquent l'insatisfaction des fonctions latentes remplies par celui-ci, entraînait non seulement des répercussions sur la santé psychologique, comme les études présentées ci-dessus l'attestent, mais aussi sur la santé physique.

Kasl, Gore et Cobb (1975) ont réalisé une étude longitudinale, sur une période de deux ans. Ils ont suivi 100 hommes qui ont perdu leur emploi et un groupe de contrôle appareillé d'employés. Ils ont effectué cinq observations : 4-7 semaines avant la fermeture de l'usine (phase 1) et 5-7 semaines (phase 2), 4-8 mois (phase 3), un an (phase 4) et deux ans (phase 5) après la fermeture. Une des variables étudiées était le nombre de «plaintes journalières» ou le nombre de jours où le sujet ne se sentait pas aussi bien que d'habitude. Après un ajustement en fonction des effets saisonniers, des différences urbains/ruraux et de la santé antérieure, ces auteurs ont trouvé que les chômeurs présentaient, de façon significative, plus de «plaintes quotidiennes» en phase 1 que le groupe de contrôle. Cette mesure chute de façon significative entre les premières et les dernières phases, ceci étant dû au fait que la plupart des personnes retrouvent un emploi. Le petit nombre de personnes qui ne retrouvent pas d'emploi avant la fin de l'observation présentent des hauts scores de «plaintes journalières».

D'autres résultats viennent appuyer les conclusions ci-dessus (Baum, Fleming et Reddy, 1986). Ainsi, Cook, Cumming, Bartley et Shoper (1982) ont noté que le nombre d'hommes qui rapportent une maladie diagnostiquée par un médecin augmente avec la durée du chômage. De même, Warr et Jackson (1984) ont trouvé que les changements rapportés en ce qui concerne la santé générale deviennent plus négatifs au fur et à mesure que la durée du chômage augmente.

O'Brien et Kabanoff (1979) ont réalisé une étude portant sur 1383 employés et 72 chômeurs. Leurs résultats indiquent que les chômeurs rapportent plus de symptômes physiques, de nature mineure (par exemple : bronchite, allergies, problèmes de gorge et de nez). L'échantillon des chômeurs présente aussi un niveau élevé de «symptômes de stress» (non physiques), ainsi qu'une plus grande prévalence de troubles cardiaques et de problèmes de vision.

De Franck et Ivancevich (1986, p. 5) remarquent que, dans son ensemble, «la littérature sur les effets du chômage sur la santé renforce généralement le postulat selon lequel l'expérience de la perte d'emploi a un effet négatif sur la santé» (voir aussi Krahn, Graham et Julian, 1985).

1.6. CHÔMAGE ET INTERACTIONS SOCIALES

Si l'emploi favorise l'interaction sociale, comme le postule Jahoda (1979a), nous devrions trouver logiquement une différence quant aux interactions sociales entre chômeurs et non chômeurs.

C'est ce que plusieurs études se sont attachées à montrer, employant diverses opérationnalisations, à savoir le nombre d'interactions sociales, les supports sociaux (qui peuvent inclure ce nombre d'interactions), etc. Les résultats sont là aussi contradictoires.

Donovan et Oddy (1982) montrent que les jeunes chômeurs sont moins bien insérés socialement que ceux qui ont obtenu un emploi.

Atkinson, Liem et Liem (1986), mesurant le soutien social (comprenant trois échelles) trouvent que le chômage et le soutien social ne sont pas des facteurs indépendants, le chômage étant associé à moins de soutien social que l'emploi.

Shamir (1986b, p. 460-461), en s'interrogeant sur la relation qui, d'après lui, n'a pas été assez largement explorée, entre le statut par rapport à l'emploi et les activités extra-professionnelles (nonwork activities), nous rappelle les résultats des recherches des années 1930. «Ces études (voir Bakke, 1933; Eisenberg et Lazarsfeld, 1938; Komarovsky, 1940; Jahoda *et al.*, 1933) ont trouvé un lien entre le chômage et une augmentation du retrait social sous forme de retrait des activités politiques, sociales et de loisirs autant au niveau individuel qu'organisationnel. Des recherches plus récentes (par exemple : Marsden et Duff, 1975) rapportent une isolation sociale similaire et un retrait des activités et des contacts sociaux chez les chômeurs».

Bolton et Oatley (1987), dans une étude à la fois transversale et longitudinale, comparent des chômeurs et des employés, hommes, de 20 à 59 ans, ayant tous occupé au moins un emploi avant la période de chômage considérée. La première observation (T1) a lieu juste après la perte de l'emploi. La seconde (T2) 6-8 mois après. En T1, les sujets sont interrogés, notamment, sur les contacts sociaux qu'ils ont eus dans le mois précédant la perte d'emploi. Bolton et Oatley font l'hypothèse qu'un plus faible soutien social dans le mois précédant la sortie du chômage sera associé à un niveau de dépression plus haut pour les chômeurs lors du deuxième entretien, alors qu'une telle association entre soutien social et dépression sera absente pour le groupe d'employés. Leurs résultats confirme l'hypothèse. En résumé, ils relèvent que le groupe de chômeurs devient significativement plus dépressif d'après le B.D.I. (inventaire de dépression) entre T1 et T2. Le groupe des ré-employés devient significativement moins dépressif, alors que pour les employés, il n'y a pas de changement significatif. De plus, ils notent qu'un contact social peu fréquent avec la famille et les amis (en dehors de l'emploi) au cours du mois précédant la perte d'emploi est associé de façon significative à une augmentation de la dépression en T2 pour les chômeurs et non pour les employés, alors qu'il n'y a pas de différence entre les deux groupes en T1.

O'Brien, Feather et Kabanoff (1994) montrent que la qualité des activités n'a pas d'effet sur le niveau d'ajustement au chômage de jeunes adultes. Les deux groupes de jeunes chômeurs (faible ou haut niveau d'activités) sont plus dépressifs, ressentent une satisfaction de vie plus faible et se perçoivent comme ayant un niveau de compétence plus bas que les jeunes ayant un emploi.

Cependant, d'autres études aboutissent à des résultats différents.

Ainsi, une étude récente de Warr et Payne (1983), sur des hommes, chômeurs britanniques, s'intéressant à la façon dont ont changé ou échoué à changer 37 comportements différents, a montré que ces hommes augmentent de façon significative la poursuite de tous les types d'activités extra-professionnelles après avoir perdu leur emploi, exceptées celles qui nécessitent de l'argent, pour lesquelles un déclin significatif a été enregistré. Warr (1984a) a obtenu des résultats similaires dans une autre étude sur des hommes chômeurs ouvriers.

Stokes et Cochrane (1984) trouvent que le niveau des contacts sociaux (mesuré ici par le nombre de contacts dans la semaine précédent l'entretien) n'est pas influencé par le statut par rapport à l'emploi.

Shamir (1986b) montre que le chômage est associé à une plus grande participation dans certaines activités, telles que la lecture, la télévision et les passe-temps. Il souligne qu'il n'obtient pas la preuve que le chômage réduit les contacts sociaux des chômeurs de son échantillon.

Cette question — les chômeurs ont-ils ou non moins de contacts sociaux que les employés — est directement liée à l'interrogation concernant la vitesse de sortie du chômage. Notamment des résultats tels que ceux obtenus par Donovan et Oddy (1982) — les jeunes chômeurs sont moins bien insérés socialement que ceux qui ont obtenu un emploi — peuvent laisser supposer que le fait de retrouver un emploi peut être influencé par la présence d'un soutien social. C'est une question à laquelle ce livre se propose d'apporter des éléments de réponse.

1.7. AUTRES VARIABLES

D'autres variables ont été utilisées dans la comparaison chômeurs/non chômeurs, qui renvoient plus ou moins explicitement aux fonctions de l'emploi précédemment décrites.

L'éthique protestante du travail est définie par Shamir (1986a, p. 27), suivant Mirels et Garrett (1971) comme «une variable dispositionnelle caractérisant la croyance dans l'importance d'un travail dur et une frugalité qui agit comme une défense contre la paresse, la sensualité, la tentation sexuelle et le doute religieux».

Feather (1982) a trouvé que les jeunes chômeurs avaient des scores de valeurs d'éthique protestante du travail plus faibles que ceux qui étaient employés (voir aussi Feather et O'Brien, 1986).

Nous avons vu que l'emploi, dans la structure temporelle qu'il impose, permet, d'après Jahoda (1979a), un ancrage dans l'ici et maintenant, qui peut être traduit par un intérêt plus grand pour la réalité.

Feather (1982) montre à ce propos que, comparés aux employés, les chômeurs semblent moins concernés par les conséquences bonnes ou mauvaises des événements quotidiens, un signe probable, d'après cet auteur, d'apathie.

1.8. APPORTS ET LIMITES DE LA PERSPECTIVE FONCTIONNALISTE

Les études de type fonctionnaliste s'attachent à décrire les différences qui peuvent exister entre chômeurs et non chômeurs. De leur examen, nous pouvons retenir les résultats suivants :

– L'étude de l'estime de soi ne permet pas d'aboutir à des résultats homogènes. Si certains auteurs sont arrivés à la conclusion qu'une estime de soi plus basse était le lot des chômeurs, d'autres ont échoué à trouver une différence significative entre chômeurs et employés.

– En ce qui concerne le bien-être psychologique et les différentes variables associées, les résultats vont tous dans le même sens : les chômeurs ont un bien-être psychologique significativement plus bas que les employés.

– L'étude de l'impact du chômage sur la santé physique montre que celui-ci a un effet négatif sur la santé.

– Le chômage est décrit, que ce soit par les études des années 30 ou les recherches actuelles, comme une période de retrait, les interactions sociales et le soutien social étant moins élevés pour les chômeurs que pour les employés. Cependant, la prise en compte d'activités extra-professionnelles précises et la mesure du changement au cours du chômage montrent que certaines activités sont réalisées plus fréquemment par les chômeurs que par les employés. C'est là un aspect sur lequel notre propre recherche se propose d'apporter un éclairage.

Les apports

Les apports des travaux qui s'inscrivent dans une telle perspective sont notables.

Ils ont permis notamment de souligner l'importance de l'emploi, autant dans ces fonctions manifestes que latentes. Il ne peut être nié, de plus, que l'expérience du chômage peut conduire à des situations critiques, surtout si cette expérience se prolonge.

Les études ont aussi permis de mettre en évidence les variables pour lesquelles des différences significatives étaient observées.

Les limites

Cependant, des limites existent qu'il convient d'examiner. En effet, les répercussions ou effets du chômage sont considérées essentiellement sous l'angle des déficits produits, les dégradations sont envisagées comme linéaires au fur et à mesure que dure le chômage ; elles sont perçues comme fonctionnellement identiques pour tous les individus.

Ainsi, cette conclusion : « Dans un contexte général de chômage, pour quelqu'un qui a été élevé dans une société axée sur le travail, tant que Jean Dupont aura un emploi, son voisin chômeur se sentira forcément déshonoré, avili » (Hayes et Nutman, 1981, p. 14).

Or, les résultats contradictoires obtenus, en ce qui concerne notamment l'estime de soi et les activités extra-professionnelles, doivent nous amener à nous questionner sur cette prétendue similarité des effets.

Un des premiers problèmes est que les résultats contradictoires ne sont pas obtenus avec les mêmes instruments de mesures.

Par exemple, pour l'estime de soi, Warr et Jackson (1983) se servent d'une échelle en huit items, inspiré de Rosenberg (1965), pour laquelle ils distinguent estime de soi positive et négative. Hartley (1980b) va utiliser une liste d'adjectifs inspiré de Gough et Heilbrun (1965) qui mesure l'estime de soi globale. Il est légitime de se demander alors si les différences obtenues dans les résultats sont imputables à des réactions différentes de la part des chômeurs qui constituent les échantillons considérés ou aux divers instruments de mesure. Le même problème se pose pour l'interaction sociale, où sont utilisées, d'une part, des mesures «objectives», par exemple le nombre de sorties ou la fréquence des activités effectivement réalisées (Warr et Payne, 1983) et, d'autre part, des mesures plus «subjectives», recouvrant par exemple le soutien perçu provenant de la famille ou des amis (Bolton et Oatley, 1987).

Ce problème de la non comparabilité des résultats due à la différence des instruments de mesure utilisés est une difficulté importante dans les études sur le chômage. Elle a été soulignée par un grand nombre d'auteurs.

Mis à part les problèmes de méthodologie, d'autres critiques ont été apportées à cette perspective et plus particulièrement aux fonctions manifestes et latentes de l'emploi telles que définies par Jahoda (1979a).

Ainsi, Kuhnert (1989) a testé la distinction entre les fonctions manifestes et latentes sur deux échantillons de chômeurs et d'employés, afin de déterminer si une telle dichotomie peut aider à expliquer les effets psychologiques du chômage. Les résultats de son étude ne lui permettent pas de retrouver la distinction proposée par Jahoda. Les données recueillies fournissent un modèle qui distingue :

– un facteur extrinsèque, composé par l'argent et le pouvoir, suggérant qu'une partie des raisons à travailler vient non pas d'un besoin d'accomplissement personnel mais de reconnaissance par autrui ;
– un facteur intrinsèque, qui rassemble la sécurité, la satisfaction, la réalisation de soi et la structuration du temps.

Les contacts sociaux et la position sociale se trouvent présents dans les deux facteurs, suggérant que ces dimensions satisfont aussi bien nos besoins internes qu'externes.

Kuhnert (1989) souligne que «ceci ne veut pas dire que Jahoda a tort dans l'identification qu'elle fait des effets psychologiques du chômage. Au contraire, le modèle présenté ici illustre le fait que, indépendamment de la position (chômeurs/non chômeurs), les gens réagissent à l'emploi en terme consistant avec les idées de Jahoda». Cependant, le modèle obtenu par Kuhnert est approprié autant aux chômeurs qu'aux employés. Il suggère que «traiter les chômeurs et les employés comme des populations différentes peut masquer des similarités entre les deux groupes» (p. 425).

Winefield *et al.* (1990) et Winefield et Tiggemann (1994) ont effectué une étude longitudinale sur des jeunes (19-20 ans), chômeurs et employés. Ils distinguent deux sous-groupes d'employés : les satisfaits et les insatisfaits. Ils notent alors que «les différences observées pour le bien-être psychologique sont présentes entre les employés satisfaits et les autres groupes (employés insatisfaits et chômeurs). Dans aucun cas, il n'y a de différence entre les employés insatisfaits et les chômeurs. Ce résultat jette un doute sur le modèle de privation de Jahoda (1982) selon lequel, parce que l'emploi satisfait plusieurs fonctions, autant latentes que manifestes, même un travail insatisfaisant est préférable au chômage» (p. 49).

D'autres auteurs, tout en reconnaissant l'importance des fonctions de l'emploi, avancent d'autres hypothèses explicatives. Ainsi, Liem et Liem (1988, p. 88-89) reconnaissent que l'emploi est «une source primaire de ressources matérielles, sociales et psychologiques. La même chose peut aussi être dite de l'unité familiale, qui tire souvent sa routine et son ordre temporel, sa place dans un réseau social, son statut social et son bien-être matériel, de la participation de ses membres au marché de l'emploi [...]. D'un autre côté, cette vision de l'emploi salarié n'idéalise pas le fait de travailler [...]. Jacobson (1987) offre une perspective différente de la perte d'un emploi aliénant. D'après lui, la tension du chômage est reliée directement aux effets de l'emploi aliénant. Les travailleurs qui expérimentent un contrôle minimum sur l'emploi, se percevant comme compromis à leur place de travail, sont les plus vulnérables aux tensions du chômage. La perte de l'emploi leur apparaît comme une insulte finale et une confirmation de leur statut comme simple objet. L'aliénation au travail, ainsi, peut prédisposer à une expérience spécialement difficile du chômage».

Ici, les répercussions négatives du chômage ne sont pas imputées à l'absence de l'emploi et de la satisfaction des fonctions inhérentes, mais plutôt à une aliénation dans le travail et à un sentiment d'impuissance dans la fonction d'employé qui se trouverait amplifiée dans la situation de chômage.

De cette explication différente des effets du chômage découle une autre limite importante : si les répercussions du chômage sont considérées comme fonctionnellement identiques, les individus sont aussi vus, en quelque sorte, comme semblables devant la situation.

Si nous reprenons l'explication de Jacobson (1987) présentée ci-dessus, il semble important de prendre en considération des données concernant les personnes qui se trouvent en situation de chômage, comme ici la représentation de l'emploi avant le chômage. En effet, même si la situation de chômage peut être assimilée a priori plus facilement à une situation problématique qu'à un événement non stressant, il n'en reste pas moins vrai que la situation ne sera pas perçue de la même façon par tous les individus, que tous les individus n'affronteront pas cette situation avec le même «bagage», que celui-ci soit objectif (qualification, âge, sexe, ...) ou subjectif (perception de soi valorisée ou non, ressources amicales et relationnelles, ...). C'est ce que nous allons voir dans le chapitre 2, où seront présentées les études qui peuvent être considérées comme différentialistes.

A propos des travaux qui se situe dans une perspective plutôt fonctionnaliste, on peut conclure qu'ils ne fournissent pas directement d'informations utiles pour répondre à la question : quels sont les facteurs qui influencent la vitesse de sortie du chômage ? Cependant, d'une manière indirecte, les différences notées entre chômeurs et employés permettent de poser des hypothèses sur les facteurs qui peuvent activer — ou inhiber — la reprise d'emploi (comme nous l'avons noté pour l'interaction sociale).

La prise en compte de ces variables dans une perspective différentialiste — par exemple le nombre d'interactions sociales est-il différent à l'intérieur du groupe des chômeurs ? — nous permettra certainement d'affiner ces hypothèses.

Chapitre 2
La perspective différentialiste

La perspective différentialiste met en avant la diversité des vécus du chômage. Il n'y a pas un chômeur, mais des chômeurs.

Dans cette perspective, les études vont s'attacher à noter les différences qui peuvent exister entre les chômeurs. Contrairement à la perspective fonctionnaliste, le postulat de base ici est que la situation du chômage n'est pas expérimentée de la même façon par tous les individus et que cette situation ne sera pas vécue seulement de façon négative.

Les paramètres différenciateurs varient selon les auteurs représentatifs de ce courant.

Une première classe de paramètres est composée des variables sociologiques. De nombreuses études se sont en effet attachées à montrer les différences de vécus du chômage en fonction de l'âge, du sexe, du niveau de formation ou de qualification, etc.

Conjointement à ces paramètres « objectifs », le vécu différentiel est aussi expliqué par des processus psychologiques et psychosociaux.

Les théories sous-jacentes à ces processus sont nombreuses. Sans prétendre à l'exhaustivité, il nous semble que deux modèles explicatifs principaux peuvent être dégagés. Ces modèles ne sont pas indépendants, mais plutôt « emboîtés » ou interconnectés. Pour faciliter l'exposé, nous les

différencierons, en montrant cependant leurs recouvrements partiels. Ces deux modèles explicatifs sont les suivants :
– *La perception de la situation comme stressante ou non :*
Ce paramètre renvoie aux théories développées sur le stress. Les auteurs vont s'attacher ici à voir si la situation est perçue par les individus comme menaçante ou non, et si elle va mener au stress. Les facteurs qui influencent cette perception de la situation sont multiples. Nous prendrons comme exemple le modèle psychosocial du stress de Fineman (1979).

– *Les supports sociaux :*
Le vécu de la situation de chômage va aussi être influencé par les supports sociaux dont dispose l'individu. Cette variable est directement liée au modèle explicatif précédent : les hypothèses explicatives du rôle des supports sociaux font souvent référence au stress (stress-buffering hypothesis).

Pour la clarté de la présentation de cette perspective, nous avons choisi d'exposer :
– premièrement, les résultats relatifs aux variables sociologiques;
– deuxièmement, le modèle développé par Fineman (1979) sur les différences de perception suivi par les résultats obtenus;
– troisièmement, les supports sociaux comme modérateur du vécu de la situation, suivis là-aussi des résultats concernant la situation du chômage;
– enfin, seront présentés d'autres résultats relatifs à des variables qui ne sont pas prises directement en compte par les deux modèles exposés.

2.1. LES VARIABLES SOCIOLOGIQUES

Un premier ensemble de variables impliquant des répercussions différentes dans la situation de chômage est constitué par les variables sociologiques, telles que le sexe, l'âge, la catégorie socioprofessionnelle, etc. Spruit (1983, p. 52) note à ce propos : « Il n'est pas toujours clair, cependant, d'évaluer le degré de force et d'indépendance de la relation entre de tels facteurs (sociologiques) et le processus étudié, pas plus que de savoir pourquoi il est fait l'hypothèse que ces facteurs ont de l'importance et quelle délimitation est pertinente pour quelles catégories de population. Dans la recherche sur le chômage, les facteurs démographiques mènent à des résultats assez hétérogènes ».

2.1.1. Le sexe

En ce qui concerne les différences entre les hommes et les femmes, les résultats ne sont pas toujours très clairs, ils sont même parfois contradictoires (voir aussi Hammarström, 1994).

D'une part, certains travaux ont montré les effets psychologiques bénéfiques de l'emploi sur les femmes (Nathanson, 1980; Cochrane et Stopes-Roe, 1981), d'autres ont identifié les effets négatifs sociaux et émotionnels chez les femmes au chômage (Cohn, 1978; Spruit, 1983). Dans la lignée de ces études, il est souvent souligné des effets différentiels du chômage. Ainsi, les femmes au chômage ont des scores d'estime de soi significativement plus bas que les hommes (Warr et Jackson, 1983; Winefield et Tiggemann, 1985). Ces deux derniers auteurs notent des différences sur plusieurs variables : les femmes montrent une plus grande colère envers elles-mêmes, une plus grande impuissance et humeur dépressive.

En ce qui concerne les jeunes, il a été noté que le chômage affecterait aussi bien les femmes que les hommes, car l'emploi occupe une place aussi importante pour chacun d'eux. Toutefois, des différences entre les sexes se manifesteraient non pas dans la direction des effets produits mais dans leur intensité. Ainsi, les jeunes femmes connaîtraient une plus faible santé mentale (Stafford *et al.*, 1980) et un risque plus élevé de désordres psychiatriques mineurs (Banks et Jackson, 1982; Finlay-Jones et Eckhart, 1981, 1984). Quel que soit leur statut par rapport à l'emploi, elles jouiraient d'une estime de soi (Feather, 1982) et d'un bien-être psychologique plus faibles que les jeunes hommes ainsi que d'un niveau de dépression plus élevé (Donovan et Oddy, 1982). Par contre, une fois sur le marché du travail, leur amélioration est plus prononcée que celle des hommes (Tiggemann et Winefield, 1984).

D'un autre côté, nous trouvons des études qui affirment que le chômage est plus négatif pour les hommes que pour les femmes (Shamir, 1985). Ainsi, Starrin et Larsson (1987), dans l'introduction de leur étude sur le chômage des femmes, notent que : «la recherche sociale et psychologique sur l'impact du chômage s'est principalement focalisée sur les hommes. Ceci a entraîné que le chômage des femmes est peu connu, et on ne sait pas s'il diffère de celui des hommes. Il est souvent affirmé que les hommes souffrent plus durant le chômage que les femmes. Ainsi, Jahoda écrit que «même si les femmes préfèrent avoir un emploi, le chômage les frappe moins durement, psychologiquement parlant, que les hommes, parce qu'une alternative est disponible pour elles, à savoir retourner au rôle traditionnel de femme au foyer, qui leur fournit une structure temporelle, des buts, un statut et une activité même si cela offre une opportunité faible pour une plus large expérience sociale» (Jahoda, 1982, p. 53, cité par Starrin et Larsson, 1987, p. 163).

La question des différences entre les sexes a été mentionné par Warr et Perry (1982) qui ont trouvé que, pour les femmes mariées de classes moyennes, l'effet du statut par rapport à l'emploi sur le bien-être psychologique des femmes est considérablement plus faible que l'effet sur les hommes (voir aussi Warr, Jackson et Banks, 1982). Appuyant cette vision d'une possibilité d'activités de substitution pour les femmes, nous pouvons citer quelques résultats de l'étude de Shamir (1986b). Comparant la participation à des activités extra-professionnelles, il note que, outre la participation à des activités que les femmes ont en commun avec les hommes (lecture, télévision, passe-temps), les femmes, en plus, s'occupent plus de l'amélioration de la maison ou du jardin et des enfants. Il note que la durée du chômage n'est pas reliée aux activités extra-professionnelles pour les hommes, alors que pour les femmes, il y a une corrélation positive avec la participation à des activités telles que enfants et jardin/maison. Il souligne enfin que les activités extra-professionnelles ont un lien assez faible avec l'état psychologique, mais là aussi, il observe un effet différentiel : pour les hommes, il y a une corrélation positive entre un meilleur état psychologique et certaines activités (enfants, jardin/maison et sports). Pour les femmes, si la corrélation est positive entre jardin/maison et aider des amis, elle est négative en ce qui concerne le fait de s'occuper des enfants, qui est relié à un état psychologique plus faible.

Si les différences entre hommes et femmes sont assez souvent mises en exergue, nous voyons qu'il est plus difficile d'établir le sens de ces effets différentiels : les femmes vivent-elles le chômage mieux ou moins bien que les hommes? Il semble qu'il n'y ait pas, à l'heure actuelle, de réponse claire à cette question.

2.1.2. L'âge

La prise en compte de l'âge dans les études sur le chômage apparaît de plusieurs façons.

Premièrement, la population est, dès le départ, limitée au niveau de l'âge. Nous avons vu, dans la perspective fonctionnaliste, et nous le verrons également ici, des études qui se focalisent sur les jeunes quittant l'école (school leavers), population qui se trouve donc ciblée au niveau de l'âge. La population des jeunes chômeurs est considérée par beaucoup d'auteurs comme étant spécifique. Cette spécificité est expliquée par le fait que «le chômage des jeunes se distingue de celui des plus âgés en ce qu'il se situe au moment de l'insertion professionnelle [...]. Comme le travail marque souvent le passage à l'âge adulte en contribuant à affirmer l'identité et à accéder à l'autonomie, l'absence d'emploi risque d'interrompre ce processus de maturation. La spécificité du chômage des jeunes permet de croire que son impact psychologique et social diffère de celui des plus âgés» (Demers, Cornier et Fortin, 1985, p. 103). Depolo et Sarchielli (1987) suggèrent que le fait de ne pas avoir de travail est pour les jeunes une condition dans laquelle les coûts dépassent les bénéfices. Avoir un emploi est un moyen important pour obtenir une indépendance économique, la reconnaissance et un statut adulte reconnu par les pairs.

Deuxièmement, quand la population n'est pas ciblée, l'âge peut être une variable qui ne rentre pas en compte dans l'analyse. L'âge moyen de la population est donné, mais les différentes tranches d'âge ne rentrent pas dans les traitements.

Les résultats disponibles sur cette variable sont assez généraux. Ainsi, dans des études transversales, il a souvent été trouvé une liaison entre l'âge et le niveau de santé psychologique au cours du chômage, la plus mauvaise santé apparaissant dans les échantillons d'hommes d'âge moyen (Eisenberg et Lazarsfeld, 1938; Fryer et Warr, 1984). Ces différences sont expliquées par le fait que cette classe d'âge à des responsabilités familiales et des problèmes financiers plus importants et un fort engagement dans l'emploi. Estes et Wilensky (1978) ont souligné que les hommes d'âge moyen sont particulièrement prédisposés à une forte pression familiale.

Warr, Banks et Ullah (1985) notent que, pour ceux qui ont quitté récemment l'école, la durée du chômage n'est pas liée au niveau de santé psychologique, mais cette liaison est présente chez les chômeurs plus âgés. Ce résultat peut provenir du fait «qu'en raison de leur âge, les jeunes adopteraient plus facilement un statut de substitution que les plus âgés : le fait d'avoir une activité alternative à l'emploi leur permettrait de vivre plus positivement leur situation de chômage» (Demers *et al.*, 1985, p. 106). Cependant, cela ne peut compenser leur désir d'accéder au statut d'adulte, statut conféré par le fait d'avoir un emploi (Schnapper, 1981).

D'Arcy et Siddique (1985) notent que les personnes au chômage les plus âgées ont plus de problèmes de santé et de visites chez le médecin, alors que les plus jeunes (moins de 40 ans) présentent une plus grande détresse psychologique.

Spruit (1983, p. 53) note que les «personnes âgées (de plus de 50 ans) trouvent plus difficile d'obtenir un emploi parce qu'il y a une expectation générale que leur niveau de production sera plus bas et leur absentéisme plus haut».

Ainsi, les résultats obtenus par rapport à l'âge ne sont pas homogènes. Si certains auteurs soulignent que les personnes d'âge moyen seront plus affectées par le chômage que les autres, d'autres résultats montrent que les chômeurs âgés et les jeunes seront eux aussi fortement affectés. Pour ces derniers, d'un côté l'importance de l'emploi est soulignée, de l'autre, la possibilité d'activités de substitution semble atténuer l'impact du chômage.

2.1.3. La catégorie socioprofessionnelle et/ou le niveau de formation

La prise en compte de la catégorie socioprofessionnelle est opérationnalisée de plusieurs manières :

– par une comparaison ouvriers/cadres ou ouvriers/employés ;
– par une comparaison entre des personnes faiblement/hautement qualifiées.

Là aussi, les résultats sont contradictoires.

D'Arcy et Siddique (1985) montrent que les chômeurs ouvriers sont considérablement plus vulnérables à la maladie physique alors que les chômeurs avec un passé d'employé rapportent plus de détresse psychologique.

Hepworth (1980) note que les personnes non ou peu qualifiées ont un «bien-être psychologique» plus pauvre que ceux ayant un statut plus élevé.

Kaufman (1982) trouve que des professionnels hautement qualifiés souffrent plus quand ils sont au chômage que ceux qui ont des qualifications plus basses.

Goodchilds et Smith (1963) observent que la confiance en soi tend à diminuer avec la durée du chômage pour les sujets ayant un haut statut socio-économique, alors qu'elle augmente pour ceux ayant un bas statut socio-économique.

Payne, Warr et Hartley (1984) montrent que le chômage de durée moyenne apparaît comme ayant un effet homogénéisant, avec une santé similairement pauvre entre des ouvriers non qualifiés et semi-qualifiés, versus des employés et cadres. Les ouvriers rapportent cependant, de manière significative, des problèmes financiers plus importants et de plus grandes difficultés à remplir le temps.

De plus, certains auteurs soulignent qu'à l'intérieur même d'une C.S.P., une pluralité de situations sont présentes : «en dépit du fait d'être chômeurs, les cadres représentent un groupe très hétérogène avec des besoins différents» (Huczynski, 1978, p. 25).

Pour résumer, si certaines études tendent à montrer que ce sont les personnes ayant les niveaux les plus bas qui souffrent le plus du chômage, d'autres présentent des résultats opposés.

En ce qui concerne le niveau d'études, nous pouvons prendre l'exemple développé par Demers *et al.* (1985). Dans leur article sur le chômage des jeunes, ces auteurs comparent trois recherches qui ont porté sur des jeunes québécois finissant leurs études secondaires avec trois niveaux différents et pour trois périodes différentes (Bouikini, 1983 ; Laroche, 1984 ; Paré, 1981). Ils notent que non seulement les étudiants du secondaire court (le niveau le plus bas) ont des taux de chômage régulièrement plus élevés que ceux du secondaire long et ceux du secondaire supplémentaire, mais également que ce sont ceux pour qui le taux de chômage s'est accru le plus rapidement, passant de 28,8 % (en 1979) à 50,9 %(en 1981).

Ce résultat se retrouve dans plusieurs études. Il est en effet souvent affirmé que les personnes ayant un niveau d'études bas restent plus longtemps au chômage et que l'impact de celui-ci sera plus important (Balazs, 1983).

2.1.4. Les autres variables sociologiques ou de conditions de vie

Le degré de tension financière

Le degré de tension financière est connu pour être lié positivement à une mauvaise santé psychologique (Little, 1976 ; Warr et Jackson, 1984).

Demers *et al.* (1985, p. 106) notent «qu'il semble que le chômage ait des effets différents selon les ressources financières dont dispose le jeune : la présence de dettes, chez les garçons, et l'incapacité d'effectuer rapidement un emprunt, chez les deux sexes, seraient liées à une plus forte prévalence de désordres psychiatriques mineurs (Finlay-Jones et Eckhardt, 1984)».

D'Arcy et Siddique (1985) remarquent que les chômeurs qui ont des revenus faibles et qui sont les principaux «gagne-pain» de la famille sont les plus affligés psychologiquement. Ces deux auteurs ajoutent que «un regard par région des données montre que les chômeurs à revenus faibles souffrent le plus en terme d'humeur dépressive dans chaque région du pays. Il est apparent que le chômage et son impact sur la santé reflètent la large inégalité basée sur les classes sociales des sociétés industrielles» (p. 609).

Rural/urbain

D'autres auteurs ont noté des différences entre chômeurs urbains et ruraux. Ainsi, Kasl *et al.* (1975) observent certaines associations entre des variables et le chômage pour les chômeurs provenant d'une usine urbaine et non pour les chômeurs ruraux. Ils concluent «qu'il n'y a pas pour le moment d'interprétation définitive dans ces différences entre urbains et ruraux. Cependant, si nous acceptons que, dans le milieu rural, la communauté sociale et le système de supports sociaux sont moins sévèrement perturbés par la fermeture d'usine que dans le milieu urbain, alors nous pouvons au moins faire l'observation qu'un fort système de supports sociaux peut agir comme un modérateur et réduire l'influence d'autres variables» (p. 119). Gore (1978), sur la même population que Kasl *et al.* (1975) note que les chômeurs ruraux ont, de façon significative, plus de supports sociaux que les chômeurs urbains.

Pour résumer brièvement les effets du chômage en fonction des variables sociologiques, il apparaît qu'il existe très peu de consensus dans les résultats obtenus, ceux-ci étant souvent contradictoires. Cependant, il semble difficile de faire l'impasse sur la prise en compte de telles variables, car leurs effets sur l'impact psychologique du chômage, quel qu'il soit, semble difficile à nier. La recherche entreprise dans le cadre de ce livre se propose d'apporter un éclairage à cette question. Nous allons aborder maintenant les deux modèles principaux de la perspective différentialiste.

2.2. LA PERCEPTION DE LA SITUATION COMME STRESSANTE

2.2.1. Un modèle psychosocial du stress

Comme le souligne Liem (1987, p. 324) : «Les investigations directes des conséquences psychologiques du chômage sont fortement influencées par des modèles du stress de l'expérience sociale» (voir aussi Hamilton, Hoffman, Broman et Rauma, 1993).

Et il est vrai que de nombreuses études sur le chômage font référence, directement ou non, au stress (Payne et Hartley, 1987). Nous ne pouvons, dans le cadre de ce travail, faire une revue de questions approfondie sur le stress. C'est un concept qui est largement utilisé dans des situations autres que le chômage. Nous avons choisi ici de nous appuyer sur le modèle théorique de Fineman (1979), car celui-ci a été appliqué à la situation du chômage.

Cet auteur développe trois points qui se retrouvent dans beaucoup d'études sur le stress :

1) *Les sources possibles du stress et leur perception par l'individu.*
Fineman pose que tout stimulus peut être un stresseur potentiel pour toute personne. Mais le fait que le stimulus amène ou non au stress dépendra de la signification que la personne attribuera à ce stimulus et de l'efficacité de son comportement pour y faire face (coping behavior). Ce point de vue est en opposition avec les modèles présentant une pré-classification des stimuli comme stressants sur la base de leurs effets prétendus et/ou attendus (point de vue pris par des auteurs comme Holmes et Rahe, 1967 qui classent les événements comme stressant sur la base de jugements externes). Ainsi, Winefield *et al.* (1987, p. 659-660) écrivent que «être chômeur est traité comme un événement de vie mauvais et il est attendu que les jeunes chômeurs montrent une estime de soi plus basse et plus de réactions dépressives que ceux qui sont employés». Ici, le chômage est défini a priori comme un événement de vie négatif. Cette conception se retrouve surtout dans la perspective fonctionnaliste, pour laquelle un des postulats implicites est que la situation du chômage est stressante pour tous les individus.
Faisant référence à Lewin (1938), Fineman précise que : «dans les termes de Lewin, il existe des forces agissant sur une personne qui peuvent induire des changements dans l'espace de vie de celle-ci. Ces forces sont décrites comme un «champ» ou un «champ de forces» qui émanent des autres personnes ou des choses. Dans le présent modèle du stress, il est affirmé qu'il y a des champs spécifiques variés d'influence potentielle qui sont compris dans l'environnement objectif» (p. 325-326). Fineman précise que ces champs spécifiques concernent l'organisation du travail, mais aussi ceux relatifs à l'environnement extra-professionnel. Ces aspects ou demandes extra-professionnelles sont multiples et peuvent provenir des engagements financiers, de la nature des relations entre l'individu et les membres de sa famille, et les changements majeurs de la vie (tels que le mariage, le divorce, les naissances ou les deuils). D'autres

aires extra-professionnelles sont constituées par les activités de loisirs, la sociabilité, etc. Pour Fineman, le stress pénètre ou diffuse dans plusieurs aires de vie.

2) *La personnalité de l'individu.*

Du premier point développé ci-dessus découle l'axiome selon lequel les perceptions sont régulées et «colorées» par les facettes de la personnalité des individus : ses valeurs, ses besoins, ses expectations, etc.

Fineman explicite ce point en soulignant que la signification qu'un individu attribue aux stimuli particuliers de stress potentiel et ses réactions affectives par rapport à eux, vont dépendre considérablement de sa vision de lui-même.

Ce deuxième point est en interaction étroite avec les théories de l'identité auxquelles nous avons fait référence dans le chapitre 1.

3) *Les approches comportementales dans le traitement des stresseurs potentiels.*

Fineman présente trois classes de comportements dans le traitement des stresseurs potentiels :

a) la confrontation, qui est une tentative proactive par laquelle les stimuli stressants sont pris «de plein front», évalués pour voir de quelles manières ils peuvent être contrôlés et/ou maîtrisés, l'action directe étant prise par la suite. Elle est apparentée aux comportements de «coping» et de résolution de problèmes discutés par d'autres auteurs (par exemple : Howard et Scott, 1965). La confrontation peut constituer un processus délibéré, rationnel (dans le sens moyens-fins), l'individu étant conscient des mécanismes qu'il met en place. Mais l'individu peut aussi être largement inconscient des mécanismes qui se produisent.

b) L'évitement est une tentative de s'évader de la confrontation à la situation. Ce comportement peut être un processus défensif inconscient, tel que le déni, la projection, le retrait, ou bien l'évitement peut être plus délibéré : la personne peut choisir d'éviter le contact avec les stimuli menaçants en recherchant activement des occupations qui ne la menaceront pas.

c) Le comportement inactif est une tentative de l'individu de se désengager totalement de toute activité reliée au stresseur. Il peut être interprété comme une conséquence d'un sentiment d'impuissance en face de la menace (Seligman, 1975) et peut aboutir à une forme de paralysie.

Fineman ajoute que ces trois types de comportements ont été séparés pour le besoin d'une clarté conceptuelle. En pratique, les frontières entre eux ne sont pas distinctes. Par exemple, une personne peut montrer un comportement d'évitement qui peut résulter de confrontations initiales infructueuses.

La théorie de la détresse acquise de Seligman (Abramson, Seligman et Teasdale, 1978) peut sans doute aider à préciser les mécanismes impliqués dans les comportements qu'analyse Fineman. «En accord avec la théorie de la détresse acquise (Seligman, 1975), quand les personnes sont confrontées à des situations pénibles qu'ils ne peuvent contrôler, elles se sentent impuissantes : elles perdent le désir de contrôler les situations et finissent par croire qu'elles ne sont plus capables de les contrôler» (Winefield *et al.*, 1987, p. 659). Cette détresse et/ou impuissance acquise va dépendre de plusieurs facteurs. Les rôles spécifiques joués par les dimensions interne/externe et stable/instable dans la théorie reformulée de la détresse acquise sont clairement élaborés par Peterson et Seligman (1984, p. 348) : «les croyances internes affectent la perte d'estime de soi consécutive aux événements indésirables. Si une personne explique un événement indésirable par un facteur interne, alors la perte d'estime de soi a plus de probabilité de se produire. La stabilité des croyances causales affecte la chronicité de l'impuissance et la dépression qui suit des événements indésirables. Si un événement indésiré est expliqué par une cause qui persiste, les réactions dépressives qui suivent tendent à persister» (cité par Winefield *et al.*, 1987, p. 659).

2.2.2. Chômage, stress et perception différentielle de la situation

Fineman (1979), après avoir développé le modèle de stress exposé ci-dessus, propose une application qui vise à comprendre pourquoi certains individus deviennent stressés et d'autres non face à une même situation : le chômage. Son échantillon est constitué de 25 cadres licenciés économiques (23 hommes, deux femmes) qui suivent une formation. Le stress est mesuré à l'aide du G.H.Q. Lors d'un entretien semi-directif, les sujets sont interrogés sur : les circonstances du chômage, comment la situation est vécue et expérimentée, les actions réalisées, les ressources personnelles et la prédisposition à l'anxiété.

Nous résumons les résultats obtenus. D'une façon générale, l'échantillon des 25 chômeurs pris en compte est significativement plus perturbé que la moyenne généralement obtenus aux scores du G.H.Q. A partir de ces scores, Fineman distingue deux groupes : un groupe hautement stressé et un groupe peu stressé et il regarde ce qui les différencie en fonction des autres variables. Le niveau de stress est caractérisé par des niveaux différents pour les variables explicatives.

Pour le groupe le plus stressé, il note :
– une implication personnelle antérieure dans l'emploi très forte,

— que le problème du chômage coïncide avec des problèmes domestiques,
— des échecs répétés à retrouver un emploi,
— un comportement inactif ou d'évitement.

Par contre, pour le groupe le moins stressé, Fineman trouve que :
— le problème n'est pas perçu comme menaçant,
— l'implication antérieure dans l'emploi était faible,
— ces personnes ont une forte confiance en elles-mêmes,
— les comportements sont du type confrontation au problème.

Cependant, cet échantillon est constitué de personnes ayant des durées de chômage très différentes (de 3 mois à 18 mois) et, dans son analyse, Fineman ne prend pas en compte cette variable. Or, il aurait été utile de savoir si le groupe des plus stressés était constitué des personnes ayant les durées de chômage les plus longues ou si les deux variables sont indépendantes. Il nous semble que les résultats obtenus par Fineman auraient été ainsi enrichis.

Une autre étude illustrant la relation entre le chômage, le stress et la perception différentielle de la situation est celle de Fryer et Payne (1984). Dans cette étude, les auteurs remettent en cause l'hypothèse de privation (deprivation hypothesis), postulant un impact négatif homogène du chômage, basée notamment sur la perte des fonctions latentes remplies par l'emploi selon Jahoda (1979a).

Ils constituent un échantillon de 11 chômeurs «proactifs», «la proactivité étant caractérisée par le fait qu'un individu choisit d'intervenir dans, ou de re-percevoir, les situations d'une manière qui permette à cette personne (agent) d'agir dans des directions valuées plutôt que de répondre aux changements imposés» (p. 273). Pour choisir les chômeurs qui pourraient être caractérisés comme proactifs, ils ont demandé à des travailleurs sociaux qui s'occupaient de chômeurs d'identifier ceux qui utilisaient leur chômage d'une façon exceptionnellement positive et créative. La constitution de l'échantillon a nécessité plusieurs mois. A l'aide d'une étude transversale (une seule observation) et d'entretiens semi-directifs, ils vont essayer d'expliquer cette proactivité.

Une analyse du contenu des entretiens leur a permis d'extraire 20 catégories de «problèmes», par exemple : la perception d'opportunités dans le chômage, la distinction entre travail et emploi, la structuration du temps et des comportements auto-imposés, etc. Ils notent que le fait dominant dans la compréhension de l'expérience du chômage de cet échantillon n'est pas ce que le chômage a enlevé à ces personnes, mais ce qu'elles ont apporté au chômage. Les individus qui composent leur échantillon ont réussi à entreprendre des activités extra-professionnelles le plus souvent sociales, ou socialement reconnues. Ils concluent en soulignant la valeur explicative de «l'action» du sujet dans la compréhension de l'expérience et des comportements des chômeurs.

Ainsi, ces deux études montrent que le chômage n'est pas vécu d'une façon stressante par tous les individus, que cette situation peut être perçue comme une opportunité pour certains individus. Bien entendu, aucun de ces auteurs ne nie le fait que le chômage peut aussi être vécu comme stressant, à preuve la catégorie des «fortement stressés» dont parle Fineman et le temps assez long qu'il a fallu à Fryer et Payne pour constituer leur échantillon de chômeurs proactifs.

Ces études montrent par conséquent des comportements différents : confrontation, qui peut être liée à la proactivité, évitement ou inaction.

Ces résultats sont particulièrement importants pour la question centrale de ce travail. En effet, ces comportements différents, issus d'une perception différentielle de la situation, peuvent être liés à la vitesse de sortie du chômage.

2.3. LES SUPPORTS SOCIAUX

Autant dans le modèle psychosocial du stress de Fineman que dans les études sur l'identité apparaît la nécessité de prendre en compte les relations à autrui. Que ce soit de façon réelle ou symbolique, ces relations opèrent tout au long de la socialisation. Dans les études sur le chômage, ces relations sont étudiées et utilisées comme variables explicatives sous des notions différentes, dont la principale est le «support social».

2.3.1. Définition et rôle des supports sociaux

Définition et opérationnalisation

Il semble important de définir cette notion car elle n'inclut pas seulement les autruis, dans la vision objective et/ou subjective, mais aussi les supports matériels (revenus, ...). De plus, cette notion, bien que centrale et de plus en plus souvent utilisée dans les études sur le chômage, a été assez peu clairement définie jusqu'à présent.

La notion de supports sociaux s'appuie sur le postulat que tous les individus ne vont pas affronter la situation avec le même «bagage» (ce qui va aussi influencer leur vision de la situation, ce «bagage» comprenant aussi la perception que les individus ont d'eux-mêmes). Une des composantes de ce «bagage» est la quantité de ressources disponibles pour affronter la situation. Et les ressources invoquées peuvent comprendre, suivant les études, des ressources «objectives» (par exemple le nombre de contacts quotidiens, hebdomadaires ou mensuels avec des personnes extérieures à la famille nucléaire) ou des ressources «subjectives» (soutien perçu venant du conjoint, de la famille, des amis, ...).

L'hypothèse la plus souvent formulée dans ces études est que les supports sociaux atténuent le stress lié à la situation du chômage. Ici, on ne se pose plus la question de la perception différentielle de la situation, mais on va essayer de cerner les effets de la situation en fonction de niveaux de supports sociaux.

Le concept de support social (traduction littérale du terme «social support») ou de soutien social (tel qu'il est traduit par Bamberg, Rückert et Udris, 1986) est employé suivant les articles et parfois dans le même article, au singulier et/ou au pluriel (par exemple : Gore, 1978; Pearlin, Lieberman, Menaghan et Mullan, 1981). Cependant, cela n'interfère pas dans les définitions et les utilisations qui sont faites de cette notion. Nous l'utiliserons, quant à nous, de préférence au pluriel car, comme nous allons le voir dans les définitions qui en sont données, cette notion est générique, se rapportant le plus souvent à des «sous-ensembles» de supports et/ou étant associée aux notions de système et réseaux.

Plusieurs définitions de ce concept sont disponibles suivant les auteurs.

Bamberg *et al.* (1986, p. 397), dans une étude qui ne concerne pas le chômage mais le stress professionnel, définissent les supports sociaux comme consistant «en des interactions fréquentes, des sentiments forts et positifs et le sens de la disponibilité des supports émotionnels et instrumentaux quand on peut en avoir besoin (House et Wells, 1978). Ainsi, ce sentiment incrusté dans un «ensemble social» (par exemple la famille) est une condition nécessaire mais non suffisante pour que des interactions sociales concrètes avec un caractère de support se produisent».

Thoits (1982) relève les problèmes de conceptualisation et d'opérationnalisation de ce concept. Cet auteur note que, malgré l'utilisation de plus en plus fréquente de celui-ci, une définition conceptuelle précise des supports sociaux fait cruellement défaut et peu d'études ont essayé de développer des indicateurs valides et sûrs de ce concept.

Ainsi, Kaplan, Cassel et Gore (1977, p. 50) suggèrent que «les supports sont définis par la présence ou l'absence relative de ressources de supports psychosociaux provenant d'autres personnes signifiantes pour le sujet». «Ressources de supports» restent ici indéfinis. Lin, Dean et Ensel (1981, p. 74) pensent que les supports sociaux sont «un support accessible à l'individu au travers de liens sociaux avec d'autres individus, groupes et avec la communauté dans son ensemble [...]. Le support social [...] identifie les ressources qui sont disponibles pour un individu en crise». Là encore, supports et ressources restent indéfinis.

Certains auteurs ont fait l'effort de proposer des définitions conceptuelles plus précises. Ainsi, Cobb (1976, p. 300) écrit que le support est conçu comme une information menant le sujet à croire :

1) qu'il ou elle plaît et est aimé(e),

2) qu'il ou elle est estimé(e) et a de la valeur,

3) qu'il ou elle appartient à un réseau de communications et d'obligations mutuelles.

Plus récemment, House (1981, p. 39, cité par Thoits, 1982, p. 147) a suggéré que les supports sociaux sont «une transaction interpersonnelle impliquant un ou plusieurs des faits suivants :

1) relation émotionnelle (affection, amour, empathie),

2) aide instrumentale (bien et service),

3) information (sur l'environnement),

4) évaluation (information relevant d'une évaluation personnelle)».

Un problème conceptuel apparenté tient au fait que plusieurs chercheurs ont affirmé que le support social est un concept multidimensionnel (Dean et Lin, 1977; Kaplan *et al.*, 1977). Non pas seulement dans la somme des supports importants, mais aussi dans le type de support (par exemple : socio-émotionnel et instrumental) et dans les sources de support (par exemple : épouse, amis, famille, associations, ...). En outre, la structure du réseau de supports peut avoir une influence puissante sur le flux des ressources de soutien.

Les problèmes de définition évoqués ci-dessus vont amener des difficultés d'opérationnalisation, les indicateurs choisis pour mesurer ces supports étant multiples.

Ainsi, une variété de dimensions des supports sociaux peut être utilisée. Par exemple, on pourra mesurer les propriétés structurales du système des supports sociaux à partir des indicateurs classiques de réseaux : taille, densité, accessibilité, fréquence des contacts, stabilité, ... ou une partie de ces propriétés, qu'il s'agira dans ce cas de bien définir. On peut aussi opérationaliser les propriétés fonctionnelles du système : la somme et l'adéquation perçues des aides socio-émotionnelles et instrumentales reçues.

En outre, des sous-aspects du système des supports sociaux peuvent être examinés. Par exemple : efficacité de l'aide socio-émotionnelle reçue de la famille comparée à celle reçue des amis.

Certains auteurs ont porté leurs efforts sur la construction d'échelles pour mesurer les supports sociaux, mais ne proposent pas de définitions conceptuelles explicites ou précises de ces termes (par exemple : Gore, 1978 ; Lin *et al.*, 1981).

En construisant leurs échelles de supports, Lin *et al.* (1981) ont fait figurer des items qui se rapportent en fait à la difficulté perçue et/ou réelle de la réalité vécue ou tension de la vie (par ex : manque d'argent, trop de responsabilités, manque d'intimité, ...), bien que d'autres de leurs items se réfèrent directement aux relations sociales (le nombre de personnes avec qui on peut parler, en qui on a confiance, ...). Ainsi, la conceptualisation imprécise se retrouve, dans certains cas, au travers du questionnaire, invalidant probablement les opérationnalisations. Il est bien sûr possible que des facteurs non reliés à l'investissement inter-personnel puissent interférer dans l'effet atténuateur du support social, mais il convient de prendre garde à ne pas les mélanger dans les différentes mesures.

Nous voyons donc que, malgré l'utilisation assez importante de cette notion dans les études sur le chômage, les définitions proposées ne se recouvrent pas toujours, amenant des opérationnalisations multiples et pas toujours fiables.

L'hypothèse d'atténuation du stress et le rôle des supports sociaux

Le concept de supports sociaux est souvent utilisé dans les études en relation avec l'hypothèse d'atténuation du stress (« stress-buffering hypothesis », traduit aussi par : effet tampon, Bamberg *et al.*, 1986, p. 413).

Les recherches sur l'effet d'atténuation du support social partent de constats de la vie quotidienne. En effet, de nombreuses études (voir par exemple la revue de questions de Thoits, 1982) ont montré « une relation positive entre les événements majeurs de la vie et une détresse psychologique : les individus qui font l'expérience de nombreux événements présentent un plus grand nombre de symptômes psychologiques» (Thoits, 1982,p. 145). Cependant, cette relation n'est pas aussi simple. On constate aussi que certains individus qui font l'expérience de beaucoup d'événements ne vont pas ressentir de détresse, alors que d'autres pour lesquels peu d'événements se produisent, pourront éprouver une grande détresse. L'hypothèse d'atténuation est une des recherches possibles pour éclairer ces réalités apparemment contradictoires qu'il convient d'expliquer.

Cette hypothèse pose que : «Les individus avec un système de supports sociaux fort devraient être capables de mieux faire face aux changements majeurs de la vie; ceux avec des supports sociaux faibles ou nuls peuvent être plus vulnérables aux changements de la vie, particulièrement s'ils sont indésirables. Clairement, cette hypothèse concerne un effet d'interaction : l'occurrence d'événements en présence de supports sociaux devrait produire moins de détresse que n'en produirait l'occurrence d'événements en l'absence de supports sociaux» (Thoits, 1982, p. 145; voir aussi Cohen et Wills, 1985).

Myers, Lindenthal et Pepper (1975, p. 426) concluent leur étude de la manière suivante : «Les personnes qui ont un accès significatif aux autres, qui se sentent intégrées dans le système, et qui sont satisfaites de leurs rôles semblent plus capables de faire face à l'impact des événements de vie».

D'autres auteurs, comme Bamberg *et al.* (1986, p. 397) distinguent «trois effets des supports sociaux proposés par la littérature :

1) Les supports sociaux sont incompatibles avec certains agents stressants. En conséquence, les conditions stressantes sont réduites par les supports sociaux. Par exemple, les situations vont être estimées comme moins stressantes ou une situation stressante sera perçue comme moins importante.

2) Les relations entre les conditions stressantes, les réactions stressantes et la santé sont mitigées par les supports sociaux. Ceux-ci agissent comme un tampon ou un modérateur sur la relation du stress sur la santé et le bien-être.

3) Les réactions au stress elles-mêmes sont réduites et la santé est améliorée par les supports sociaux (House, 1981)».

Ils insistent sur le fait que ce n'est pas tant la *quantité* que la *qualité* des supports qui a un effet sur le processus du stress.

Résumé

La prise en compte des supports sociaux dans l'analyse des effets du chômage pose de nombreux problèmes, que ce soit au niveau de la conceptualisation, de l'opérationnalisation ou des hypothèses élaborées.

En ce qui concerne l'hypothèse d'atténuation, Atkinson *et al.* (1986, p. 317) notent que les «résultats concernant l'hypothèse d'atténuation du stress n'ont pas été uniformes dans les études du soutien social». De plus, ils soulignent que, considérer la validité et la qualité des supports sociaux comme demeurant constantes dans le temps, c'est ignorer la possibilité que la validité et la qualité des soutiens sociaux puissent changer avec le temps, une source de ce changement pouvant être les «agents stressants» eux-mêmes.

Si nous essayons de synthétiser les différents éléments exposés à propos des supports sociaux, il semble que le «plus petit dénominateur commun» des conceptions développées est qu'elles considèrent que les supports sociaux (les relations à autrui) sont des modérateurs des effets de l'anxiété due à des changements et à des événements majeurs pour les sujets.

Ceci est une hypothèse importante à prendre en considération lorsqu'on aborde les conditions de la vitesse de sortie du chômage. Cet effet modérateur peut aider le sujet dans la réponse qu'il va apporter à la perturbation ressentie.

2.3.2. Chômage, supports sociaux et activités extra-professionnelles

Certains résultats concernant les supports sociaux confirment l'hypothèse d'atténuation du stress.

Ainsi, Gore (1978) a rapporté des résultats d'une étude sur des personnes au chômage à la suite de la fermeture d'usines [même population que Kasl *et al.*, (1975), à savoir 5 phases d'observation]. Elle a utilisé une échelle en 13 items, couvrant un éventail de caractéristiques : perceptions de relations de soutien, fréquence de l'activité à l'extérieur de la maison et occasion perçue de s'engager dans des activités d'aides sociales. Parmi ceux qui étaient au chômage un mois après la fermeture de leur usine, les sujets les moins soutenus (n = 15) ont été observés comme manifestant significativement plus de symptômes de maladies que les sujets plus soutenus (n = 33); cette différence apparaissait aussi six semaines avant la fermeture. Elle a donc trouvé que le soutien social atténuait l'impact du stress lié au chômage. Comparativement aux chômeurs ayant de forts soutiens sociaux, les chômeurs en manquant avaient des taux de cholestérol plus élevés, davantage de symptômes de maladies physiques et plus de réponses affectives négatives. Elle a aussi noté que la privation économique perçue était significativement plus haute chez les chômeurs les moins soutenus pour trois des cinq phases de l'étude.

Pearlin *et al.* (1981) ont rapporté que la présence des épouses ou d'autres proches aidait ceux qui perdaient leur emploi à maintenir leur estime de soi et un sentiment de maîtrise mais ne les aidait pas de façon importante à réduire la dépression ou la tension économique.

Ullah, Banks et Warr (1985) ont étudié 1150 sujets de 17 ans qui étaient au chômage depuis six mois en moyenne. Les scores à une échelle de cinq items de soutien social se sont montrés significativement liés à une détresse psychologique générale et à la dépression, mais pas à l'anxiété.

Hendry et Raymond (1986), pour un groupe de jeunes chômeurs, montrent que le groupe des pairs peut être, soit un support, soit une contrainte.

Pour les activités extra-professionnelles, la plupart des études sur le chômage se réfèrent à un retrait social, à l'inactivité du sujet et à l'augmentation des sentiments d'anxiété, de détresse et de dépression comme étant des manifestations inter-reliées des mêmes processus et comme étant des facteurs qui s'influencent l'un l'autre. Warr et Payne (1983) découvrent cependant des associations différentes entre les changements rapportés dans les activités extra-professionnelles et la détresse psychologique, l'anxiété et la dépression. Chez des chômeurs hommes, de classe moyenne, une augmentation dans le travail domestique, les passe-temps domestiques ou autres est associée à un bien-être psychologique faible. Ils ne trouvent pas de corrélation significative entre le bien-être psychologique et les changements rapportés dans la lecture, les contacts sociaux ou le délassement. Ainsi, bien que Warr et Payne trouvent que les résultats des études des années 30, d'où il ressort que le chômage amène une apathie et une inactivité importantes, sont invalides pour leurs sujets, et trouvent que la perte d'emploi provoque généralement une augmentation des activités extra-professionnelles, ils ne trouvent pas que cette augmentation amène à l'amélioration de l'état psychologique. Au contraire, l'implication dans certaines activités extra-professionnelles peut même entraîner une détérioration de cet état psychologique.

Cette conclusion semble cependant en contradiction avec les résultats d'autres études.

Ainsi, Hepworth (1980) trouve une association positive entre le bien-être psychologique et l'habileté à occuper son temps libre. Une analyse plus poussée des données obtenues dans l'étude d'Hepworth (Brenner et Bartell, 1983) amène à la conclusion que la direction de la causalité va plus dans le sens des occupations du temps vers le bien-être psychologique que le contraire. Brenner et Bartell notent : «La perte d'emploi entraîne, en plus des pertes économiques, des perturbations et des transitions de rôles, et ainsi la perte d'activités habituelles. La facilité et la vitesse avec laquelle l'individu réussira à réinvestir des énergies physiques et psychiques dans des efforts alternatifs durant le chômage peuvent raisonnablement être attendues comme modérant ou atténuant ces effets négatifs» (p. 135).

Une étude de Feather et Bond (1983) montre que les difficultés personnelles pour occuper le temps covarient avec la diminution de l'estime de soi et une haute fréquence de symptômes dépressifs.

Hayes et Nutman (1981) envisagent une série de facteurs médiateurs qui peuvent permettre à certains individus ou groupes de «mieux» vivre le chômage. Parmi ceux-ci, ils font référence à la possibilité d'avoir des activités extra-professionnelles. «La possibilité et la volonté de s'engager dans d'autres formes de «travail» suscitent chez les chômeurs des réactions différentes. Mettre le temps libre à profit pour se cultiver ou se perfectionner est un moyen d'atténuer les effets du chômage, tout comme travailler bénévolement pour une organisation caritative. Ce type d'activités contribue à soulager l'ennui et, au niveau de l'estime de soi, à symboliser le désir de travailler qui désarmera la réprobation sociale» (p. 80).

Cependant, Shamir (1986b) note, à la fin de son étude, qu'en dépit de changements présumés dans l'éthique du travail, les activités extra-professionnelles manquent encore de potentiels pour se substituer effectivement à l'emploi, point de vue soutenu par Jahoda (1979a) et Kelvin (1981).

Starrin et Larsson (1987) se sont aussi attachés aux activités extra-professionnelles, ce qui les amènera à une classification en quatre groupes des réactions des sujets face au chômage. Ils rappellent dans un premier temps d'autres études qui ont donné lieu à de telles classifications. Par exemple, dans l'étude de Marienthal (Jahoda *et al.*, 1933), quatre groupes ont été utilisés pour différencier les réactions au chômage, à savoir : les intacts, les résignés, les désespérés et les apathiques. Citant des études suédoises, Starrin et Larsson montrent que «des concepts similaires sont employés [...], Angelöw différenciant ceux qui sont inaffectés, un peu affectés, anxieux et désespérés » (p. 163).

Starrin et Larsson ont trouvé, dans leur étude sur 36 femmes, que « les réactions au chômage, leur signification et leur contexte semblent être en relation avec deux variables principales, qui ont été systématiquement obtenues dans les données. Les variables centrales ainsi générées sont : « la relation au travail rémunéré » et « la relation à des activités alternatives ». Quatre groupes différents de chômeuses ont été identifiés à la lumière de leur relation avec ces deux variables principales. Ils ont été appelé : « celles qui ont abandonné » (the give-uppers), « celles qui se cramponnent » (the clenchers), « les re-focalisées » (the refocusus) et les « ambivalentes ». Les quatre groupes diffèrent en respect de :

(a) l'expérience de la structure temporelle quotidienne,

(b) leur identité et leur condition mentale,

(c) leur vision du futur.

Pour les deux premiers groupes, le chômage amène avec lui une déstructuration du temps quotidien. Les « re-focalisées » et les « ambivalentes » ont remplacé la perte de la structure temporelle fixe de la journée de travail par une nouvelle structure temporelle fixe.

Le chômage a de sérieux effets sur l'identité et les conditions mentales pour « celles qui ont abandonné » ou « qui se cramponnent ». Des sentiments de désespoir, de perte de statut, d'impuissance et de dépression sont communs. Ceci est spécialement vrai pour « celles qui ont abandonné ».

Les « re-focalisées » se distinguent des autres groupes. Elles apprécient leur vie et elles ont remplacé la perte de l'emploi par ce qu'elles perçoivent comme étant des activités signifiantes.

En résumé, il semble que l'effet des supports sociaux sur l'impact psychologique du chômage existe, bien que les résultats ne confirment pas tous l'hypothèse d'atténuation du stress. En ce qui concerne le rôle des activités extra-professionnelles, les résultats sont différents suivant le type d'activités : certaines activités, notamment sociales, peuvent modérer l'impact négatif du chômage (nous retrouvons ici le résultat obtenu par Fryer et Payne, 1984), d'autres au contraire sont liées à un impact négatif.

2.4. AUTRES VARIABLES

La représentation du fonctionnement social

Galland et Louis (1981) montrent notamment que le vécu du chômage sera tout à fait différent selon la représentation qu'a le sujet du fonctionnement social. Ainsi, ils distinguent quatre catégories de représentation politique du chômage auxquels ils associent quatre vécus différents :

1) *Réduction de la société à l'environnement immédiat :*
le chômage devient alors un accident individuel.

2) *La société fonctionnelle, le chômage fléau :*
la société est un ensemble fonctionnel où les différents rouages doivent s'enchaîner. Le chômage est vu comme un dysfonctionnement à l'intérieur de ce système social. Il appartient donc aux dirigeants de résoudre ce dysfonctionnement et le chômeur retrouvera sa place dans la production.

3) *La société bloc hostile, le chômage ignoré :*
l'exclusion de la société n'est pas subie mais vécue comme un refus d'intégration. L'abandon de la référence prioritaire à une identité fondée sur le travail peut permettre à d'autres identités de se développer.

4) *La société affrontement de classes, le chômage capitaliste :*
du principe même de fonctionnement de la société découle le fait que le chômage, comme le progrès technique et la crise elle-même, ont leur origine dans la recherche du maintien ou de l'accroissement du profit, par une classe au détriment d'une autre.

L'éthique du travail, l'implication au travail et l'orientation au travail

Spruit (1983, p. 42 à 44), en abordant l'expérience subjective du chômage, liste les facteurs qui influencent la réaction au chômage. Le premier qu'il envisage est «l'importance de l'éthique du travail». Cet auteur note que : «Dans quatre études allemandes, une étude anglaise (Marsden et Duff, 1975) et une étude américaine (Tiffany, Cowan et Tiffany, 1970), il a été trouvé que les réactions au chômage sont colorées par l'éthique du travail, par les opinions sur la qualité de l'emploi antérieur, et sur à la fois les bénéfices matériels et immatériels de cet emploi. [...]. La relation entre l'expérience d'un stress mental et physique et l'éthique du travail a été aussi notée».

Ainsi, Spruit note qu'une forte éthique du travail implique une attitude assez négative envers le chômage. «L'homogénéité des résultats des études indiquant que l'éthique du travail a une influence importante sur les réactions au chômage est assez forte».

L'implication au travail est une des composantes de «l'éthique du travail plus général, selon laquelle une personne qui est fortement impliquée dans son emploi apporte une grande valeur dans la possession d'un emploi, pour des raisons personnelles, sociales et morales» (Warr et Jackson, 1983, p. 356). Les études ont montré que l'impact négatif du chômage est significativement plus grand pour les personnes qui ont une implication au travail importante que pour celles qui ont une faible implication (Warr et Jackson, 1985).

Warr (1978) trouve que «l'orientation au travail», définie comme le désir de trouver un emploi plutôt que de rester chômeur, modère la relation entre la position par rapport à l'emploi et l'affect positif et négatif : la position par rapport à l'emploi est reliée aux aspects du bien-être psychologique seulement pour le groupe fortement orienté vers le travail. Dans une seconde étude, Stafford *et al.* (1980) trouvent que l'engagement professionnel, défini comme le degré avec lequel une personne veut être engagée dans un emploi rémunéré, modère la relation entre le statut par rapport à l'emploi des jeunes quittant l'école et la santé mentale générale. Pour les employés, il y a une corrélation négative entre l'engagement dans l'emploi et l'existence d'une morbidité psychiatrique mineure, alors que pour les chômeurs, la corrélation est positive : un fort engagement professionnel est associé à un haut niveau de taux de symptômes psychiatriques.

L'étude de Jackson *et al.* (1983) ne réplique pas seulement les résultats transversaux de Stafford *et al.* (1980) mais démontre au travers d'une analyse longitudinale que l'effet psychologique dû au passage emploi/chômage et vice versa est plus grand pour ceux qui ont un fort engagement professionnel. Des études plus récentes sur d'autres échantillons (Jackson et Warr, 1984; Payne *et al.*, 1984; Warr *et al.*, 1985) confirment qu'un fort engagement professionnel est significativement associé à un plus grand malaise psychologique chez les chômeurs.

Le Mouël (1981) identifie, chez les jeunes, deux types de chômage selon la valeur accordée au travail : le chômage-maladie, selon que les jeunes aspirent fortement à une insertion professionnelle, et le chômage banalisé, selon qu'ils remettent en cause le travail salarié et aspirent plutôt à un autre mode de vie. Pour les premiers, l'expérience du chômage est plus traumatisante : plus l'emploi est valorisé, plus on y investit de soi et plus la perte ou l'absence d'emploi risque d'être vécue comme une maladie. Pour les seconds, le chômage n'est ni culpabilisant, ni vécu comme une exclusion, mais se présente plutôt comme un temps libre où l'individu est dégagé des contraintes de l'emploi.

Les comportements de recherche d'emploi (C.R.E.)

Shamir (1986b, p. 460) note que « pratiquement toute la littérature sur le chômage se focalise presque exclusivement soit sur les activités de recherche d'emploi, soit sur les activités négatives de fuite, telle que l'absorption excessive d'alcool ».

Cette remarque est très étonnante car, dans les études que nous avons examinées, très peu mesurent, de façon précise, les comportements de recherche d'emploi.

Cependant, quelques recherches abordent cette variable (voir aussi Ellis et Taylor, 1983).

Sheppard et Belitsky (1966) ont entrepris une étude sur les C.R.E. adoptés par des chômeurs dans une localité américaine. Ces auteurs ont trouvé que parmi les 309 hommes ouvriers étudiés, quelques uns avaient commencé à chercher du travail avant même d'être licenciés; 41 % s'y étaient mis dans les 24 heures suivant le licenciement et 62 % au cours de la première semaine. Ils ont également constaté que 22 % de l'échantillon n'avaient pas cherché d'embauche dans d'autres entreprises. Ces derniers avaient agi de la sorte parce qu'ils s'attendaient à être réembauchés dans leur ancienne entreprise. De plus, Sheppard et Belitsky ont observé que le degré de motivation était lié à des facteurs tels que :

1) le temps écoulé entre le licenciement et le début de la « chasse » à l'emploi,

2) le nombre d'entreprises sollicitées pendant le premier mois de chômage,

3) le rayon de recherche plus ou moins étendu,

4) la limitation des démarches aux entreprises dont on sait qu'elles embauchent,

5) le nombre total de techniques de recherche mises en œuvre.

Schweitzer et Smith (1974) ont étudié l'effet de découragement chez les chômeurs. A quelques réserves près, les résultats de leurs travaux indiquent que l'expérience de l'échec, à court ou à long terme, augmente la propension des chômeurs à se retirer totalement du marché de l'emploi. Ainsi se créent des groupes de chômeurs chroniques qui ne cherchent plus de travail ou qui se contentent d'un simulacre de recherche, pour satisfaire des exigences extérieures (indemnité chômage, ...).

Jackson et Warr (1984) notent, quant à eux, que l'engagement dans la recherche d'emploi étudié par l'intermédiaire d'études transversales est lié positivement à la mauvaise santé psychologique au cours du chômage.

2.5. APPORTS ET LIMITES DE LA PERSPECTIVE DIFFÉRENTIALISTE

La perspective différentialiste met en évidence des facteurs qui déterminent des effets différentiels du chômage.

Les variables sociologiques

Dans un premier temps, les études ont montré que des différences importantes peuvent exister en fonction des variables sociologiques. Cependant, dans la plupart des cas, les résultats sont contradictoires :

- *entre les hommes et les femmes*, ces dernières ont en général des scores d'estime de soi plus bas, une plus grande impuissance et humeur dépressive et plus de possibilités que les hommes pour des activités de substitution, notamment au travers du rôle traditionnel de la femme. Cependant, d'autres études montrent l'effet inverse ;
- *les différentes tranches d'âge*, la tranche d'âge la plus prédisposée à des effets négatifs semblant être les hommes d'âge moyen, bien que d'autres études mettent en avant les jeunes ou les plus âgés ;
- *les catégories socioprofessionnelles* : là aussi, les résultats ne sont pas consistants : soit ce sont ceux qui ont le statut socioprofessionnel le plus bas (ouvriers) qui ont le bien-être psychologique le plus faible, soit on observe une plus grande perte de la confiance en soi pour ceux ayant une C.S.P. élevée (cadres);
- *les ruraux et les urbains* : ces derniers voient leurs supports sociaux habituels plus perturbés par le chômage que les ruraux.

Ainsi, pour ces différentes variables, la conclusion au niveau d'un vécu du chômage meilleur ou pire ne peut être encore, à l'heure actuelle, tirée d'une façon définitive.

La perception de la situation comme stressante

Dans un deuxième temps, ces études ont montré que la situation n'est pas perçue de la même façon par tous les individus et que pour certains chômeurs, contrairement aux résultats de la perspective fonctionnaliste, la situation de chômage peut être une opportunité pour entreprendre des activités extra-professionnelles.

Supports sociaux et activités extra-professionnelles

Il semble que la présence de supports sociaux modère l'impact négatif du chômage.

La capacité à occuper le temps «libre» semble être déterminante contre les aspects négatifs du chômage. Il ne semble pas toutefois que toutes les activités extra-professionnelles puissent remplir cette fonction et que certaines soient même néfastes au bien-être psychologique. Certaines études amènent à croire que les activités sociales ou socialement reconnues sont plus à même de remplir cette fonction.

En résumé, la situation de chômage n'est pas analysée par cette perspective en terme de simples déficits et elle n'est pas considérée comme produisant des effets identiques chez tous les sujets.

Les apports

En comparaison avec la perspective fonctionnaliste, le point de vue différentialiste apporte des éléments supplémentaires très importants. En effet, cette perspective montre que la situation du chômage n'est pas perçue par tous les sujets de la même façon. Pour certains, elle pourra être une opportunité, élément qui est absent de la perspective précédente. Pour d'autres, nous pouvons retrouver les mêmes effets que dans la perspective fonctionnaliste, à savoir une dégradation du bien-être psychologique et/ou un retrait social. Cette perspective met ainsi l'accent sur les facteurs qui peuvent amener à un vécu différentiel du chômage.

Pour la question qui intéresse notre propre étude — quels sont les facteurs qui vont freiner ou accélérer la vitesse de sortie du chômage — les résultats obtenus dans les travaux rapportés sont d'un grand intérêt. En effet, ils nous permettent déjà d'envisager l'influence de certaines variables sur les activités des chômeurs en recherche d'emploi (comme par exemple les supports sociaux et/ou les activités extra-professionnelles).

Les limites

Cependant, cette perspective présente aussi des limites importantes.

Premièrement, la critique faite à la perspective fonctionnaliste peut être reprise ici. En effet, en ce qui concerne la comparabilité des résultats, nous nous trouvons devant le même problème, à savoir que les instruments de mesure utilisés sont extrêmement différents. Sans développer à nouveau ce problème, il est parfois difficile de trancher pour savoir si les différences entre chômeurs viennent d'un vécu différentiel ou des divers instruments de mesure utilisés.

Une autre limite vient du manque de précision dans la constitution des échantillons (limite qui vaut bien souvent aussi pour les études de type fonctionnaliste). En effet, certaines études par exemple notent des différences en ce qui concerne certaines variables entre les hommes et les femmes. Or, dans certaines études (par exemple Fineman, 1979), l'échantillon est constitué d'hommes et de femmes, sans qu'il ne soit fait mention à aucun moment de cette variable dans les résultats. Cette remarque vaut aussi pour bien d'autres variables, comme l'âge (pour lequel nous avons vu qu'il est assez rarement pris en compte de façon explicite), la catégorie socioprofessionnelle, etc.

Même si la population des chômeurs ne semble pas difficile d'accès, il faut bien reconnaître qu'il n'est pas facile de cibler la population autant que le voudrait le chercheur au départ. Si toutes les variables devaient être correctement contrôlées dans la constitution de l'échantillon (sexe, âge, situation familiale, nombre et âge des enfants à charge, revenu, dettes, type d'habitation, pour n'en citer que quelques unes), cela amènerait soit à des échantillons très importants en nombre, de façon à pouvoir comparer les individus en fonction de ces variables, soit cela nécessiterait un temps très long pour constituer un échantillon très ciblé.

Une dernière limite de cette perspective réside dans le fait que si elle s'attache à montrer des vécus différentiels, ce qui est un apport certains par rapport à la perspective fonctionnaliste, les études représentatives de ce point de vue ne prennent pas en considération la dimension temporelle dans le vécu du chômage. On constate des vécus différents mais on ne se pose pas la question de leur transformation.

Nous retrouvons ici le problème de la prise en considération de la durée du chômage. Dans la plupart des études que nous avons envisagées, la durée du chômage n'est pas prise en compte. Par exemple, Fineman (1979) et Fryer et Payne (1984), bien que leurs échantillons soient composés de personnes ayant des durées de chômage très différentes (par exemple de 3 à 18 mois pour Fineman) ne disent pratiquement rien sur cette variable, qui pourtant peut entrer pour une grande part dans les résultats obtenus.

C'est ce que nous allons voir dans le chapitre suivant.

Chapitre 3
La perspective génétique

Le point de vue génétique s'attache à montrer l'évolution non linéaire des conduites des chômeurs. Les études représentatives de cette perspective visent à mettre en évidence un certain nombre de phases. La succession de ces phases au cours du chômage qualifie le «cycle transitionnel» (Parkes, 1971).

Les descriptions des effets du chômage en terme d'étapes considèrent que la perte d'emploi crée une situation de crise. Les recherches vont donc s'appuyer sur un modèle de la crise. La présentation d'un de ces modèles (Fink, 1967) constituera le premier point de ce chapitre.

Un des indicateurs le plus souvent utilisé pour mettre en évidence les étapes et le cycle transitionnel est l'estime de soi. Nous approfondirons, dans un deuxième temps, les définitions et opérationnalisations de cette notion.

Enfin, nous présenterons les diverses études qui ont mis en relief l'existence d'un cycle transitionnel dans le vécu de la situation de chômage.

3.1. LE MODÈLE DE CRISE DE FINK

Nous avons vu précédemment la relation entre le chômage et le stress. Mais peut-on dire que le chômage représente une crise dans la vie de l'individu ?

C'est en tout cas ce que beaucoup d'auteurs ont considéré et, comme le souligne Fryer (1985, p. 259), il y a une tradition consistant à décrire les réactions à un événement stressant en terme d'étapes. Cette tradition s'appuie sur différentes théories, et notamment sur le modèle de crise de Fink (1967).

Bien qu'il y ait une variété de définitions, la définition de base qu'en donne Fink (1967, p. 592) est celle proposée par Miller et Iscoe (1963) : « expérience d'une situation critique où le répertoire personnel de réponses est inadéquat pour trouver une résolution du stress ». En d'autres termes, la crise serait un événement durant lequel les compétences normales d'un individu pour y faire face sont inadéquates pour affronter les demandes de la situation. Cette définition rejoint les conclusions de Bloom (1963) selon lesquelles une crise peut être définie en terme d'un événement « précipitateur » connu et d'une résolution lente. Pour un individu, cela représente une plaque tournante de sa vie et une réorganisation de quelques uns des aspects importants de sa structure psychologique. L'intensité avec laquelle un événement particulier sera signifié par un individu comme une crise dépendra de l'étendue de la réorganisation requise dans le but de l'affronter.

Quatre phases séquentielles des processus d'adaptation à une crise sont distinguées (d'après Fink, 1967, p. 593 à 595) :

1) *le choc*, la période de l'impact psychologique initial. L'individu perçoit un danger réel pour lui-même. La réalité devient soudainement « trop difficile à manipuler », avec comme résultante un état émotionnel de détresse et d'anxiété intense, fréquemment au point d'aboutir à la panique. Cognitivement, il se produit une perturbation de la coordination des sentiments, la personne se sent déconcertée, ne peut pas saisir pleinement ce qui se passe et, en conséquence, ne peut pas planifier ses conduites de façon adéquate pour faire face à la situation.

En ce qui concerne le chômage, cette période de choc peut être difficile à étudier, parce qu'elle peut subvenir avant que l'individu ne soit réellement au chômage, c'est-à-dire au moment où il apprend son licenciement par exemple. Beaucoup d'auteurs ont insisté sur ce point. Par exemple, dans le cas de fermeture d'usine, Stokes et Cochrane (1984, p. 310) souligne que « la période d'anticipation peut être aussi menaçante que

l'événement lui-même» (voir aussi Joelson et Wahlquist, 1987).
De même, Kasl *et al.* (1975, p. 121) concluent leur étude de la manière suivante : «Notre étude des variables physiologiques n'est pas la seule à avoir montré que l'anticipation de l'événement peut être au moins aussi anxiogène que l'événement en soi. Il n'est donc pas facile de situer le début d'un événement précis dans la vie d'un individu donné».

2) *le retrait défensif*, période durant laquelle l'individu se défend contre les implications de la crise. De la même façon qu'un organisme faisant face à une situation de peur réagit normalement par un pattern de «lutte» ou de «fuite» ou une combinaison des deux, l'anxiété intense du premier stade de crise est suivi par un pattern de «lutte-fuite» dans la forme d'un retrait défensif. L'individu ne peut pas tolérer le chaos atterrant qui accompagne le choc. Ce qui suit, alors, est une tentative de fortifier les structures habituelles et familières de façon à éloigner ou à contrôler, ou les deux, la menace imposée par ce qui se passe. En terme de «soi», l'individu se rassure : «je suis encore moi» ou «les choses n'ont pas réellement changé, c'est juste temporaire». Cette phase est caractérisée par un attachement désespéré à ce qui a toujours été. La réalité est évitée ou niée et l'individu se prête à des pensées irréalistes. Les mécanismes d'évitement sont réellement renforcés par la réduction de l'anxiété qui se produit. Toute chose ou personne qui renverse la balance des forces à ce stade est perçue comme une menace ou provoque des réactions de colère. Si quelqu'un présente les faits de la situation, ils seront interprétés comme étant les faits d'après cette personne, pas les siens, et la personne sera intégrée à la réalité menaçante. Durant ce stade, les pensées de l'individu deviennent rigides, il refuse de considérer la possibilité de changer un des aspects de son style de vie, de ses valeurs, de ses buts ou de quoi que ce soit.

3) *la reconnaissance*, période où l'individu fait face aux réalités de la crise. Il se produit une nouvelle rencontre avec la réalité et, par conséquent, une nouvelle période de stress. La personne voit qu'il n'est plus possible d'échapper à la réalité, qu'elle le désire ou non. L'individu doit se dire à lui-même : «je ne suis plus celui que j'étais avant». Et généralement, il ajoute une note de dépréciation de soi dans une phrase telle que : «je ne suis pas aussi bon que je l'étais avant». Il fait l'expérience de la perte de son image valorisée. La réalité s'est imposée et il voit qu'un changement s'est produit et qu'il ne peut fuir. L'état des sentiments qui accompagnent ces changements est une profonde dépression. Il y a un sentiment de perte et souvent une attitude d'amertume («pourquoi cela m'arrive-t-il à moi?»). A un niveau cognitif, il se produit d'abord une cassure de l'organisation planifiée des sentiments (comme dans la

période de choc), avec un sentiment de confusion et une inhabileté à appréhender la nature des changements qui se sont produits. Ceci est suivi de débuts de réorganisation des perceptions en rapport avec les changements survenant dans la situation. Les choses sont reconnues pour ce qu'elles sont et une planification du cours de l'action doit être entreprise. Ce cours de l'action prend une variété de directions. Quand domine une extrême agitation et des sentiments d'inutilité, le suicide peut être envisagé ou même tenté. Si l'individu est apathique et tend à se replier en face de la menace, il y aura vraisemblablement de la passivité. L'alternative désirable inclut un degré d'acceptation et une volonté de faire face activement à la situation. Ceci ne veut pas dire que la dépression, les sentiments d'inutilité et même les pensées suicidaires ne peuvent pas être attendus. Ils le sont mais ne dominent pas les pensées de l'individu. Ce qui a été perdu n'est pas l'image entière ; ce qu'il reste doit être reconnu comme les ressources du futur.

4) *l'adaptation*, période durant laquelle la personne affronte réellement la situation d'une manière constructive. L'individu développe une image de lui-même modifiée et un nouveau sentiment par rapport au monde. Il commence à «s'extérioriser», à explorer les ressources à l'intérieur de lui-même et les teste contre les limites et les attentes de la réalité. De nouvelles satisfactions sont expérimentées, et, avec cela, une diminution graduelle de l'anxiété et de la dépression. Les pensées et la planification sont organisées en terme de ressources présentes et de potentiels futurs. Souvent, l'individu considère la crise d'une manière positive : il la voit comme un moyen qui lui a permis de comprendre la vie plus profondément et comme une préparation à de possibles crises futures.

Au travers des différentes étapes décrites par Fink, nous retrouvons plusieurs éléments développés à propos de la perspective différentialiste.

En effet, rentre en compte la perception de la situation. Dans la période de choc par exemple, Fink décrit que «l'individu perçoit un réel danger pour lui-même». Nous retrouvons ici un élément du modèle proposé du stress, à savoir si la situation est perçue ou non comme une menace pour soi. Les différents comportements de réaction à la situation se retrouvent, puisque Fink parle de patterns comportementaux de lutte, fuite ou retrait défensif.

De même, la perception de soi est sous-jacente à toutes les phases décrites ici, le sujet essayant soit de se persuader qu'il n'a pas changé (je suis encore moi), soit percevant un changement qui, d'après Fink, ira dans le sens d'une dévalorisation au moment de la phase de reconnaissance. Pour opérationnaliser ce modèle de crise, la plupart des auteurs ont retenu ce dernier point : la perception de l'individu par lui-même. Et une des variables la plus utilisée est l'estime de soi.

3.2. L'ESTIME DE SOI

3.2.1. Définition de l'estime de soi

L'estime de soi est définie par Rimé et Leyens (1974/1975, p. 784) comme un «trait de personnalité qui concerne la valeur qu'un individu attribue à sa propre personne». Cependant, cette définition de l'estime de soi en tant que «trait de personnalité» nous semble «figer» ce concept. Or, l'estime de soi est une donnée qui évolue.

Le manuel S.E.I. (Self Esteem Inventory, 1984) propose une autre définition : l'estime de soi se définit comme «l'expression d'une approbation ou d'une désapprobation portée sur soi-même. Elle indique dans quelle mesure un individu se croit capable, valable, important. C'est une expérience subjective qui se traduit aussi bien verbalement que par des comportements significatifs».

Callahan et Kidd (1986, p. 664) remarquent, quant à eux, que «la littérature suggère que, quelle qu'elle soit définie, l'estime de soi dérive de la satisfaction de nos propres besoins psychologiques primaires et des dispositions sociales qui produisent l'efficacité et l'acceptation sociale».

Enfin, Hong, Bianca, Bianca et Bollington (1993) cite la définition suivante : «c'est une attitude individuelle envers soi-même, impliquant une auto-évaluation sur une dimension positive-négative» (p. 95).

3.2.2. Hypothèses sous-jacentes

Comme le font remarquer Rimé et Leyens (1974/1975, p. 784), «on rencontre [...] deux conceptions différentes quant à son origine, sa nature et sa fonction. Néanmoins, ces conceptions émanent toutes deux de la psychologie cognitive et débouchent sur des implications communes :

– la première conception de l'estime de soi découle des théories de la balance de Heider (1958) et est représentée notamment par les travaux d'Israël (1960) et de Korman (1966). L'estime de soi y est considérée comme une fonction des sentiments personnels d'adéquation du sujet [...] Dans cette perspective, l'estime de soi peut devenir un prédicteur des performances futures de l'individu [...];

– la seconde [...] est dérivée de la théorie de la comparaison sociale de Festinger (Ziller, Hagey, Smith et Long, 1969). On y envisage (l'estime de soi) comme une résultante de comparaisons passées qu'effectue le sujet entre lui-même et d'autres individus significatifs pour lui. [...]. Elle constituerait une sorte de médiateur entre les stimuli sociaux et la réponse du sujet à ces stimuli».

Rosenberg (1962) montre que les sujets dont l'estime de soi est élevée sont moins sensibles à la menace que les autres individus.

Foster et Caplan (1994, p. 124) montrent que l'estime de soi peut influencer la perception de changements de plusieurs manières :

1) la minimisation des inconsistances cognitives ;

2) leur maximisation ;

3) l'inhabileté à trouver des défenses cognitives adéquates contre les inconsistances perçues.

L'estime de soi est considérée souvent comme une dimension d'un ensemble plus vaste : soit le concept de soi (Elliot, 1986), soit le bien-être psychologique (Warr, 1984a). De plus, une longue liste de termes est utilisée de manière interchangeable avec l'estime de soi, (comprenant par exemple : le regard sur soi, l'acceptation de soi, la valeur de soi et l'image de soi). Hartley (1980b, p. 148) note : «Bien que l'estime de soi puisse avoir apparemment une signification tenant du sens commun, en fait, elle est devenue une éponge conceptuelle (Wells et Marwell, 1976)».

L'utilisation extensive de ce concept pose en effet certains problèmes théoriques et méthodologiques, mais la pertinence de son utilisation pour étudier la résistance face au stress ou à une crise n'est pas remise en cause, pas plus que l'importance de l'estime de soi comme source d'organisation des comportements et de sanction (positive ou négative) lorsque ces comportements ont été accomplis. Hartley (1980b) souligne que les théoriciens de l'être et de la personnalité sont d'accord sur l'importance de l'estime de soi en tant que facteur influençant le comportement.

Malgré un manque de consensus sur la définition de l'estime de soi, la plupart des chercheurs sont d'accord sur le fait que l'estime de soi est un phénomène appris (acquis), impliquant un processus se prolongeant tout au long de la vie (Coopersmith, 1967 ; Crouch et Straub, 1983 ; Muhlenkamp et Sayles, 1986).

Plusieurs études montrent que l'estime de soi comporte différents niveaux et qu'il est important de mesurer quels sont les aspects relativement peu affectés par une crise alors que d'autres le seront plus fortement.

Warr et Jackson (1983) distinguent, pour ce faire, l'estime de soi positive et négative.

Dans son étude, Hartley (1980a) distingue, quant à lui, les aspects «chroniques» (généraux et stables) de l'estime de soi et les aspects «critiques» (temporaires et instables). De même, Helmreich (1972, p. 35, cité par Fineman, 1979, p. 327) écrit : «L'importance théorique du concept de soi pour la considération de l'ajustement et de la performance sous stress ne se trouve pas seulement dans les effets de l'estime de soi chronique sur les réactions au stress, mais aussi dans la possibilité que l'exposition au stress environnemental peut en lui-même manipuler l'estime de soi».

Crouch et Straub (1983), prenant en compte la genèse, décrivent l'estime de soi sous deux aspects : une estime de soi de base, fondée à partir des premières expériences de la vie, et une estime de soi fonctionnelle, qui se développe plus tard dans la vie au travers d'une évaluation des interactions avec autrui. L'estime de soi fonctionnelle est considérée comme changeante et pouvant l'emporter sur l'estime de soi de base.

C'est cette estime de soi fonctionnelle que tentent de mesurer les échelles mises en place dans de nombreuses études, avec l'hypothèse que celle-ci n'est pas immuable et qu'elle est sensible aux perturbations et interactions sociales des individus.

Il est souvent noté que :
1) les personnes cherchent à créer et maintenir des identités cohérentes et stables,
2) les personnes préfèrent s'évaluer positivement.

Ces deux efforts sont considérés par beaucoup comme des forces centrales opérant dans le système motivationnel des individus. Dans ce cas, l'estime de soi est considérée comme une force motivationnelle (Rosenberg, 1962) : ceux avec une estime de soi haute travaillent à la maintenir, ceux avec une estime de soi basse cherchent à l'améliorer.

Comme le fait remarquer Fineman (1979, p. 327), il y a une controverse concernant la nature de la relation entre l'estime de soi et «l'ajustement affectif». La notion commune selon laquelle une haute estime de soi est un bon ajustement et une estime de soi basse un ajustement inadéquat (par exemple : Coopersmith, 1967; Ziller *et al.*, 1969) est contrée par une perspective qui pose une relation curvilinéaire, où un niveau moyen d'estime de soi est vu comme le point optimum pour un ajustement personnel.

Hartley (1980b), souligne qu'il a été largement suggéré que le chômage entraîne un déclin de l'estime de soi. Ce déclin est la plupart du temps expliqué par l'importance du travail pour le maintien de l'estime de soi, sans tenir compte des autres sphères d'activités qui peuvent pallier cette perturbation.

3.2.3. Opérationnalisation de l'estime de soi

Pour mesurer l'estime de soi, certains auteurs ne font pas appel à une échelle mais à une seule question. Par exemple : «Si je pouvais changer, je voudrais être quelqu'un différent de moi». Cependant, la plupart des auteurs utilisent des échelles. Pour n'en citer que quelques unes :

- S.E.I. (Self-Esteem Inventory), élaborée par Coopersmith (1967), utilisée par Muhlenkamp et Sayles (1986), échelle de 25 items où le sujet doit indiquer sa préférence entre deux propositions. Par exemple :
  «je serais très content d'être
  - comme moi
  - différent de moi»
- Échelle de Janis et Field (1959, citée par Rimé et Leyens, 1974/75). La version française comprend 23 items, sur des échelles à 5 degrés, cotées de 0 à 4. Par exemple : «Combien de fois vous arrive-t-il de vous sentir inférieur à la plupart des gens que vous connaissez?»
- Échelle de l'étude de Rosenberg (1965). Les items sont formulés soit positivement, soit négativement.
  Exemple :
  «je sens que je suis une personne aussi bonne que les autres»
  «je sens que je ne peux rien faire de bien».
  Cette échelle a été la base des deux mesures séparées (estime de soi positive et négative) utilisées par Warr et Jackson (1983), et d'une mesure globale utilisée par Donovan et Oddy (1982), Gurney (1980b), Linn, Sandifer et Stein (1985).
- Échelle développée en accord avec la structure conceptuelle et méthodologique de Rogers (1951) et composée d'une liste d'adjectifs, (Adjective Checklist de Gough et Heilbrun, 1965), échelle utilisée par Hartley (1980b) et Callahan et Kidd (1986). Nous reviendrons sur l'échelle de Hartley utilisée dans la présente recherche.

3.3. CHÔMAGE ET CYCLE TRANSITIONNEL

La littérature psychologique consacrée à l'analyse des étapes du chômage commence dans les années 30 et la description de base est en fait restée inchangée.

En introduction à la présentation de ces travaux, il est bon de noter que la plupart des auteurs s'accordent à dire que les modèles qu'ils proposent sont essentiellement expérimentaux et généraux; ces modèles constituent néanmoins un cadre qui permet de comprendre de façon plus précise le comportement et l'état psychologique d'un individu au chômage.

Ainsi Hopson et Adams déclarent : «Il est bien évident qu'un individu progresse rarement, voire jamais selon le modèle proposé [...]. Cette représentation est plutôt le fait d'une expérience générale et chaque individu progresse ou régresse selon son contexte particulier» (Hopson et Adams, 1976, p. 13).

Dans le même ordre d'idée, Harrison (1976) observe que : «ce sont des individus qui deviennent chômeurs, avec une personnalité, des attentes et des réseaux relationnels propres. Par conséquent, il n'est que logique que leurs réactions au chômage et aux processus qu'il déclenche soient variables» (p. 340).

3.3.1. Eisenberg et Lazarsfeld (1938)

La première référence qui se retrouve dans presque toutes les études de cette perspective vient de la revue de questions de Eisenberg et Lazarsfeld (1938).

Dans leur article résumant les résultats de recherches menées pendant la dépression des années 30, ces auteurs déclaraient :

«Nous observons que tous les auteurs qui ont décrit l'évolution de la condition de chômeur semblent s'accorder sur les points suivants : d'abord, il y a un choc, suivi d'une période de «coup de fouet» et de recherche d'un emploi, au cours de laquelle l'individu est optimiste, pas encore résigné : son attitude reste inchangée. Ensuite, quand tous les efforts échouent, l'individu devient pessimiste, inquiet et angoissé : c'est l'étape la plus cruciale. Et enfin, l'individu devient fataliste et s'adapte à son nouvel état, mais dans un univers plus étroit. Il se comporte comme quelqu'un de brisé», (Eisenberg et Lazarsfeld, 1938, p. 378).

3.3.2. Hopson et Adams (1976)

Hopson et Adams (1976) dégagent sept étapes dans la réaction de l'individu à une transition psychosociale. Leur analyse des réactions et des sentiments des chômeurs se fonde sur les témoignages d'une centaine de personnes qui ont participé à des stages de recyclage professionnel.

(1) Immobilisation

La première étape du cycle transitionnel est celle de l'*immobilisation*, quand l'individu est dépassé par l'événement, qu'il est incapable de comprendre ou de dominer ce qui lui arrive. Il est dans un état de choc qui se traduit par une sensation de décalage par rapport à la réalité.

(2) Minimisation

La deuxième étape se caractérise par une *minimisation du changement*; l'individu s'efforce de figer la réalité comme si l'événement ne s'était pas produit.

(3) Dépression

Enfin, expliquent Hopson et Adams, lorsqu'ils sont confrontés à l'évidence d'une nouvelle réalité, les gens finissent pour la plupart, par se rendre compte qu'ils vont devoir procéder à certains changements dans leur mode de vie. A ce stade surgit la *dépression* : d'une part, ils commencent seulement à percevoir la nécessité de changer certains aspects de leur vie et d'autre part, ils ne veulent ni ne savent comment effectuer ces changements.

(4) Acceptation de la réalité; laisser-aller et (5) «test»

Finalement, les individus se rendent compte qu'ils doivent *accepter une réalité* qui s'est modifiée et ils commencent à se libérer des postulats de leur situation pré-transitionnelle. Au stade qui suit cette acceptation, les gens commencent à *tester* leur nouvel espace de vie. En mettant à l'épreuve des comportements et des attitudes nouvelles, ils tentent de mettre au point des techniques d'adaptation à la réalité du moment. A ce stade, on remarque cependant que ces «tests» relèvent souvent du stéréotype, de la classification étroite et de la catégorie sur ce qui devrait ou ne devrait pas se passer.

(6) Recherche d'un sens et (7) intériorisation

Cette démarche évolue de ce schéma conceptuel étroit vers un cadre de référence plus global et plus élaboré, grâce auquel l'individu peut comprendre la situation du moment et lui *donner un sens*. Si sa recherche d'un sens et ses tentatives d'établir un cadre conceptuel viable se soldent par un succès, il *intériorisera* ce nouveau cadre qui servira de fondement à la partie de sa représentation du monde atteinte par la transition.

Il faut noter que ce rapport a été établi à partir de comptes rendus de différents types de transition et, par conséquent, sa contribution à l'étude sur le chômage réside dans l'apport d'un cadre de référence général. Il faut aussi noter que ce rapport n'a pas été soumis à des tests rigoureux. Hopson et Adams (1976) reconnaissent les limites de leur analyse, observant qu'elle «n'est pas assez systématique pour qu'on puisse parler de «modèle» et pas assez ambitieuse pour qu'on puisse parler de «théorie» (p. 5).

3.3.3. Harrison (1976)

Dans un article faisant le point des recherches sur les effets psychologiques du chômage prolongé, Harrison (1976) nous fournit un cadre plus spécifique qui décrit les expériences que les chômeurs risquent de vivre. Selon Harrison, les études menées récemment, et plus particulièrement celles qui sont consacrées aux personnes de 25 à 45 ans ayant déjà eu un emploi stable, rejoignent les conclusions d'Eisenberg et Lazarsfeld (1938). Analysant les conclusions de cinq études (Sinfield, 1970; Jones, 1972; Herron, 1975; Gould et Kenyon, 1972; Marsden et Duff, 1975), Harrison postule un cycle de transition fait d'une séquence d'expériences :

le choc → l'optimisme → le pessimisme → le fatalisme.

En ce qui concerne l'évolution de l'estime de soi en fonction des résultats d'Hopson et Adams et de Harrison, la représentation du cycle présente des similitudes frappantes.

La seule différence se situe en fin de cycle. En effet, les représentations montrent un renversement vers la fin du cycle. Mais si Hopson et Adams suggèrent un regain d'estime de soi au moment où l'individu a enfin accepté son nouveau statut, Harrison observe pour sa part une baisse.

3.3.4. Hill (1977, 1978)

Hill (1978), s'appuyant dès le début de son article sur le passage de Eisenberg et Lazarsfeld (1938) cité plus haut, a réalisé une étude sur des chômeurs et distingue trois étapes (p. 118) :

1) *Les réponses initiales* : la réponse initiale à la perte d'emploi peut être traumatisante, spécialement si elle se produit à la fin d'une longue période de travail. Plus souvent, la réponse est un déni. L'individu se considère comme ayant la même identité professionnelle qu'avant et se décrit par rapport à elle. Il se regarde comme temporairement en dehors du travail, pense qu'il va bientôt trouver un autre emploi et il regarde autour de lui avec un certain optimisme, parfois teinté de bravade. Aussi longtemps que ce sentiment d'optimisme dure, il peut même apprécier son expérience initiale de chômage, considérant celui-ci comme des vacances ou comme une opportunité pour faire des travaux en retard dans la maison. Certains prennent vraiment des vacances, comptant sur les allocations chômage pour les dépanner jusqu'à ce que le prochain travail arrive. Ceci les aide à se convaincre que la situation est temporaire.

2) *La phase intermédiaire* : l'euphorie qui est associée à de telles réponses initiales s'use rapidement. Les économies sont épuisées, les vacances sont finies, le travail autour de la maison a été terminé et, le plus important, les premières tentatives pour trouver un emploi ont échoué. Les chômeurs deviennent souvent avec inquiétude conscients que, comme le temps passe, ils développent une sorte d'inertie qui est psychologiquement débilitante. Ils se sentent sous-évalués et insuffisamment stimulés. Les termes qu'ils utilisent pour décrire leur condition incluent «dépression», «ennui» et «paresse». Ils sont moins capables de faire l'effort de chercher un travail. Quelquefois, particulièrement au début de cette phase, la conscience de ces dangers mobilise les efforts pour lutter contre eux. Mais celui qui est sans attache, en particulier, sent que l'isolement imposé par le chômage rend cela difficile et l'individu devient obsédé par le sentiment de futilité.

3) *Installation dans le chômage* (ou résignation à la situation de chômage) : Après un temps, cependant, des changements commencent à se produire. La personne commence à s'installer dans le fait d'être chômeur. Autant l'anxiété, la lutte que l'espoir déclinent et l'individu et sa famille ajustent le niveau et le style de vie. Comme il tolère de façon croissante cette situation, la dépression associée à la phase intermédiaire peut même disparaître. Il peut même continuer à chercher du travail, mais sans aucun espoir que le travail soit proche.

Hill continue en donnant ensuite quelques précisions sur les durées possibles de ces différentes phases : « pour les individus concernés, le point de changement de l'une à l'autre de ces trois phases peut souvent être déterminé avec quelques précisions. Je dirais que la première phase dure de quelques semaines jusqu'à deux mois au plus ; la seconde, quelques mois après la première ; la troisième s'installe après neuf mois à un an de chômage en s'approfondissant au fur et à mesure que le temps passe. Les habitudes se stabilisent, la recherche active d'un emploi sérieux cesse ou se stabilise à un bas niveau » (p. 119).

3.3.5. Briar (1977)

L'analyse de Briar (1977), relative aux effets du chômage prolongé sur des travailleurs et leur famille, confirme une fois de plus que la notion de cycle transitionnel peut s'appliquer à la perte d'emploi. Cet auteur décrit des réactions similaires à celles qui ont été présentées dans les études précédentes. Après le *choc initial*, auquel succède un sentiment d'optimisme quant aux possibilités de trouver du travail, la deuxième phase est appelée par Briar : *le non-emploi comme mode de vie*. Telle qu'elle est décrite par Briar, cette phase se caractérise par une intériorisation de la faute qui, auparavant, retombait sur la société et par le début de la dépression, ce qui concorde avec les conclusions des études précédentes.

3.3.6. Conclusion

Dans les divers modèles présentés ici, nous remarquons beaucoup de similitudes tant au niveau de la nature des cycles dégagés qu'à celui des catégories et concepts utilisés pour décrire les phases de ces cycles.

A partir du modèle de crise de Fink présenté plus haut, nous proposons une synthèse des diverses études en termes d'étapes (figure n° 101).

« Il semble donc que l'on puisse diviser la transition en trois stades principaux. Le premier se caractérise par une phase de choc et d'immobilisation, puis par un regain d'espoir, d'optimisme et une tendance à minimiser ou à nier le changement. Le deuxième grand stade comprend une période au cours de laquelle la conviction que « les choses finiront bien par s'arranger » est ébranlée ; l'identité de l'individu est alors soumise à une forte tension. Ce stade s'accompagne souvent de dépression et de repli sur soi. Le début de ce stade se caractérise par l'acceptation du changement et l'abandon du passé ; c'est alors que l'individu se met peu à peu à chercher et à tester de nouveaux rapports entre lui-même et sa nouvelle réalité. Si le chômage se prolonge et qu'il ne retrouve pas de

Tableau 101 — **Évolution de l'estime de soi au cours des transitions (synthèse).**

Modèle de crise de Fink (1967)	Choc	Retrait défensif (lutte et/ou fuite)	Reconnaissance (dépréciation de soi, dépression)	Adaptation
Eisenberg et Lazarfeld (1938)	Choc (puis "coup de fouet" et optimisme)		pessimisme	fatalisme
Hopson et Adams (1976)	① immobilisation choc	② minimisation	③ dépression	④ acceptation réalité ⑤ test ⑥ recherche d'un sens ⑦ intériorisation
Harrison (1967)	choc	optimisme	pessimisme	fatalisme
Hill (1978)	réponses initiales (trauma - déni - optimisme)		phase intermédiaire (dépression, ennui)	installation dans le chômage (adaptation)
Briar (1977)	choc initial (optimisme)		le non-emploi comme mode de vie (culpabilité, dépression)	

travail, l'individu doit se forger une nouvelle identité et l'intérioriser. Ce processus de réadaptation caractérise le troisième stade — stade final — que le chômeur réintègre le monde du travail ou qu'il continue à chômer» (Hayes et Nutman, 1981, p. 30-31).

Pour finir, nous pouvons apporter quelques éléments sur le lien entre ces différentes étapes et les activités non-professionnelles.

Rapidement, on peut noter que les études menées dans les années 30 décrivent généralement un processus dans lequel l'augmentation de la durée du chômage amène une augmentation du retrait des activités sociales.

Certaines descriptions des «stades du chômage» (par exemple Powell et Driscoll, 1973) amènent à attendre que la première période qui suit la perte d'emploi soit une période d'augmentation des activités de loisirs, comme si cette période constituait des vacances. Suivant cela, on s'attend à voir le chômeur réduire la réalisation des activités extra-professionnelles car il entre dans une période d'efforts pour trouver un emploi. Quand le chômage se prolonge au-delà de ce stade, la plupart des descriptions montrent un retrait social et une apathie du type décrit dans les études pionnières, impliquant une réduction supplémentaire du niveau des activités extra-professionnelles.

3.4. APPORTS ET LIMITES DE LA PERSPECTIVE GÉNÉTIQUE

Partant du modèle de réactions à une crise en termes d'étapes (Fink, 1967), les études de type génétique se sont attachées à montrer que les réactions au chômage ne se produisent pas de façon linéaire, comme aurait tendance à le laisser penser la perspective fonctionnaliste. Les différentes études présentées offrent des similitudes autant au niveau de la nature des étapes dégagées qu'à celui des concepts et catégories utilisés pour décrire les phases.

Nous pouvons résumer les phases de ce cycle en présentant quatre grandes catégories qui se retrouvent chez la plupart des auteurs : choc, optimisme, pessimisme et fatalisme.

Les apports

Par rapport aux deux perspectives précédentes, les apports de ce point de vue sont indéniables dans la mesure où il traite la question de l'évolution des réactions des individus en fonction de la durée du chômage.

Les limites

Par contre, cette perspective néglige les conditions de ce travail psychique puisque, contrairement à la perspective différentialiste, elle ne pose pas la question de savoir si cette évolution ne diffère pas selon la situation des individus. Nous avons envisagé cette question dans un article (Roques, Cascino et Curie, 1990). En effet, une interrogation de cette recherche était de savoir si l'évolution cyclique observée par la perspective génétique s'effectuait au même rythme pour tous les individus. Sans développer les détails de cette recherche, nous pouvons présenter les principaux résultats.

Après avoir montré que, pour nos données, l'évolution de l'estime de soi [...] paraît confirmer l'existence d'une évolution par phases, nous avons choisi de voir comment cette évolution était affectée par la récurrence ou la non récurrence du chômage, c'est-à-dire par le fait que le sujet se soit déjà trouvé dans une situation de chômage ou vive celle-ci pour la première fois. Les résultats obtenus nous ont conduit à répondre que le rythme d'évolution des chômeurs est différent suivant qu'ils se trouvent ou non en situation de récurrence. «Plus lente au début chez les chômeurs récurrents que chez les chômeurs non récurrents, cette évolution semble s'accélérer chez les récurrents à partir du douzième mois de chômage» (p. 65).

Ainsi, l'existence de différences de rythme d'évolution implique que l'on ne saurait déduire la phase d'évolution où se trouve un chômeur de la seule indication fournie par la durée du chômage. Il est important de tenir compte de facteurs propres à la situation des chômeurs.

Les limites des études en terme d'étapes ont été aussi abordées par Fryer (1985, 1988) et Hartley et Fryer (1984).

Nous reprenons ici en résumé quatre points que relève Fryer (1985) :

1) Dans la conclusion de Hayes et Nutman (1981), nous avons vu que ces auteurs mettent l'accent sur les similitudes des études en terme d'étapes. Fryer, quant à lui, trouve que les études présentent des différences importantes et souligne la nécessité d'études complémentaires pour pallier l'inconsistance des résultats, que ce soit dans la nature des stades, leur durée ou leur nombre.

2) Les états psychologiques caractérisant les phases apparaissent souvent comme contradictoires (par exemple choc et déni pour un, optimisme pour l'autre).

3) Le domaine des limites des descriptions des phases psychologiques doit être, d'après Fryer, spécifié. Quand il est dit que «l'optimisme» ou «le pessimisme» caractérise une phase, il faut préciser si cela s'applique globalement ou spécifiquement. Une personne peut être assez pessimiste sur le fait de trouver un emploi mais assez optimiste sur d'autres choses.

4) Le processus de passage d'une étape à l'autre est traité comme un développement individuel où la durée de chaque stade est supposée due principalement aux caractéristiques individuelles. Il semble difficile d'isoler les effets du chômage des nombreuses autres contraintes de la vie des gens.
Les résultats de Estes et Wilensky (1978) viennent renforcer cette remarque de Fryer. Ces deux auteurs ont montré que les scores sur un index de stress émotionnel (Index Emotional Stress, I.E.S) variaient pour les employés et les chômeurs en fonction de l'étape du cycle de vie où se situe l'individu. Pour les chômeurs qui sont sous stress financier, Estes et Wilensky ont trouvé que les scores I.E.S. sont plus élevés (c'est-à-dire un moral bas) pour les couples sans enfant et les couples avec des enfants scolarisés, alors qu'ils sont plus haut (moral élevé) durant les phases où les enfants deviennent indépendants, quittent la maison. Cela suggère, d'après ces auteurs, que les variables relatives aux phases de vie peuvent jouer un rôle important en déterminant l'impact de l'expérience du chômage.

Si l'étude des conditions psychosociales de la sortie du chômage implique de se placer dans une perspective génétique, il semble difficile de faire l'impasse sur les différences d'évolutions. C'est en effet certainement là que se trouve un point important de compréhension : les individus qui sortent plus rapidement du chômage ne doivent pas présenter les mêmes évolutions et/ou les mêmes rythmes d'évolution que les personnes qui ne sortent pas du chômage ou qui sont au chômage pour de longues durées.

Ainsi, pour répondre à la question qui nous intéresse ici, nous devons nous placer autant dans une perspective génétique que différentialiste, puisqu'il s'agit :

– de saisir des évolutions dans une dimension temporelle ;

– mais aussi d'analyser les différences d'évolutions en fonction de la vitesse de sortie du chômage.

Chapitre 4
Résumé et conclusion
Apports et limites des études sur les effets psychologiques du chômage

4.1. RÉSUMÉ

Classer les recherches sur les effets psychologiques du chômage en tenant compte du point de vue adopté par les auteurs — fonctionnaliste, différentialiste, génétique — conduit, comme toute catégorisation, à surestimer les ressemblances intra-classes et les différences inter-classes. De fait, de nombreuses recherches sont menées dans des perspectives multiples. C'est le point de vue dominant qui nous a décidé à situer telle ou telle recherche dans l'une ou l'autre de ces trois catégories.

Nous pouvons résumer les différents résultats de cette revue de question.

4.1.1. La perspective fonctionnaliste (chapitre 1)

Les études de type fonctionnaliste s'attachent à décrire les différences qui peuvent exister entre chômeurs et non chômeurs. De leur examen, nous pouvons retenir les résultats suivants :

– L'étude de l'estime de soi ne permet pas d'aboutir à des résultats homogènes. Si certains auteurs sont arrivés à la conclusion qu'une estime de soi plus basse était le lot des chômeurs, d'autres ont échoué à trouver une différence significative entre chômeurs et employés.

- En ce qui concerne le bien-être psychologique et les différentes variables associées, les résultats vont tous dans le même sens : les chômeurs ont un bien-être psychologique significativement plus bas que les employés.
- L'étude de l'impact du chômage sur la santé physique montre que celui-ci a un effet négatif sur la santé.
- Le chômage est décrit, que ce soit par les études des années 30 ou les recherches actuelles, comme une période de retrait, les interactions sociales et le soutien social étant moins élevés pour les chômeurs que pour les employés. Cependant, la prise en compte d'activités extra-professionnelles précises et la mesure du changement au cours du chômage montrent que certaines activités sont réalisées plus fréquemment par les chômeurs que par les employés.

4.1.2. La perspective différentialiste (chapitre 2)

Contrairement à la perspective précédente, les études s'intéressent ici seulement aux chômeurs et visent à mettre en évidence les facteurs qui déterminent des effets différentiels.

Les variables sociologiques

Dans un premier temps, les études ont montré que des différences importantes peuvent exister en fonction des variables sociologiques. Cependant, dans la plupart des cas, les résultats sont contradictoires :
- *entre les hommes et les femmes*, ces dernières ont en général des scores d'estime de soi plus bas, une plus grande impuissance et humeur dépressive et plus de possibilités que les hommes pour des activités de substitution, notamment au travers du rôle traditionnel de la femme. Cependant, d'autres études montrent l'effet inverse ;
- *les différentes tranches d'âge*, la tranche d'âge la plus prédisposée à des effets négatifs semblant être les hommes d'âge moyen, bien que d'autres études mettent en avant les jeunes ou les plus âgés ;
- *les catégories socioprofessionnelles* : là aussi, les résultats ne sont pas consistants : soit ce sont ceux qui ont le statut socioprofessionnel le plus bas (ouvriers) qui ont le bien-être psychologique le plus faible, soit on observe une plus grande perte de la confiance en soi pour ceux ayant une C.S.P. élevée (cadres).
- *les ruraux et les urbains* : ces derniers voient leurs supports sociaux habituels plus perturbés par le chômage que les ruraux.

Ainsi, pour ces différentes variables, la conclusion au niveau d'un vécu du chômage meilleur ou pire ne peut être encore, à l'heure actuelle, tirée d'une façon définitive.

La perception de la situation comme stressante

Dans un deuxième temps, ces études ont montré que la situation n'est pas perçue de la même façon par tous les individus et que pour certains chômeurs, contrairement aux résultats de la perspective fonctionnaliste, la situation de chômage peut être une opportunité pour entreprendre des activités extra-professionnelles.

Supports sociaux et activités extra-professionnelles

Il semble que la présence de supports sociaux modère l'impact négatif du chômage.

La capacité à occuper le temps «libre» semble être déterminante contre les aspects négatifs du chômage. Il ne semble pas toutefois que toutes les activités extra-professionnelles puissent remplir cette fonction et que certaines soient même néfastes au bien-être psychologique. Certaines études amènent à croire que les activités sociales ou socialement reconnues sont plus à même de remplir cette fonction.

En résumé, la situation de chômage n'est pas analysée par cette perspective en terme de simples déficits et elle n'est pas considérée comme produisant des effets identiques chez tous les sujets.

4.1.3. La perspective génétique (chapitre 3)

Partant du modèle de réactions à une crise en termes d'étapes (Fink, 1967), les études de type génétique se sont attachées à montrer que les réactions au chômage ne se produisent pas de façon linéaire, comme aurait tendance à le laisser penser la perspective fonctionnaliste. Les différentes études présentées offrent des similitudes autant au niveau de la nature des étapes dégagées qu'à celui des concepts et catégories utilisés pour décrire les phases.

Nous pouvons résumer les phases de ce cycle en présentant trois ou quatre grandes catégories qui se retrouvent chez la plupart des auteurs : choc et/ou optimisme, pessimisme et fatalisme. Hayes et Nutman (1981, p. 30-31) résument ainsi ces recherches :

«Il semble donc que l'on puisse diviser la transition en trois stades principaux. *Le premier* se caractérise par une phase de choc et d'immobilisation, puis par un regain d'espoir, d'optimisme et une tendance à minimiser ou à nier le changement. *Le deuxième grand stade* comprend une période au cours de laquelle la conviction que «les choses finiront bien par s'arranger» est ébranlée; l'identité de l'individu est alors soumise à une forte tension. Ce stade s'accompagne souvent de dépression et de repli sur soi. Le début de ce stade se caractérise par l'acceptation du changement et l'abandon du passé; c'est alors que l'individu se met peu à peu à chercher et à tester de nouveaux rapports entre lui-même et sa nouvelle réalité. Si le chômage se prolonge et qu'il ne retrouve pas de travail, l'individu doit se forger une nouvelle identité et l'intérioriser. Ce processus de réadaptation caractérise *le troisième stade* — stade final — que le chômeur réintègre le monde du travail ou qu'il continue à chômer».

4.2. CONCLUSION

Bien que non totalement exhaustive, cette revue de questions met en évidence les apports de ces multiples recherches mais aussi leurs limites.

4.2.1. Les apports des trois perspectives dégagées

Comme nous l'avons vu, les apports des trois perspectives dégagées sont importants. Nous pouvons rappeler que les études sur le chômage ont permis de montrer que :
- la situation de chômage a un impact sur le bien-être psychologique des individus (perspective fonctionnaliste notamment);
- cet impact ne se produit pas de manière univoque pour tous les individus. Des facteurs autant «objectifs» que «subjectifs» modèrent les effets du chômage sur l'individu et amènent des comportements différents (perspective différentialiste);
- l'évolution des réactions des chômeurs ne se produit pas d'une manière linéaire, témoignant ainsi d'un «travail psychique» de la part des sujets (perspective génétique), c'est-à-dire que les sujets réagissent aux effets du chômage.

Bien que, comme nous l'avons signalé, ces recherches se soient peu intéressées directement aux conditions psychologiques de sortie du chômage, leurs apports à la question centrale de ce livre ne peuvent être négligés. Mettant en évidence l'effet différentiel de certaines variables sur le vécu du chômage, elles fournissent autant d'hypothèses sur les conditions propres à freiner ou à accélérer le travail psychique que doit produire le chômeur pour retrouver un emploi.

On retiendra en particulier le rôle :
- *des supports sociaux et/ou les activités extra-professionnelles.*
Ceux-ci peuvent atténuer l'impact négatif du chômage, notamment par l'intermédiaire d'activités extra-professionnelles, le plus souvent sociales (Fryer et Payne, 1984), qui peuvent éventuellement servir d'activités de substitution. D'autres activités (domestiques, Shamir, 1986b) peuvent par contre contribuer à un impact négatif du chômage. La vitesse de sortie du chômage peut être liée à l'existence de telles activités ou, du moins, à la signification que l'individu leur donne.
- *de la valeur accordée à l'emploi.*
Il semble qu'une forte valorisation de l'emploi entraîne un vécu plus négatif du chômage. Quel est le rôle de cette variable dans la vitesse de sortie ?
- *de l'estime de soi.*
Bien que les résultats soient loin d'être homogènes pour cette variable, il semble important de la prendre en considération. En effet, il est fait l'hypothèse que l'estime de soi peut être un «prédicteur des performances futures» (Rimé et Leyens, 1974 - 1975), de même qu'il a été trouvé que l'estime de soi augmente pour les personnes qui retrouve un emploi (Kasl et Cobb, 1982).

4.2.2. Les limites des trois perspectives dégagées

Il est important de dégager les limites des perspectives envisagées, car celles-ci nous apportent autant d'informations que les apports.

Étude transversale/étude longitudinale

Nous avons déjà souligné que, pour étudier les différences de vitesse de sortie du chômage, une perspective génétique s'impose.

Les études de ce type font cependant cruellement défaut dans les études envisagées précédemment (nous notons cependant un développement des études longitudinales ces dernières années, cf. bibliographie). Pourtant, de nombreux auteurs (par exemple : Feather, 1985; Stokes et Cochrane, 1984; Winefield et Tiggemann, 1985) soulignent la nécessité de s'orienter vers les études longitudinales pour mieux comprendre les réactions au chômage.

Ainsi, Feather (1985, p. 268) note que « les investigations sur l'impact psychologique de chômage ont utilisé, pour la plupart, des études transversales, collectant des informations sur des chômeurs à un moment du temps. Les études transversales peuvent être utiles dans l'identification des différences à expliquer. Mais les résultats de ce genre d'études sont toujours difficiles à interpréter en terme causal. Par exemple, si un échantillon de chômeurs montre plus de symptômes dépressifs qu'un échantillon d'employés, on ne peut pas attribuer cette différence à l'état de chômage. Les personnes dans l'échantillon de chômeurs peuvent avoir été plus dépressives dès le début et ce fait peut avoir contribué à leurs difficultés de trouver un emploi. Ou trouver un emploi peut avoir des effets positifs associés à une dépression réduite ».

Winefield et Tiggemann (1985, p. 229) donnent un exemple analogue : « Le résultat commun que les employés ont une estime de soi plus haute que les chômeurs n'implique pas en soi que le chômage produit un déclin de l'estime de soi. Cela peut vouloir dire que les personnes avec une faible estime de soi sont moins vraisemblablement employées. Une autre possibilité est que trouver un emploi augmente l'estime de soi ».

Ce problème de la difficulté d'une analyse causale a déjà été soulevé précédemment par exemple par Gurney et Taylor (1981) dans leur critique des études des années 30 (cf. introduction de la première partie). Mais cette difficulté vaut aussi pour les études actuelles.

Si l'on veut mener des analyses causales sur des bases solides, la nécessité des recherches longitudinales, étudiant des échantillons qui passent de l'emploi au chômage, ou inversement, s'impose.

Cependant, et ceci est unanimement reconnu, les études longitudinales sont difficiles à mener. Comme le souligne Feather (1985, p. 268) : « elles prennent beaucoup de temps, sont chères à conduire et mènent à des analyses statistiques relativement complexes, étant donné qu'on perd des sujets au cours du temps et que l'on doit contrôler les variables parasites qui peuvent avoir un effet sur les variables majeures auxquelles on s'intéresse ». Petersen (1993), dans son article sur les récentes avancées de la méthodologie longitudinale, souligne aussi certaines de ces difficultés.

Une difficulté liée aux études longitudinales et à l'étude de l'impact d'un chômage prolongé est, comme le souligne Feather ci-dessus, la diminution du nombre de chômeurs de l'échantillon. Si l'étude porte sur seulement deux temps d'observation (et c'est le cas pour la plupart des études longitudinales), avec les personnes toutes au chômage lors de la première observation, cette difficulté ne sera pas trop importante. Il s'agira alors de comparer les combinaisons possibles de position par rapport à l'emploi, à savoir chômeurs ou employés. On obtiendra deux combinaisons possibles, chômeurs aux deux temps d'observation ou bien chômeurs au temps 1 et employés au temps 2. Mais si l'étude porte sur 3, 4 voire 5 temps d'observation (et ces études sont plus rares), le chercheur peut être amené à se retrouver avec un effectif très petit de personnes qui sont restées au chômage à tous les temps d'observation, sans aucune reprise d'activités. Et ce sont ces études sur l'impact d'un chômage prolongé qui posent le plus de problème.

Par exemple, Atkinson *et al.* (1986) ont choisi quatre temps d'observation. Cependant, dans leur article, ils ne traitent que les deux premiers temps, car pour les deux temps suivants, l'effectif des personnes encore au chômage était trop faible.

Kasl *et al.* (1975, p. 121), au terme de leur étude longitudinale effectuée sur deux ans, échouent à noter des fluctuations significatives dans la plupart des variables prises en compte. Ce qui les mènent à conclure : «Ces résultats nous ont convaincu qu'étudier intensivement et longitudinalement les effets d'un événement stressant, tel que la perte d'emploi, est un travail extrêmement complexe. Des variables différentes au niveau des résultats indiquent parfois des schémas de changement extrêmement divergents et les variables comme les schémas sont sensibles aux caractéristiques individuelles et sociales».

Ceci constitue une difficulté certaine des études longitudinales. Cependant, ce n'est qu'au prix de telles études que la compréhension du phénomène complexe du chômage peut être éclairée, notamment au niveau des relations causales.

Approche segmentée/approche systémique

Pour aborder une autre limite des études présentées, revenons sur certains apports que nous avons relevés en relation avec le thème central de ce livre.

Par exemple, prenons en considération les activités extra-professionnelles. Nous avons vu que certaines d'entre elles peuvent atténuer l'effet négatif du chômage, alors que d'autres peuvent au contraire l'accentuer. Cependant, nous n'avons trouvé aucune étude qui étudie la relation entre ces activités et la sphère professionnelle.

Or, si les activités extra-professionnelles ont un impact positif sur l'individu, c'est qu'il y trouve des ressources, des supports. Ceux-ci vont être utilisés comment ? Dans quel but ? Constituent-ils des moyens pour agir ? Si oui, ces moyens sont-ils utilisés dans la recherche d'emploi ? Autant de questions auxquelles ne nous permettent pas de répondre les études précédemment envisagées.

Deux explications, étroitement liées, peuvent être proposées à cet état de fait :

a) La sphère professionnelle est rarement prise en compte

Nous avons vu que la sphère professionnelle, notamment au travers des comportements de recherche d'emploi, est assez peu étudiée. Or, si le domaine professionnel se trouve, avec le chômage, privé de son « contenu », nous pensons qu'il n'est pas vide pour autant. Cette sphère continue à être présente dans la vie du sujet, autant dans la représentation qu'il aura de lui-même que dans son environnement, dans ses projets, dans ses valeurs. Elle existe aussi en tant qu'activité : activité déployée pour trouver un emploi.

Et cette activité, qu'elle soit ou non mise en œuvre, aura une signification. De même que les études ont cherché à expliciter la relation entre la pratique d'activités extra-professionnelles et le bien-être psychologique, de même les comportements de recherche d'emploi pourront être en liaison avec ce bien-être. De même que les activités extra-professionnelles peuvent constituer un moyen de faire face à la situation créée par le chômage et une réponse à la « perturbation », de même les comportements de recherche d'emploi peuvent être une réponse possible.

Nous avons donc été un peu surprise de ne pas trouver plus d'études qui étudient de façon précise ces comportements de recherche d'emploi. Un des seuls éléments qui se retrouve dans un certain nombre d'études est la valorisation de la sphère professionnelle ou l'implication dans l'emploi.

Certes, la reprise de l'emploi n'a pas été directement étudiée jusqu'à présent. Les études se sont attachées à montrer les effets du chômage, mais non la façon dont les individus cherchaient un emploi ni les différences de vitesse de sortie. Il nous semble cependant que faire l'impasse sur ces comportements de la sphère professionnelle, c'est soit la considérer comme vide, ce qui, d'après nous, ne correspond pas à la réalité, soit « oublier » une activité importante des individus au chômage.

b) Les sphères d'activités sont considérées comme indépendantes

Lorsque la valorisation ou l'implication dans l'emploi est prise en compte, c'est assez rarement en relation avec la même variable relative à d'autres sphères (par exemple valorisation ou implication dans les activités extra-professionnelles). Et inversement, quand des comportements dans d'autres sphères d'activités que la sphère professionnelle sont envisagés (par exemple les activités extra-professionnelles), ils sont rarement mis en relation avec la sphère professionnelle.

Il semble que, implicitement, chaque domaine de vie soit considéré comme indépendant des autres. Les auteurs de ces recherches étudient ce qui se passe dans un domaine, sans établir une comparaison avec ce qui se passe dans d'autres domaines de vie. Il semble donc prévaloir, dans les études sur le chômage, une approche segmentée, chaque sphère d'activités étant considérée indépendamment des autres.

Une explication peut être le fait que les études sur le chômage se sont focalisées sur les *effets* psychologiques du chômage sur l'individu et non sur les *réactions* des sujets à cette situation. A part de rares études qui parlent de réactions (Fryer et Payne, 1984), il est rarement fait référence aux sujets comme réagissant à la situation.

De même, peu d'études font référence explicitement à l'interaction possible entre domaines d'activités des individus. Fink, (1967, p. 592) note que «l'intensité avec laquelle un événement sera ressenti comme une crise dépend de la réorganisation que nécessitera le fait d'y faire face», Fineman (1979) souligne que le stress peu diffuser dans plusieurs aires de vie.

Cette focalisation sur les effets du chômage et «l'absence» d'études sur les réactions des individus à la situation nous semble une limite importante des études précédemment citées, dans la mesure où, du moins telle est notre hypothèse, c'est dans ces réactions que se situe l'explication des différences de vitesse de sortie du chômage.

Pour prendre un exemple, si les supports sociaux sont des modérateurs des effets de l'anxiété due à la perte d'emploi, cette compensation n'est pas mécanique. La réponse aux répercussions du chômage est autoconstruite par les sujets qui tirent ou non bénéfice des ressources qu'ils possèdent ou qu'ils signifient comme telles.

Un individu, face à une situation (la perte de l'emploi), va certes réagir en fonction de cette perte : la définition qu'il peut avoir de lui-même en tant qu'employé, la place qu'occupe l'emploi dans son système de valeur, vont s'en trouver modifiées. Mais l'absence de l'emploi va aussi avoir des effets sur d'autres sphères de vie, dans la mesure où le sujet disposera de moins de ressources financières mais de plus de temps par exemple à consacrer à ses enfants ou à des activités de bricolage.

Ainsi, c'est non seulement tous les domaines de vie du sujet qui se trouvent affectés par la perte d'emploi, mais c'est aussi par l'ensemble des ressources de ses domaines de vie qu'il peut réagir à cette situation et notamment organiser une stratégie de retour à l'emploi.

Afin d'avancer dans cette direction, il convient de se doter d'un modèle d'analyse qui permette de mieux comprendre comment s'organisent les relations d'interdépendance relative entre les domaines de vie de l'individu.

C'est à la présentation de ce modèle que sera consacrée la deuxième partie de ce livre.

# DEUXIÈME PARTIE

PROBLÉMATIQUE DU SYSTÈME DES ACTIVITÉS ET RÉACTIONS AU CHÔMAGE

Introduction

L'idée générale de la problématique du système des activités est ainsi formulée par Curie et Hajjar : «les activités [...] forment un système doté de mécanismes de régulation (substitution, transfert, report, cumul). A une modification des contraintes et/ou des ressources dans un domaine de vie, c'est l'ensemble du système qui répond. D'où, selon nous, l'insuffisance d'une approche segmentaire qui isole les conduites les unes des autres : les conduites effectuées dans le cadre professionnel ne sont pas indépendantes de celles effectuées dans le cadre familial (et réciproquement) et celles-ci ne sont pas indépendantes des conduites de socialité ou de sociabilité, etc.» (Curie et Hajjar, 1983, p. 141-142).

Cette thématique se fonde d'abord sur une double mise en doute : celle d'une indépendance des différents domaines de vie de l'individu et celle de la pertinence d'une simple dichotomie entre vie de travail et vie hors travail. Nous rappelons dans un premier chapitre l'argumentation de ces auteurs.

Elle se fonde ensuite sur une affirmation, à savoir celle d'une interdépendance relative d'une pluralité de sous-systèmes et sur une conceptualisation des mécanismes propres à assurer le réglage de cette interdépendance par le sujet. Le deuxième chapitre résumera les éléments de cette problématique que nous retiendrons pour l'analyse des conditions psychosociales susceptibles d'intervenir dans la vitesse de sortie du chômage.

Chapitre 1
Dichotomie :
vie de travail/vie hors travail

1.1. POSITION GÉNÉRALE DU PROBLÈME

L'évolution des différentes théories de la psychologie et de la sociologie montre que l'un des traits distinctifs de ces théories réside précisément dans la manière dont sont traités les rapports entre vie de travail et vie hors travail.

La catégorisation de ces activités est un fait éminemment culturel. Considérer ces deux ensembles (vie de travail/vie hors travail) en dit assez long sur le système de valeurs dominant de notre société. Cette dichotomie s'est construite dans l'histoire et elle s'apprend très tôt au cours de la socialisation : l'enfant apprend qu'il y a des temps et des lieux pour s'amuser, des temps et des lieux pour travailler, etc.

Pour illustrer la construction au cours de l'histoire de cette dichotomie, nous pouvons prendre comme exemple ce que disent Sivadon et Fernandez-Zoïla (1983) à propos du temps (de travail et hors travail). Ces deux auteurs soulignent que l'analyse diachronique permet de constater qu'à chaque époque, le temps (notamment celui du travail) est le produit et le reflet d'un enjeu socio-économique. Le temps traditionnel des sociétés nomades ou agricoles est soumis au nycthémère, au rythme des saisons et aux caprices des intempéries. Au Moyen-Âge, les moines, encore appelés horologues, créent une première chronologie quotidienne en instituant l'emploi du temps selon la règle de Saint-Benoît et des heures canoniques. Vers le XIV siècle, sous l'effet d'un double perfectionnement technique (mécanisation et sonorisation des horloges), l'église perd peu à peu la maîtrise du temps humain et du contrôle des activités au profit des villes qui érigent des beffrois sur lesquels s'affiche un nouveau temps référentiel (division de la journée en deux demi-journées). Ce temps collectivisé et laïcisé va alors rythmer toutes les occupations de la vie urbaine. L'ère industrielle modifie de manière décisive le rapport de l'homme au temps. Taylor, en recommandant le chronométrage de l'activité productive, vise à discipliner les mouvements de l'opérateur pour éviter l'effet de « flânerie ». Le temps ainsi mesuré introduit une césure franche entre le temps de travail de l'usine et le temps de la vie extra-professionnelle.

Ainsi, ne serait-ce que dans sa construction historique, le rapport vie de travail/vie hors travail correspond à un fonctionnement de la réalité à un moment donné, il est ancré dans la culture, l'éducation et se retrouve dans les apprentissages sociaux.

Pour approfondir l'étude de cette dichotomie, nous pouvons examiner comment elle a été envisagée par quelques uns des courants de la psychologie sociale.

Brièvement, nous pouvons relever que :
- Le rationalisme techniciste, avec Taylor, traite la vie de travail et la vie hors travail par disjonction. Dans la vie de l'individu, il y a deux parties : celle où il peine — le travail —, celle où il jouit — la vie hors travail.
- Le courant des Relations Humaines, avec comme représentant Mayo, fait un effort pour penser les rapports d'inclusion entre la vie de travail et la vie hors travail. Les tenants de ce courant montrent que si le travail est trop ennuyeux, il ne sera pas productif, mais aussi que les difficultés vécues à l'extérieur de l'entreprise vont perturber l'activité de travail.
- Avec les courants néorationalistes, et en particulier Crozier, une nouvelle disjonction s'opère. Sainsaulieu (1985) dit par exemple que l'identité construite par le travail diffuse dans la vie hors travail. Les deux domaines sont posés en extériorité.

Si l'étude se place « simplement » au niveau du temps, nous pouvons trouver une analyse éclairante dans le chapitre VII du livre de Sivadon et Fernandez-Zoïla (1983), où ils s'intéressent à l'emploi du temps individuel et aux relations qu'entretiennent les deux sphères d'activités quotidiennes : le temps de non travail et le temps de travail. L'analyse est centrée sur les travaux de Grossin et plus particulièrement sur les conclusions de son enquête publiées en 1974. Grossin y décrit une variété d'opinions et d'attitudes à l'égard du temps qu'il met en rapport avec la profession et souligne l'influence déterminante du temps de travail sur les temps hors travail. Sivadon et Fernandez-Zoïla discutent cette conclusion de Grossin, en s'interrogeant sur un possible effet rétroactif : «Est-ce que la vie hors travail n'influe pas sur le cadre du temps de travail pour aider à s'en libérer?» (p. 162).

Ce thème, rapport vie de travail/vie hors travail constitue le sujet d'un article de Gadbois (1975), dans lequel l'auteur procède à un examen critique des recherches existantes.

Il ne va pas s'agir ici de résumer cet article, qui est déjà la synthèse de nombreuses recherches, mais, à la suite de Curie et Hajjar (1981, 1987) et Hajjar et Curie (1985), d'examiner les limites de ces études et des perspectives qui en découlent, ce qui nous amènera à aborder les notions de mode de vie et de système des activités.

1.2. BILAN CRITIQUE DES RECHERCHES EXISTANTES SUR LES RAPPORTS ENTRE VIE DE TRAVAIL ET VIE HORS TRAVAIL

Dans son article, Gadbois (1975) procède à l'examen des quatre courants de recherche principaux qui ont abordé la question des rapports entre vie de travail et vie hors travail sous des angles divers (aliénation et santé mentale des travailleurs industriels, rapports loisirs-travail, budgets-temps et travail féminin).

L'intérêt de ces recherches est qu'elles ont permis de mettre en évidence que les transformations qui s'opèrent dans les conditions de l'activité d'un domaine de vie peuvent avoir des effets qui débordent ce domaine.

Les insuffisances de ces travaux sont, selon l'auteur, essentiellement de deux types :
1) Une dissymétrie dans l'analyse des interactions entre les deux sphères; l'une étant toujours, selon le centre d'intérêt du chercheur, privilégiée au détriment de l'autre, cette dernière se trouvant ainsi décrite d'une manière superficielle. Cette analyse univoque de la relation vie de travail vers vie hors travail (ou l'inverse) empêche de comprendre en

quoi cette influence peut être médiatisée par la signification que les sujets accordent à l'un et à l'autre terme.

Cette dissymétrie se retrouve dans les études sur les effets psychologiques du chômage. En effet, lorsque des activités sont prises en compte, ce sont souvent des activités extra-professionnelles (familiales, domestiques, amicales, associatives, ...), celles-ci étant rarement mises en relation entre elles et avec les activités professionnelles (recherche d'emploi). Ainsi, l'intersignification que le sujet établit entre ces différentes activités n'est pas prise en considération. Par exemple, lorsque Fineman (1979) note que, pour le groupe le plus stressé, le problème du chômage coïncide avec des problèmes domestiques, il n'approfondit pas cette «coïncidence». Celle-ci peut pourtant être liée à une intersignification entre le problème du chômage (Fineman note les échecs répétés à retrouver un emploi) et les problèmes domestiques. Une hypothèse qui peut être posée sur cette relation est que, du fait de l'absence de l'emploi, les activités liées à la sphère domestique (s'occuper des enfants, bricolage, ...) peuvent se trouver désignifiées, car elles ne sont plus signifiées par un temps «libéré» par l'emploi.

2) Une déficience dans l'analyse des processus d'interaction entre la vie de travail et la vie hors travail; la mise à jour d'une chaîne causale est remplacée par le simple constat de corrélation entre certaines caractéristiques des deux sphères.

Une limite et difficulté sous-jacentes aux deux précédentes résident sans doute :

– d'une part dans le postulat de l'existence d'une dichotomie : vie de travail/vie hors travail,

– d'autre part dans le fait que le deuxième terme «fourre-tout» soit défini, négativement, par la simple absence de ce qui qualifie le premier.

Ce privilège accordé au travail n'est pas toujours facile à éviter. La preuve en est que Gadbois lui-même n'échappe pas toujours à la critique qu'il adresse aux autres : les exemples donnés vont pour la plupart dans le même sens : ce sont les effets du travail sur la vie hors travail qui sont surtout évoqués.

Or, cette façon de désigner la vie hors travail, avec ce que cela recouvre (valorisation du travail, avec un sens autant culturel qu'historique) constitue un handicap pour l'analyse des processus d'interaction entre les activités. Et ceci pour au moins trois raisons :

1) La vie hors travail est composite : loisirs, sociabilité, socialité, ... Ces activités sont diverses, autant dans leur contenu, leur forme que dans leur organisation.

2) Chacune de ces activités peut être d'une manière différente sous l'emprise du travail professionnel et fournir à la conduite de travail des contraintes et des ressources (énergétiques et informationnelles) spécifiques. Chaque activité est pour l'autre à la fois une cause et un effet : nous pouvons donc parler «d'emprises réciproques» ainsi que le fait Gadbois (1975).

3) L'interaction entre ces activités est non seulement réciproque mais contingente : la relation entre les activités de travail professionnel et celles de sociabilité dépend des relations qui existent entre chacune d'elles, et, par exemple, celles du travail domestique. Il convient pour analyser les processus d'interaction, de saisir les relations d'ordre n, où n est supérieur à 1.

Dans leur chapitre, Curie et Hajjar (1987, p. 44) étudient les recherches en terme de détermination unilatérale (c'est-à-dire la vie de travail déterminant de la vie hors travail et inversement). Une des quatre conclusions qu'ils présentent est la suivante :

«Dans de nombreuses recherches, les rapports entre les deux sphères d'activités apparaissent comme ambigus et paradoxaux :

– compensation par le loisir des contraintes de travail et/ou diffusion des conditions du travail dans la vie de loisir;

– valorisation du temps libre et/ou fuite du travail;

– effet négatif du travail posté et abondance des volontaires pour l'effectuer;

– stratégie professionnelle ou stratégie familiale pour la détermination du nombre d'enfants;

– contrainte de la double journée de la femme salariée et hausse considérable à partir de 1968 du taux d'activité féminine;

– diminution du temps de travail et stagnation de la participation active à la vie sociale organisée;

– allergie au travail et très forte demande des jeunes de participer aux «travaux d'utilité collective (T.U.C.)».

L'existence de ces ambiguïtés appartient certes à la réalité; mais il faut en rendre compte.

Les résultats sur les effets psychologiques du chômage n'échappent pas à l'existence de ces ambiguïtés. L'étude du vécu du chômage entre les hommes et les femmes, par exemple, mène à des résultats contradictoires : d'un côté, elles sont plus «touchées» psychologiquement par le chômage (Warr et Jackson, 1983; Winefield et Tiggemann, 1985); d'un autre côté, Jahoda (1982) affirme que le chômage les frappent moins durement, psychologiquement parlant, que les hommes, car elles ont à leur disposition des activités alternatives. Starrin et Larsson (1987) apportent un début de réponse à ces ambiguïtés, en soulignant que les réactions au chômage et leur signification semblent être en relation avec deux variables principales : «la relation au travail rémunéré» et «la relation à des activités alternatives». Ils notent que le groupe appelé «les re-focalisées» ont remplacé la perte d'emploi avec ce qu'elles perçoivent comme étant des activités signifiantes. Mais signifiantes par rapport à quoi? Cela signifie-t-il qu'elles ont complètement abandonné le projet de retrouver un emploi? On peut faire l'hypothèse que ces activités sont signifiantes par rapport à l'environnement pertinent (valorisation de soi par rapport à autrui), mais aussi par rapport à la recherche d'emploi et donc à un «projet professionnel», que celui-ci soit structuré ou non.

Ces exemples de résultats contradictoires viennent conforter ce qui a été dit, à savoir :
– les différentes activités de l'individu ne peuvent pas être considérées comme indépendantes, que ce soit au niveau de leur fonctionnement ou de leurs transformations;
– la vie de travail et la vie hors travail ne peuvent pas être étudiées indépendamment, au risque d'aboutir à une conception mécaniste des rapports entre les deux sphères, l'une étant la cause (variable indépendante), l'autre l'effet (variable dépendante), sans prendre en compte l'existence d'un quelconque terme médiateur.

Ces difficultés semblent provenir de l'absence d'un ensemble à l'intérieur duquel s'opèrent les relations entre les éléments. C'est à ces difficultés que répond la notion de système des activités.

Chapitre 2
La problématique du système des activités

Nous avons montré, dans les pages précédentes, que les conduites d'un individu ne pouvaient être analysées indépendamment les unes des autres et les écueils que l'on rencontre lorsque cette interdépendance n'est pas prise en compte.

« Les hommes sont engagés et s'engagent tout au long de leur histoire dans une pluralité de milieux de vie dans lesquels se déploient ces activités. Réciproquement, on peut dire, reprenant l'expression de Wallon (1968), que plusieurs milieux peuvent se recouper chez le même individu et même s'y trouver en conflit » (Curie et Hajjar, 1981, p. 62).

Dès lors apparaît la nécessité de déplacer l'interrogation : non plus seulement sur les échanges et les effets de la vie de travail sur la vie hors travail pris isolément, et inversement, mais sur le fonctionnement même du système d'interdépendances, système qui est à la fois producteur et œuvre de la vie d'un sujet.

2.1. LA NOTION DE SYSTÈME DES ACTIVITÉS

Nous pouvons dire que les activités forment système pour au moins trois raisons :

1) Ces activités utilisent des ressources qui sont limitées : ressources temporelles et énergétiques. « Ressources temporelles d'abord puisque le temps consacré à une activité n'est plus disponible pour une autre activité, évidence que pourtant masquent des expressions telle que « faire quelque chose à temps perdu ». Temps perdu pour qui, pour quoi ? En réalité en ce domaine aussi « rien ne se perd, tout se transforme » et ce sont précisément les modalités de ces transformations qui nous intéressent » (Carusso *et al.*, 1982, p. 13). Chacune des activités constitue donc une contrainte pour le développement de toutes les autres.

2) Si chaque activité utilise des ressources et constitue ainsi pour le développement des autres une contrainte, elle fournit aussi un certain nombre de ressources matérielles et informatives qu'elle tire de son inscription dans un cadre physique et social. Par exemple, dans le travail professionnel, l'individu trouvera des moyens qui lui permettront de développer des activités de sociabilité, mais celles-ci fournissent, chacun le sait bien, des moyens relationnels qui seront utilisés dans la profession (réseaux); cette vie professionnelle n'existera pas si ne sont pas réunies les conditions matérielles et psychologiques que procurent les activités de travail domestique, de délassement ou tout simplement de récupération de la force de travail. Ainsi apparaît-il que le système des activités est constitué et se constitue par tout un réseau d'échanges non pas seulement avec l'extérieur du système mais aussi entre les « éléments » eux-mêmes.
Ces ressources et ces contraintes — entrées du système — constituent un déterminisme externe du système des activités.

3) Si les échanges entre activités peuvent être décrits en terme de ressources et de contraintes, ils doivent l'être aussi en terme de significations. Les actes que pose un individu ont bien sûr une signification par rapport au cadre spécifique de cette activité dans la mesure où ce cadre est émetteur de sens : c'est par rapport à une organisation déterminée du travail que l'on est et que l'on se juge ouvrier, employé, ingénieur, ... C'est dans des formes institutionnellement définies que les enfants constituent l'homme en père, que l'homme constitue sa femme en épouse, etc. Mais cette détermination centrale se redouble d'une détermination latérale qui vient du fait que, comme l'écrit Malrieu (1979, p. 3) : « Les comportements dans un domaine de vie sont régulés par la signification que le sujet leur accorde dans d'autres domaines ». L'activité de travail donne sens à la vie de loisirs et ceci est admis aussi bien par ceux qui mettent l'accent sur le rôle « compensateur » des loisirs que par ceux qui insistent sur la « diffusion » des contraintes de la vie de travail dans la vie hors travail. De même n'a-t-on pas suffisamment remarqué à

quel point les expériences faites, les modèles acquis dans la vie de loisirs servent à signifier la vie de travail ou, ce qui revient au même, servent à en percevoir l'insignifiance. Ce processus de signification d'une activité par une autre correspond à ce que nous appelons l'activité de la personne, activité par laquelle l'individu évalue en dialogue avec autrui ses conduites effectuées dans des cadres institutionnels différents, prend conscience des divisions que les cadres instituent en lui, mais en même temps activité par laquelle l'individu se masque l'origine de ces divisions. C'est en raison de ces activités de la personne que, dans un domaine de la vie, non seulement l'individu a des obligations mais aussi qu'il se crée des obligations, qu'il a des ennuis mais aussi «qu'il se les cherche» en fonction d'un modèle de vie qui lui sert de référence, modèle de vie qui est à la fois un «savoir-vivre» et un «vouloir-vivre».

Nous retrouvons cette idée chez d'autres auteurs.

«En tant qu'explication psychologique des bouleversements affectant cette représentation du monde complexe et souvent dissonante, les travaux d'Albert Ellis (1973a, 1973b) apportent des éclaircissements sur l'expérience émotionnelle pessimiste et dépressive que vivent de nombreux chômeurs. Selon Ellis, quand une conséquence à forte charge émotionnelle (C = angoisse et dépression) intervient après un événement dynamique significatif (A = perdre un emploi), on pourrait — à tort — voir dans A la cause de C.

En fait, C est plutôt engendré par B, système de conceptions de l'individu. L'angoisse et la dépression du chômeur, explique Ellis, ne proviennent pas tant de la perte de travail en soi, mais découlent plutôt des «conceptions irrationnelles» que l'individu élabore à partir de sa situation. Ainsi, l'individu se retrouve au centre d'une représentation du monde où il répond à son environnement par un comportement non seulement réactif mais aussi actif, puisque, souvent, il choisit et décide ce qu'il croit être — à tort ou à raison — la meilleure façon de vivre sa situation. Selon Adler, «Aucune expérience n'est la cause d'un succès ou d'un échec. Nous ne souffrons pas du choc de nos expériences — ce qu'on appelle le trauma — mais nous en faisons exactement ce qui sert notre but. Nous nous autodéterminons par le sens que nous donnons à nos expériences; et c'est certainement une erreur d'utiliser les expériences particulières comme base pour l'avenir» (cité dans Ellis, 1973a, p. 168).

En un sens, chez les chômeurs, nombre de réactions idiosyncrasiques sont dues aux différences de personnalité entre les individus, car, d'après Adler, «l'individu [...] ne se situe pas par rapport au monde extérieur d'une manière prédéterminée, comme on le croit souvent. Il se situe toujours en fonction de sa propre interprétation de soi et de ses problèmes [...] C'est son attitude existentielle qui détermine son rapport au monde extérieur» (cité dans Ellis, 1973a, p. 167)» (Hayes et Nutman, 1981, p. 43-44).

Un autre exemple peut être pris dans l'étude sur les ruptures temporelles menée par Sivadon et Fernandez-Zoïla (1983, p. 183). Ils notent qu'il convient également de souligner le rôle actif des travailleurs dans la maturation des troubles qui peuvent suivre une rupture temporelle : «Si les ruptures temporelles surviennent sous la pression des phénomènes externes liés aux conditions de travail, c'est néanmoins le sujet qui, dans sa production temporelle intensive continue, produit aussi les formes pathologiques du temps» et, même si «l'homme a un pouvoir limité [...], il peut cependant introduire des options, masquer des orientations, avancer des décisions qui donnent au temps une certaine disponibilité» (p. 79).

Ainsi, dans le modèle du système des activités, le sujet est vu comme actif, ou plutôt comme un agent qui a une action sur le sens qu'il donne à sa situation et qui va déterminer ses réactions.

Nous rejoignons ici le point de vue de Hayes et Nutman (1981, p. 53) : «En règle générale, nous avons choisi d'élaborer un modèle dynamique de la personnalité; l'analyse de son fonctionnement tient compte non seulement des forces et des changements extérieurs qui influencent l'individu, mais aussi — et surtout — de la diversité dans l'interprétation de ces changements et dans la façon d'y réagir. Dans le modèle de comportements établi par Lewin, *certaines forces sont influencées par des agents extérieurs mais leur nombre, leur portée et leur intensité sont fonction du sens et de la valeur que leur attribue l'individu*».

Ainsi, d'après les trois points qui viennent d'être envisagés, nous voyons que la notion de système des activités présente l'intérêt de fournir un cadre général d'analyse de l'interférence entre conduites.

Un deuxième intérêt de cette notion est qu'elle permet d'articuler l'analyse des déterminants des conduites :

– Nous avons vu ci-dessus que les ressources et les contraintes — entrée du système des activités — constituent un déterminisme externe. Ces entrées sont multiples puisque relatives à chaque catégorie d'activités : conditions de travail professionnel, de vie domestique, de transport, de sollicitations sociales diverses, etc. Ces contraintes et ressources sont elles-mêmes liées en système, possédant des propriétés, dont certaines

sont indépendantes des individus. Par exemple, la relation entre la durée du travail — contrainte — et la rémunération qu'il procure — ressources — dépend du système social et de la position qu'occupe l'individu dans ce système.
- Un déterminisme interne est aussi à prendre en compte. En effet, substituer une activité à une autre, décider ou non de travailler à plein temps, de se marier, ... c'est-à-dire arbitrer d'une manière particulière entre des contraintes et des ressources différentes, dépend en partie des systèmes de valeurs, de représentations et de projets de l'individu (donc de son modèle de vie). C'est aussi en fonction de ce déterminisme interne que l'individu va attribuer aux éléments de son environnement une signification de contraintes ou de ressources. Ce déterminisme interne est diachronique parce qu'il résulte de constructions passées.

Pour prendre un exemple, la valorisation de la sphère professionnelle pourra amener une recherche d'emploi intense. Si, dans un même temps, les activités sociales sont valorisées et qu'elles procurent des ressources — signifiées comme telles par le sujet — l'individu peut «choisir» de passer moins de temps à sa recherche d'emploi, peut-être en ciblant plus cette recherche, et réserver du temps aux activités sociales. Mais, les deux valorisations peuvent aussi s'avérer incompatibles, la valorisation de la sphère professionnelle entraînant pour l'individu une impossibilité de valorisation de la sphère sociale (parce qu'il a l'impression que le temps consacré à ces activités est «perdu» pour la recherche d'emploi).

- Comme tout système, le système des activités est régulé (nous verrons les différentes formes de régulations lorsque nous aborderons cette notion). Ces régulations constituent un déterminisme systémique des activités. Il correspond, à l'intérieur d'une unité de temps prise comme référence, à un déterminisme synchronique.

Ainsi, le système des activités peut être défini comme le produit de l'activité de régulation d'un sujet (déterminisme systémique) agissant en fonction de son modèle de vie (déterminisme interne) et des contraintes et ressources de ses conditions de vie (déterminisme externe). Autrement dit, c'est le produit de choix opérés sous contraintes.

C'est aux transformations de ce déterminisme interne résultant d'une délibération sur des valeurs contraires, de la confrontation de systèmes contradictoires d'analyse de la réalité, de la mise à l'épreuve de projets incompatibles que nous réservons le terme de processus de personnalisation.

A l'instar des psychologues du travail (Leplat et Cuny, 1977), trois niveaux d'analyse ont été distingués :
- le niveau des conditions de vie qui définissent les données du problème que doit résoudre l'individu ;
- le niveau du mode de vie qui est celui des processus psychologiques et psychosociaux d'élaboration des solutions aux problèmes que le sujet se pose à partir de ses conditions de vie. Il correspond au fonctionnement du système des activités ;
- le niveau du genre de vie qui correspond aux effets subjectifs et objectifs du mode de vie dans des conditions de vie spécifiées.

La figure de la page suivante présente ces trois niveaux d'analyse de la vie de travail et de la vie hors travail (figure n° 201).

Nous pouvons ainsi voir que le système inscrit dans le cadre de la vie de travail a des entrées dont certaines sont figurées par la flèche (2) et des sorties dont certaines correspondent à la flèche (1).

La vie de travail est un sous-système qui est le symétrique inversé du précédent.

Il y a donc les effets de la vie de travail sur la vie hors travail et de celle-ci sur celle-là (flèche 1 et 2), mais ce qui nous intéresse, ce sont les relations entre les «deux flèches». Il existe un système d'interdépendances entre (1) et (2), système que l'individu doit gérer. Une figure globale (n° 202) peut nous permettre de synthétiser ces remarques.

Ainsi, le système des activités est une notion qui ne remplace pas celle de conduite mais vise à étudier les situations où se posent des problèmes de rapports entre les conduites. Le système des activités comprend donc l'ensemble des activités effectivement réalisées par le sujet (ce qu'il fait) pour résoudre les données du problème qu'il prend en compte, la manière dont ces activités sont accomplies (volume, moment, ordre et degré de fractionnement) et les relations qui existent entre les activités constitutives de ce système.

Les activités qui composent le système ont un caractère plurifonctionnel. Cette plurifonctionnalité, en ce qui concerne l'emploi, peut être rapprochée des fonctions dégagées par Jahoda (1979a) et Hayes et Nutman (1981). Ainsi, l'emploi aura pour fonction non seulement d'être une source de revenus, une forme d'activité, mais il apporte aussi une structure temporelle, il nourrit l'identité et favorise l'interaction sociale, etc. Il en est de même pour toutes les autres activités que peut avoir un individu. Ainsi, la participation à une association peut apporter un délas-

LA PROBLÉMATIQUE DU SYSTÈME DES ACTIVITÉS 119

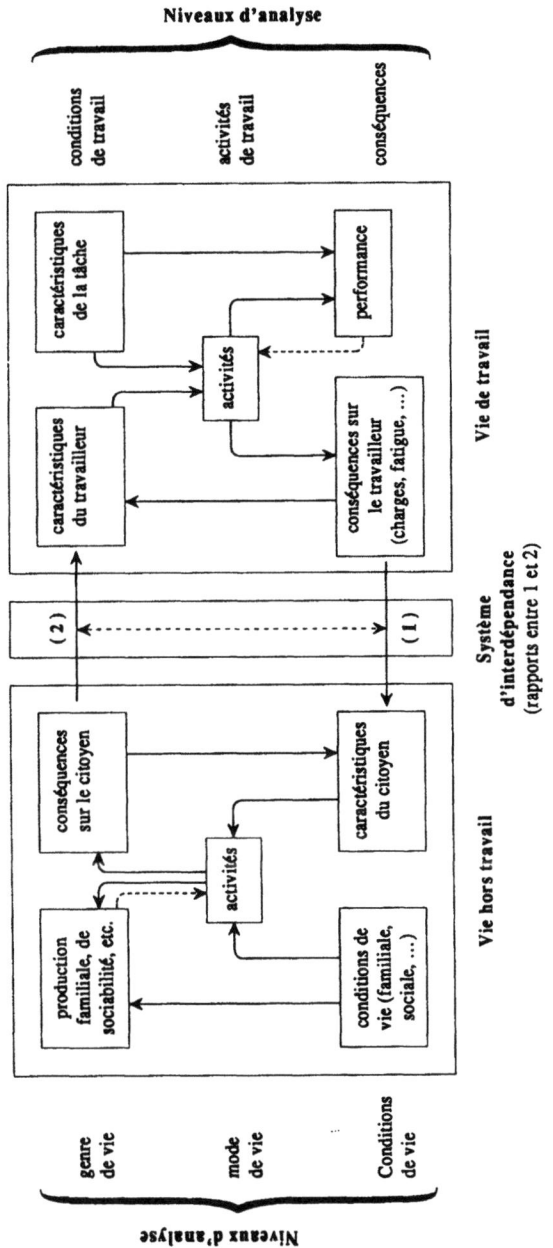

Figure 201 — Les relations entre vie de travail et vie hors travail
(Curie et Hajjar, 1987, p. 38).

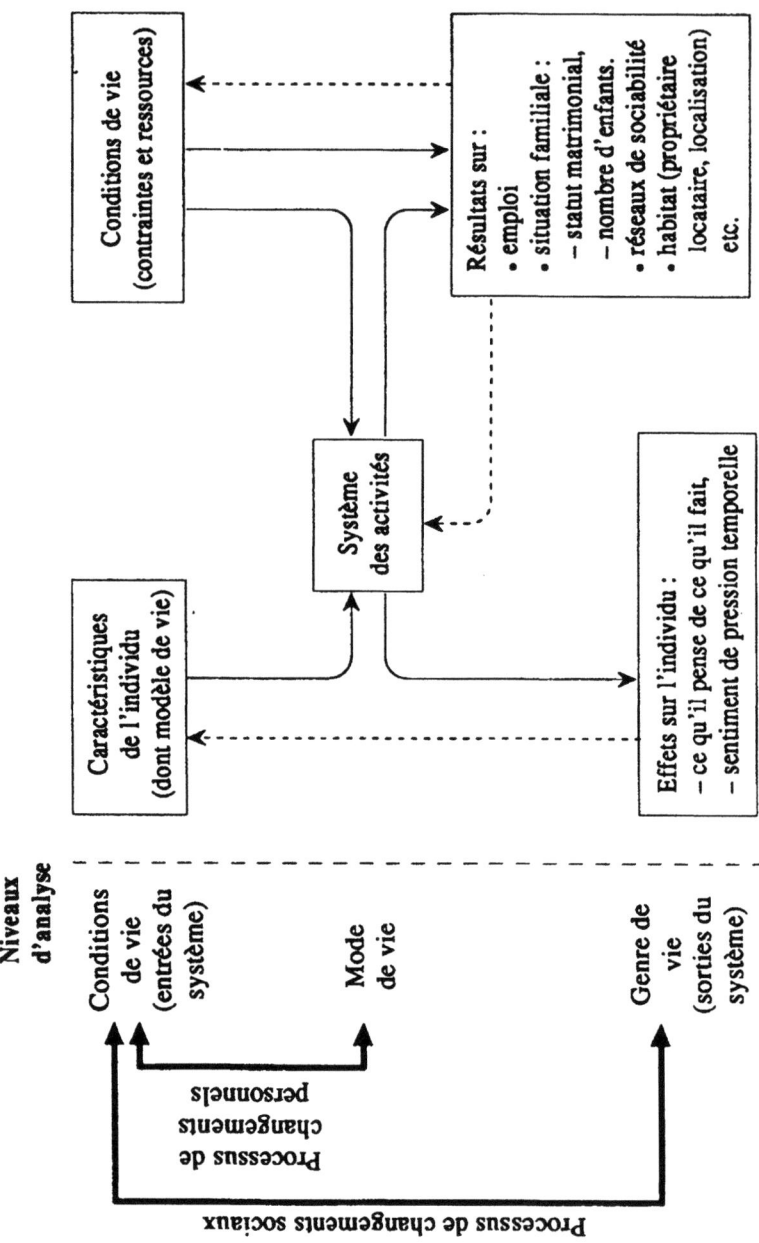

Figure 202 — Mode de vie et système des activités (Curie et Hajjar, 1987, p. 48).

sement, un réseau de relations, mais aussi valoriser l'individu par rapport à la vision qu'il a de lui-même mais aussi par rapport à autrui, etc.

Les contraintes et les ressources sont très largement dépendantes des positions et des structures sociales, économiques et culturelles d'une formation sociale donnée. Pour l'individu, un changement social se présente comme une modification des contraintes et/ou des ressources qui affecte, qu'il en soit conscient ou non, l'une de ses activités.

La notion de système des activités se décompose en quatre éléments :
- les sous-systèmes d'activités,
- les échanges entre sous-systèmes,
- les régulations des échanges entre sous-systèmes,
- l'instance de contrôle des régulations.

Avant d'aborder ces quatre notions, nous allons envisager la notion de mode de vie et voir comment elle est liée à la notion de système des activités.

2.2. LA NOTION DE MODE DE VIE

La notion de mode de vie est déjà apparue sous la plume de nombreux chercheurs, dans différentes disciplines des sciences sociales et il convient de clarifier dans quelle acception cette notion est ici employée.

Une revue de question sur ce thème a été élaborée par Hajjar et Curie (1985). Celle-ci a permis de distinguer la coexistence de trois approches de la notion du mode de vie :

1) La première insiste sur le caractère phénoménal du mode de vie. C'est l'expression, sur le plan des représentations et des pratiques, des différences qui existent dans les conditions de vie des individus et des groupes. Le caractère polymorphique des conditions de vie les rend difficilement descriptibles en termes simples : « Le mode de vie est une expression commode mais « dégradée » du socio-culturel » (Bertaux, 1980). Il est clair que, dans cette approche, le mode de vie ne présente aucune autonomie dans ses transformations par rapport aux conditions de vie qui constituent le seul déterminant.

2) L'accent est mis, dans la deuxième définition, sur le caractère structuré du mode de vie. On trouve ici l'ancienne tradition des culturalistes américains. Linton (1968) définit la culture comme « le mode de vie d'une société particulière ». L'idée générale, qui sera reprise dans la no-

tion de mode de vie selon cette deuxième approche, est que ce qui est signifiant, ce n'est pas telle ou telle pratique, telle ou telle représentation, mais le réseau organisé qu'elles constituent.

Ces deux premières approches permettent d'établir assez commodément des constats — éventuellement différentiels — des modes de vie. Toutefois leur portée explicative et/ou prédictive demeure limitée car elles négligent de s'interroger sur les processus qui sous-tendent les relations entre activités et sur ceux qui régissent la structuration et la transformation des modes de vie.

Dans la perspective génétique, Briar (1977) intitule la deuxième phase : le non-emploi comme mode de vie. Il semble que cette expression se réfère à la première acception du mode de vie, dans la mesure où c'est une partie des conditions de vie (le chômage) qui entraîne des représentations et des pratiques particulières. De plus, il n'est donné aucune information sur les processus de restructuration et de transformation possibles de ce «mode de vie».

3) La troisième perspective est celle qui sert de base à la problématique définie ici. Elle implique que soient distingués les trois niveaux d'analyse cités précédemment. Le mode de vie est alors la manière qu'a l'acteur (individu ou groupe), placé dans un univers de contraintes et de ressources, d'organiser ses activités en fonction de son modèle de vie. Ce dernier étant le produit de l'histoire de l'acteur — c'est-à-dire de ses activités antérieures — et étant orienté par des projets, le mode de vie assure l'intégration du passé et du présent de l'acteur en fonction du futur qu'il souhaite plus ou moins confusément faire advenir. Il est, pour reprendre l'expression de Lefebvre (1961), critique en acte de la vie quotidienne.

Nous retrouvons ici un des points essentiels, précédemment évoqué, de la problématique du système des activités : le sujet est actif. Gadbois (1975) fait remarquer à ce propos que l'une des conditions pour dépasser les difficultés qu'il a relevées, est de «substituer à la conception d'un sujet subissant passivement les effets de sa situation [...] la conception d'un sujet actif déployant une certaine stratégie pour s'adapter à ses conditions de travail et de vie». On peut noter que nous reprenons à notre compte la recommandation de la valeur explicative de l'action soulignée par Fryer et Payne (1984).

Ainsi, pour conclure, nous pouvons dire que «le mode de vie peut être défini comme l'ensemble des processus psychologiques et psychosociaux d'élaboration, d'organisation et de coordination des activités en tant que celles-ci constituent des réponses des sujets à leurs conditions de vie telles qu'ils les perçoivent et les signifient en fonction de leur modèle de vie» (Curie et Hajjar, 1987, p. 48).

2.3. LES OUTILS CONCEPTUELS INHÉRENTS AU MODÈLE DU SYSTÈME DES ACTIVITÉS

2.3.1 Les sous-systèmes d'activités

Les activités forment système mais ce système est en fait constitué d'une pluralité de sous-systèmes. Le travail par exemple est un sous-système d'activités multiples. Chacun de ces sous-systèmes peut mobiliser des processus de régulation qui lui sont propres. La notion de sous-systèmes est synonyme de celles de domaine de vie et de sphère d'activités. C'est un ensemble d'activités doté d'un contrôle spécifique, appelé le modèle d'action. L'existence de ce contrôle permet à l'individu de définir et d'atteindre des objectifs de ce sous-système malgré certaines variations des conditions de cette activité. Ainsi, lorsque des perturbations surviennent dans un sous-système d'activités, des régulations spécifiques à ce domaine de vie peuvent être mobilisées.

Toutefois, certaines perturbations qui se manifestent dans un sous-système d'activités ne peuvent être régulées au niveau de ce sous-système. Intervient alors un processus d'équilibration par modifications qui se produisent dans les échanges entre sous-systèmes.

Avant d'aborder cette notion d'échanges entre domaines de vie, nous présentons une des catégorisations possibles des sous-systèmes d'activités. En effet, la catégorisation des domaines de vie sera différente selon les cultures, l'âge des individus, etc. Il s'agit donc d'un découpage purement empirique, visant à faciliter l'analyse et les comparaisons entre sujets. Les sous-systèmes présentés ici ont été répertoriés lors du traitement des données fournies par le recueil de budgets-temps (Curie et Hajjar, 1981) :

– le travail professionnel,
– le travail domestique,
– les soins aux enfants,
– socialité,
– sociabilité,
– délassement,

– reconstitution de la force de travail.

Il est à noter que des études se sont attachées à aboutir à d'autres classifications des activités (cf. par exemple Marquié, 1991; Marquié et Curie, 1993) et ce à partir du protocole I.S.A (Inventaire du Système des Activités, présenté dans la partie 2.5 : opérationnalisation de la problématique du système des activités).

2.3.2. Les échanges entre les sous-systèmes d'activités

Comme nous l'avons déjà vu, chaque sous-système procure aux autres des ressources : matérielles, énergétiques, identitaires, symboliques, ... Mais chaque sous-système reçoit des ressources de la part des autres. Il en est de même pour les contraintes. L'accomplissement des tâches dans chacun des sous-systèmes suppose l'existence de moyens. Certains de ces moyens sont fournis par d'autres sous-systèmes. Réciproquement, le fonctionnement d'un sous-système produit des moyens qui sont utilisés par d'autres. Ainsi, chacun des sous-systèmes tire de son inscription dans un cadre social un certain nombre de contraintes et de ressources. Mais chacun de ces sous-systèmes reçoit et fournit des contraintes et des ressources aux autres sous-systèmes : les sorties de l'un constituent les entrées pour un autre ou plusieurs autres et réciproquement.

Les modifications d'un sous-système d'activités peuvent provenir non pas ou pas seulement d'un changement de ses conditions propres et spécifiques mais de transformations qui s'opèrent en d'autres points du système et modifient ainsi les entrées de ce sous-système.

2.3.3. Les régulations des échanges entre sous-systèmes

La notion de système des activités appelle «naturellement» celle de régulation. Certes l'usage que nous faisons de ce terme n'inclut pas toute la précision qu'il revêt dans «l'analyse générale des systèmes» et ceci faute d'une capacité à définir les valeurs des variables à maintenir constantes dans le système.

Lorsque se modifient les contraintes qui pèsent sur une activité ou les ressources matérielles, énergétiques, informatives, dont dispose le système, alors des réorganisations doivent s'opérer dans l'ensemble des activités; une variation des contraintes de travail ne modifie pas seulement l'activité de travail, elle modifie aussi les autres activités. Ainsi, reprendre un emploi pour un sujet peut impliquer un déménagement. Celui-ci aura des effets sur la sphère professionnelle (nouvel emploi) mais aussi sur la sphère familiale (cela peut poser un problème par rapport à l'emploi éventuel de l'épouse), sur les relations (éloignement des amis et de la famille), sur les activités sociales (participation à une association qui doit être abandonnée), etc.

L'accroissement voulu ou contraint du temps consacré à une activité entraîne une modification non linéaire et non univoque d'une ou plusieurs autres activités.

Disposant de ressources finies en un instant «T», tout accroissement des contraintes en un point donné du système des activités doit mobiliser des régulations.

Ces régulations peuvent être :

– de type individuel : substituer une activité par une autre, la reporter dans le temps ou l'anticiper, modifier le mode opératoire, ...

– de type inter-individuel : nouvelle répartition des tâches avec l'environnement pertinent.

Nous avons vu plus haut que ces régulations constituent un déterminisme systémique des activités. D'autres types de régulations sont possibles : par exemple la recherche de nouvelles ressources matérielles ou informatives, les tentatives pour desserrer les contraintes, etc.

2.3.4. L'instance de contrôle des régulations ou le modèle de vie

Les échanges entre sous-systèmes d'activités n'obéissent pas à une mécanique des fluides. Ils sont régulés par l'instance centrale de contrôle. Celle-ci médiatise les inter-relations entre sous-systèmes d'activités. Elle exerce deux fonctions complémentaires :

1) Une fonction d'inhibition des échanges entre sous-systèmes d'activités de telle sorte que le fonctionnement de l'un ne soit pas perturbé par des préoccupations ou des rémanences provenant d'un autre. Cette fonction implique une prévalence du contrôle local du sous-système des activités (c'est-à-dire le modèle d'action) sur le contrôle central du système global. Le sous-système fonctionne alors d'une manière relativement autonome.

2) Une fonction d'activation des échanges entre sous-systèmes qui se traduit par la recherche de transfert de moyens de l'un dans l'autre en fonction du degré de centralité d'un sous-système tel que le définit le modèle de vie du sujet. Cette fonction d'activation des échanges fait

prévaloir, à l'inverse de la précédente, le contrôle central du système des activités sur le contrôle particulier de l'un ou l'autre sous-système.

Pour illustrer ces deux fonctions de l'instance centrale de contrôle, prenons un exemple : un individu au chômage prend conscience que la sphère des loisirs ou des activités sociales «n'a de sens» que par rapport à la sphère professionnelle. Dans les actions ou activités qu'il mettra en place, cela pourra impliquer :

– soit qu'il va utiliser cette interaction (intersignification) perçue entre les deux sphères, utilisant certaines activités ou relations autant pour servir la sphère professionnelle (utilisation de réseaux de relations, lutte contre l'apathie, valorisation de soi, ...) que sociale (activation des échanges);

– soit cette interaction perçue va l'amener à privilégier le domaine professionnel, en dissociant les sphères professionnelle et sociale, cette dernière n'étant pas signifiée comme détentrice de ressources potentielles (inhibition des échanges).

Participe à ces deux fonctions celle d'intersignification des conduites. Le sujet organise son action dans un sous-système en fonction des prises que lui donne cette action pour agir dans d'autres secteurs d'activités.

A contrario, lorsqu'une activité n'est plus signifiée par les autres, elle devient insignifiante et, comme l'écrit Malrieu (1983), le sujet a le sentiment de perdre son temps. Telle est l'une des définitions possibles de l'aliénation.

Sans développer ici la notion d'aliénation, nous pouvons apporter quelques éléments. Cette notion est en effet importante pour le sujet qui nous préoccupe ici. Un exemple de ce que peut recouvrir le concept d'aliénation dans le cas de la perte d'emploi est la perte de signification des loisirs. Le sujet ne pourra plus pratiquer ses anciennes activités (pêche par exemple) car celles-ci sont devenues insignifiantes. Il a l'impression de perdre son temps. Les seules activités qu'il se permette sont des activités «utiles» (bricolage dans la maison). Ainsi, non seulement le sujet ne peut plus avoir d'activités de loisirs, mais il se sent aussi «impuissant» face à la recherche d'emploi, ne sachant quelles actions mettre en place pour parvenir à ses fins. En ce qui concerne son avenir immédiat ou à moyen terme, il est incapable d'en envisager le contenu.

Seeman (1967) distingue cinq dimensions de l'aliénation. Nous avons abordé précédemment le processus de personnalisation. Nous pouvons mettre en correspondance les dimensions de ces deux processus :

ALIÉNATION	PERSONNALISATION
– impuissance	– quête du pouvoir
– désignification	– quête du sens et/ou de la signification
– anomie	– quête d'autonomie
– étrangeté aux valeurs	– familiarisation et hiérarchisation des valeurs
– absence de devenir	– réalisation de soi

La personnalisation et l'aliénation sont en quelque sorte les deux faces constamment présentes d'un même processus, toujours en dynamique dans l'individu. Les conflits, les choix, les régulations, ... seront les processus permettant à cette dynamique de jouer son rôle.

Nous trouvons là une explication possible de la mise en place d'activités signifiantes par le groupe des «re-focalisées» dont parlent Starrin et Larsson (1987). Ces activités permettent à ces femmes de retrouver une «emprise» sur la situation, en lui redonnant une signification, autant pour elles que pour l'environnement pertinent. Ainsi, le processus de personnalisation (quête de sens, réalisation de soi) prend le «dessus» dans une part du fonctionnement du système des activités, au moment de l'étude de celui-ci. Il n'est pas sûr en effet que, si le chômage continue à durer, ces femmes arrivent à maintenir cette «emprise» sur leur réalité.

Au travers de ces cinq dimensions ressortent la représentation et l'évaluation de l'individu par lui-même, notamment dans la réalisation de soi. Une remarque de Gadbois (1975) nous semble importante à relever ici : «Les travaux les plus pertinents sont ceux dans lesquels l'aliénation est saisie non dans le système social mais dans la conscience de l'acteur, et plus encore ceux qui la conçoivent non pas simplement comme un trait de la personnalité, mais comme une médiation entre une situation et une action» (p. 121).

Nous pensons en effet que la représentation de l'individu par lui-même (qui fait partie du modèle de vie) joue une partie du rôle d'organisation des conduites que nous avons attribué à l'instance de contrôle.

De cette intersignification des activités procède leur caractère plurifonctionnel : l'emploi consiste non seulement à remplir une tâche, mais aussi à gagner sa vie, à rencontrer des collègues, à construire une identité sociale, à éviter la dépendance, à fuir l'ennui, etc. C'est en fonction de cette instance de contrôle que s'organisent les stratégies identitaires qui, selon Benoit-Guilbot et Modaï (1980) peuvent, par exemple, conduire les individus à chercher dans la vie associative une identité susceptible de compenser une identité professionnelle défaillante.

La structure de l'instance de contrôle est constituée par les valeurs du sujet, organisées d'une manière hiérarchisée, mais aussi par les systèmes cognitifs en fonction desquels il analyse la réalité et procède en particulier à des anticipations des événements à venir. Ces dimensions axiologiques et cognitives de l'instance de contrôle orientent les projets du sujet en tant que ceux-ci constituent une activité de coordination des moyens aux fins. Organisatrice des conduites, l'instance de contrôle est également organisée par les conduites, et ceci tout au long de la vie.

Le modèle de vie constitue l'instance de contrôle des échanges entre activités (ou sous-systèmes d'activités). Il est constitué par les valeurs hiérarchisées du sujet, par les représentations qu'il a de lui-même et de la structure causale de son environnement et par ses projets tels qu'ils résultent de la coordination de ses valeurs et de ses représentations.

L'un des mécanismes de la genèse de l'instance de contrôle est la personnalisation : transformation de l'instance de contrôle en tant que résultant de délibérations sur des valeurs contraires, sur des cognitions antagonistes, sur des projets incompatibles.

2.4. IMPLICATIONS DE LA PROBLÉMATIQUE DU SYSTÈME DES ACTIVITÉS

2.4.1. L'individu réagit comme un tout

La problématique du système des activités implique que l'individu répond globalement à des changements partiels, c'est-à-dire qu'à une modification d'un ou plusieurs sous-systèmes, l'individu répond au niveau du système des activités dans son ensemble. En d'autres termes, à des changements partiels, l'individu réagit comme un tout. Ceci entraîne trois implications (reprenant des remarques et définitions déjà développées) :

1) Un changement dans un sous-système peut donner lieu à un changement dans un autre sous-système.

2) Un changement dans un sous-système peut avoir pour origine un changement dans un autre sous-système.

3) Un changement des conditions de fonctionnement d'un sous-système (conditions de travail, conditions de logement, ... c'est-à-dire dans les conditions de vie) peut n'avoir aucun effet dans ce sous-système.

Par exemple : un changement des conditions de travail par déplacement du lieu de travail peut n'avoir aucun effet direct sur le domaine professionnel : pas de modification de la tâche ni du temps qui lui est consacré. Mais, par l'allongement du temps de transport, cette modification des conditions de travail entraînera par exemple une diminution du temps consacré au travail domestique ou aux enfants, la disparition (ou le déplacement) d'activités de socialité, ...

En ce qui concerne la perte d'emploi et les changements qu'elle entraîne dans les conditions de vie, il est difficile d'imaginer qu'elle puisse remplir la troisième implication : elle aura obligatoirement des répercussions sur la sphère professionnelle. Il en est de même pour la reprise d'emploi. Par contre, on voit bien que ce changement peut entraîner des changements dans d'autres sous-systèmes. Par exemple, diminution des loisirs (désignification) ou au contraire augmentation des activités sociales (ressources). Il est évident que la situation de chômage entraînera des modifications dans d'autres domaines de vie. Pour ces sous-systèmes, le changement viendra donc d'une modification dans une autre sphère d'activités (le domaine professionnel).

2.4.2. Contrôle local et global de la perturbation

À ces changements ou perturbations, nous avons vu que le sujet peut apporter plusieurs types de réponses. Les régulations possibles sont multiples au niveau des échanges entre sous-systèmes d'activités. Pour les rappeler brièvement, les régulations entre activités peuvent être :
– de type individuel : substituer une activité à une autre, la reporter dans le temps, etc.,
– de type inter-individuel : nouvelle répartition des tâches avec l'environnement pertinent.

Mais d'autres types de régulations, incluant celles déjà énoncées, sont possibles. Ainsi, nous pouvons distinguer trois formes de régulations au niveau du système global :

1) *Modification ou défense du modèle de vie*
Par exemple, un sujet retrouve un emploi, mais à 100 km de son lieu d'habitation. S'il accepte cet emploi, cela va entraîner un temps de déplacement important pour se rendre sur son lieu de travail (dans le cas où il n'envisage pas de déménager). Il disposera alors de moins de temps pour sa famille, ses enfants, pour ses activités de socialité, ... alors qu'il valorise fortement ces sphères d'activités.
À ceci, l'individu répondra :

– soit par la modification de la valorisation des sous-systèmes (donc par une modification du modèle de vie) : il est plus important d'avoir un emploi, même si cela nécessite des concessions au niveau des autres sous-systèmes. La modification du modèle de vie aura donc une influence sur le système d'activités (et inversement),
– soit par la défense de la valorisation antérieure, c'est-à-dire par le refus de l'emploi, en comptant en trouver un autre sur place. Il est plus important de privilégier la famille et les loisirs, l'emploi n'est pas tout dans la vie (défense du modèle de vie).

2) *Mobilité ou défense des positions*
C'est-à-dire mobilité ou défense des rôles. Par exemple : un chômeur trouve un emploi mais celui-ci requiert qu'il accepte une qualification et un revenu plus bas. Cela nécessite une modification de l'identité sociale et/ou personnelle, mais aussi des conditions de vie. À cela, l'individu répondra soit par un refus de mobilité, considérant les concessions trop importantes, soit il « acceptera » le changement.

3) *Justification ou visée de transformation des systèmes*
Le sujet, pour justifier son modèle de vie et son système d'activités, ou, au contraire, par volonté de changement, se tournera vers les systèmes qui l'entourent. Autant la justification que la volonté de transformation pourra entraîner le sujet, par exemple, à participer à des actions militantes au sein d'un syndicat ou d'un parti. L'individu pourra considérer que le chômage, c'est l'affaire de l'état (il aura une représentation du fonctionnement social qui correspond à la catégorie « la société fonctionnelle, le chômage fléau » dont parle Galland et Louis, 1981). Nous voyons que, là aussi, cette régulation aura une influence sur le système d'activités du sujet, ainsi que sur son modèle de vie.

La figure suivante (n° 203) résume ces trois formes de régulation. Elle nous permet de replacer le système des activités dans la chaîne des autres systèmes qui l'entourent et de voir que les modifications et les régulations dépendent et agissent sur le fonctionnement et la transformation du système des activités.

Cette figure fait apparaître les différents niveaux d'analyse qui sont intimement liés : un changement au niveau idéologique (système social, économique, culturel, ...) pourra avoir des retombées :
– sur le modèle de vie du sujet (sur les représentations qu'il a de la société, mais aussi de lui-même : sur son identité sociale, sur la valorisation des différentes sphères, ...);
– sur l'organisation de son système d'activités (temps consacré à chaque sous-système, présence ou absence de certaines activités);

LA PROBLÉMATIQUE DU SYSTÈME DES ACTIVITÉS 131

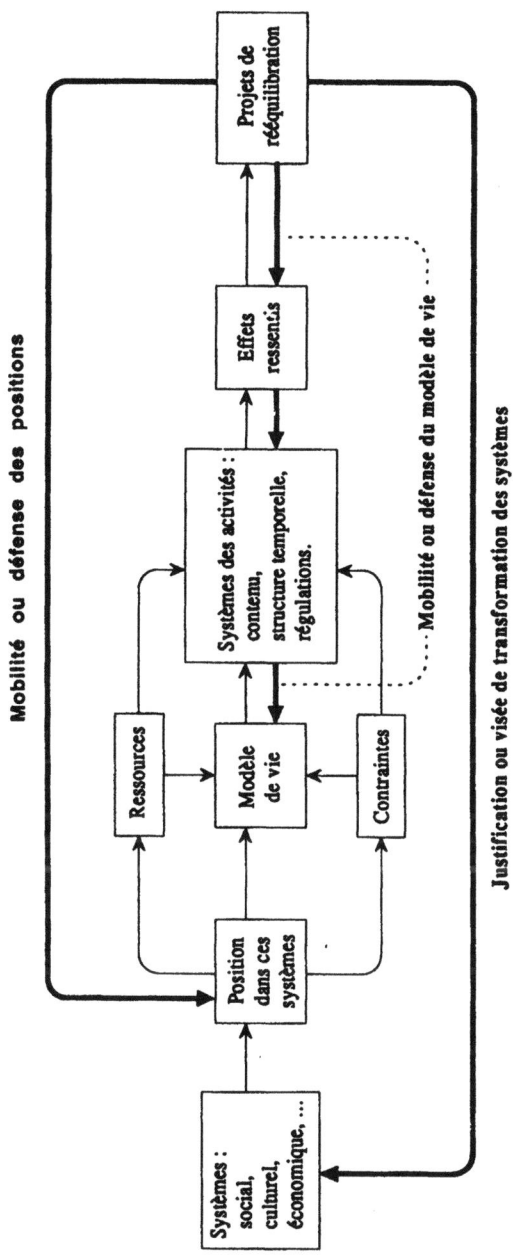

Figure 203 — Les régulations possibles au niveau du système global
(Curie et Hajjar, 1987, p. 38).

– mais aussi sur son genre de vie et sur la vision subjective qu'il en aura.

Nous pouvons conclure que :
– Le rapport de l'individu à l'un de ses milieux de vie doit être replacé dans l'ensemble du système de ses activités. L'action de l'un des milieux de vie sur l'individu est relative à l'ensemble du système.
– La régulation du système des activités consiste pour l'individu à évaluer, en dialogue avec autrui, ses conduites effectuées dans des milieux différents : c'est une activité de la personne.
– La personnalisation — ou transformation de la personnalité — résultant d'une délibération sur des valeurs contraires expérimentées (y compris sur un mode affectif) procède et de l'accueil de ces valeurs contraires et des tentatives pour réaliser en soi une nouvelle structure qui unifie des engagements divergents.
– Les activités de personnalisation peuvent viser à harmoniser les contraintes et les ressources relatives aux structures des divers milieux qui se recoupent dans l'individu (interstructuration). Elles sont donc effets-causes de changements sociaux.

2.5. OPÉRATIONNALISATION DE LA PROBLÉMATIQUE DU SYSTÈME DES ACTIVITÉS

Nous présentons ici deux types d'opérationnalisation du modèle du système des activités. Présentées ainsi, le lecteur peut avoir l'impression de deux éléments séparés. Bien entendu, ce n'est pas le cas. Ces deux types d'opérationnalisation se succèdent dans le temps : ce sont les résultats des études menées à l'aide de la première qui ont permis la constitution de la seconde. Elles sont donc intimement liées.

La recherche longitudinale exposée dans la partie suivante utilise la première opérationnalisation présentée ci-dessus. Nous illustrerons les résultats obtenus avec le deuxième type d'opérationnalisation par l'intermédiaire de quelques études succinctement relatées (voir la conclusion de ce livre).

2.5.1. Première opérationnalisation

Nous venons de voir comment la problématique du système des activités prend en compte l'interdépendance et l'intersignification des conduites. Une représentation possible de la problématique du système des activités est présentée ci-après (figure n° 204).

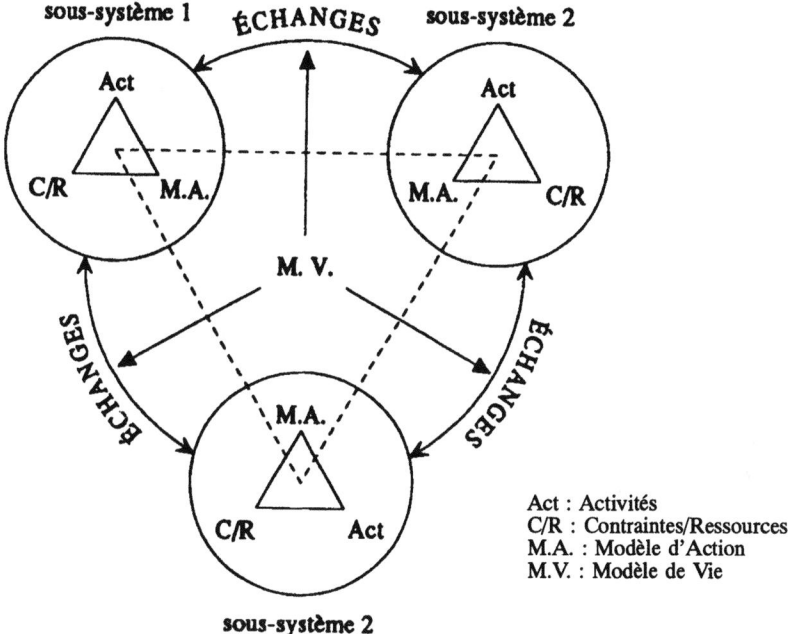

Figure 204 — Schéma du système des activités
(Hajjar, Baubion-Broye et Curie, 1988, p. 128).

Sur ce schéma, les sous-systèmes d'activités sont présentés comme ayant des tailles égales. Or, dans la réalité, ce n'est pas le cas. Chaque domaine de vie occupe, dans la réalité subjective de chaque individu, une «place», un «espace» différent.

Mais cette «occupation différentielle» est difficile à figurer graphiquement car elle est fonction du point de vue considéré. Prenons quelques exemples :
– Si nous prenons en considération le temps réel occupé par chaque sous-système :
  - pour un homme salarié, le domaine professionnel et le domaine de délassement (sommeil, récupération, ...) peuvent occuper le même espace, alors que les autres sphères (familiale, sociabilité, ...) occuperont des espaces moins importants (et d'inégale «grandeur»);
  - pour une mère de famille au foyer, cette représentation en temps réel consacré à chaque activité sera toute autre.
– Si, par contre, nous voulons représenter ce système en prenant en compte la valorisation respective de chaque sous-système pour un

même individu, la représentation ne sera certainement pas la même que celle précédemment obtenue.

Aussi simplifiée soit-elle, la représentation de cette problématique souligne qu'elle se centre sur l'étude des interrelations entre les sous-systèmes d'activités et sur l'analyse des processus de coordination et de réorganisation de ces activités dans un univers de contraintes et de ressources que bouleverse un changement : la perte d'emploi.

Cette représentation met en avant des points essentiels de cette problématique, à savoir :

– l'autonomie relative de chaque sous-système, qui peut fonctionner «indépendamment», avec ses contraintes et ses ressources et son modèle d'action propre ;
– les échanges entre sous-systèmes qui impliquent l'interdépendance ;
– le rôle central de l'instance de contrôle.

La problématique du système des activités peut être opérationnalisée de façon précise, en terme des variables qui peuvent être prises en compte (figure n° 205).

Quatre niveaux de variables sont ainsi distingués :
Niveau 1 : paramètres relatifs aux conditions de vie,
Niveau 2 : variables explicatives (psychologiques et psychosociologiques) des relations entre 1 et 3,
Niveau 3 : activités intra et inter-systémiques,
Niveau 4 : durée du chômage.

Pour répondre à la question des conditions de la sortie du chômage, il est nécessaire d'envisager ces quatre niveaux :

– Les conditions de vie sont-elles directement liées à la vitesse de sortie du chômage (niveau 1) ?
– Les niveaux d'activités sont-ils différents en fonction de la vitesse de sortie ? Ces différences apparaissent-elles dès le début du chômage ou seulement au moment précédant la sortie (niveau 3 et 4) ?
– Comment peut-on expliquer les niveaux d'activités observés, et surtout les différences d'évolution en fonction de la durée du chômage (niveau 2 et 4) ?

Nous verrons comment nous répondons à ces questions dans la troisième partie. Auparavant, nous voudrions présenter ici le protocole I.S.A (Inventaire du Système des Activités), qui est l'instrument actuellement utilisé pour opérationnaliser le modèle théorique présenté ci-dessus.

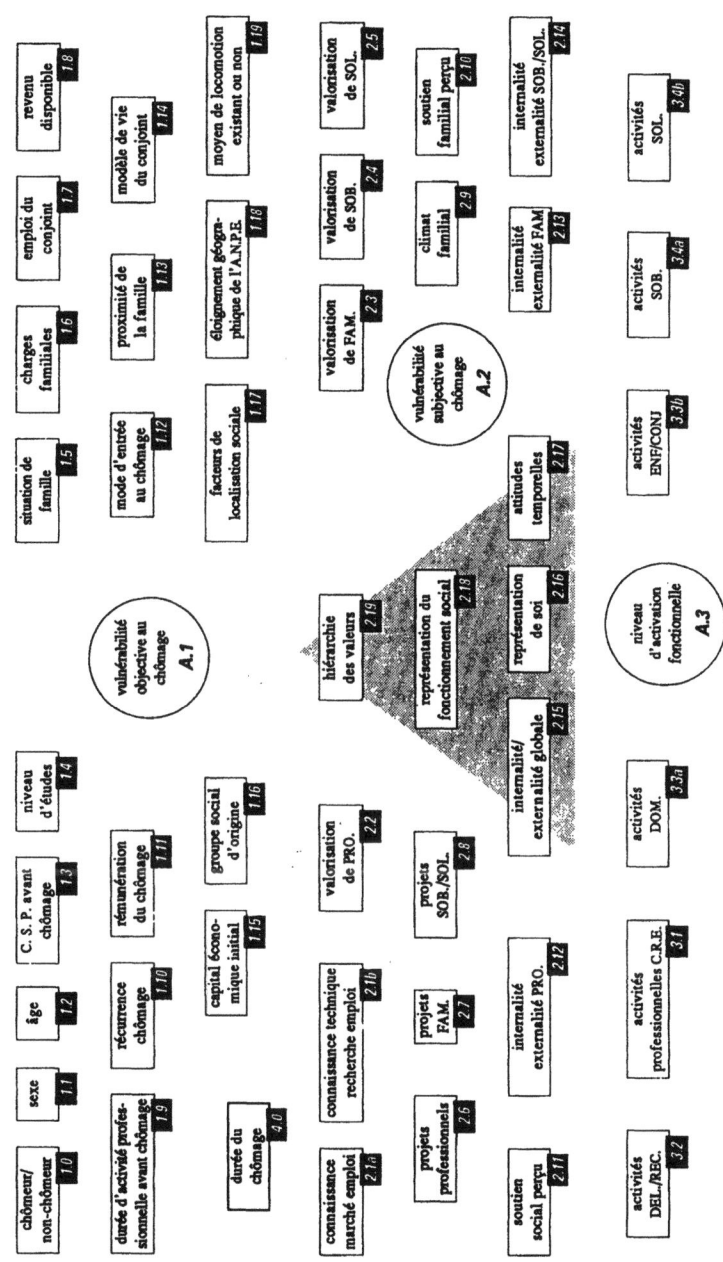

Figure 205 — Une opérationnalisation du système des activités.

2.5.2. Deuxième opérationnalisation : l'Inventaire du Système des Activités (I.S.A)

L'Inventaire du Système des Activités (I.S.A) est un instrument de description de la structure et du fonctionnement du système des activités (Curie, Hajjar, Marquié et Roques, 1990b).

Plusieurs versions de ce protocole existent, différents suivant la population ciblée. En effet, celui-ci est basé sur une liste d'activités qui varient en fonction des publics. Ainsi, les activités constitutives du domaine professionnel, familial ou social ne seront pas les mêmes par exemple pour des chômeurs, pour des jeunes ou pour des formateurs. Actuellement, cinq versions existent :

- I.S.A – Chômeurs (voir par exemple Cascino, 1992);
- I.S.A – Jeunes (voir par exemple Le Blanc, Baubion-Broye et Hajjar, 1991; Le Blanc, Cazals et Hajjar, 1992);
- I.S.A – R.M.I (voir par exemple Roques, 1992; 1993b et c; Roques et Aïssani, 1994; Roques et Gelpe, 1994);
- I.S.A – Demandeurs de formation A.F.P.A (voir par exemple Gelpe, 1992; Roques et Gelpe, 1994). Ce protocole existe en version informatisée;
- I.S.A – Formateurs (voir par exemple : Roques, 1994).

Dans ces différentes versions, la différence majeure est constituée par le libellé des activités présentes dans chaque domaine de vie. Peuvent aussi être différents le nombre de sphères présentes (trois ou quatre) et le nombre d'exercice proposés. Nous présentons ici la version RMI, qui comprend tous les exercices présents dans le protocole de base (7 exercices ; les consignes et la liste des activités des quatre domaines de vie sont présentés en annexe 1).

Ce protocole est constitué de la façon suivante : quatre domaines sont envisagés : familial, professionnel, personnel et social, chacun comprenant 20 items décrivant une activité sous forme d'un objectif (à entretenir ou à réaliser). Par exemple :

- familial : avoir un enfant (ou un enfant de plus), bien gérer mon budget ou celui du couple
- professionnel : suivre un stage ou une formation, lire régulièrement les offres d'emploi dans les journaux
- personnel : faire quelque chose pour ma santé, faire des activités manuelles

– social : faire des rencontres, chercher à me faire des amis, être ou devenir membre d'une association, d'un club.

La liste des 80 items a été construite sur la base d'entretiens préalables.

7 exercices sont réalisés successivement à l'aide de ces items (pour le détail, voir en annexe 1).

1) **aspirations** : le sujet, pour chaque domaine, dit quels sont les items qu'il juge très importants, moyennement importants, peu importants et ceux qui ne le concernent pas ou plus [les items jugés sans rapport étant définitivement sortis du protocole ISA du sujet, par suite le nombre d'objectifs « pertinents » (importants, peu importants) varie d'un domaine et d'un sujet à l'autre].

2) **anticipation** : pour les activités classées comme très et moyennement importantes, le sujet est invité à dire s'il pense arriver à réaliser cet objectif dans les 6 mois, d'ici 1 an ou 3 ans, s'il pense y arriver mais ne sait pas quand (incertitude), ou bien s'il doute beaucoup d'y arriver (pessimisme).

3) **possibilité subjective d'exercer un contrôle** :
internalité : le sujet est ici invité à dire si le fait de réaliser ou non ces activités dépend de lui, de sa personnalité, de sa volonté sur une échelle en 6 points :
externalité : le sujet est invité à dire si le fait de réaliser ou non ces activités dépend des circonstances, du hasard, si c'est la situation qui décide, et ceci aussi sur une échelle en 6 points.

4) **Valorisation** : les activités classées comme très, moyennement et peu importantes sont reprises, les quatre domaines de vie étant mélangés. Le sujet est invité à classer toutes ces activités en trois piles : les plus importantes, les intermédiaires, les moins importantes.

5) **Échanges** d'aides et d'obstacles : le sujet est invité à classer les fiches en 3 piles, qui seront ou non égales. En regard d'un objectif prioritaire (du domaine familial par exemple), le sujet classe les autres activités selon qu'il considère qu'elles peuvent faciliter l'atteinte de son objectif prioritaire, constituer un obstacle ou qu'elles sont sans rapport avec cet objectif. Cet exercice est renouvelé pour les objectifs prioritaires des trois autres domaines.

6) **Activités accomplies** : avec les mêmes activités utilisées dans l'exercice précédent, le sujet est invité à les répartir en deux catégories : celles qui décrivent des activités qu'il fait habituellement et celles qui décrivent des activités qu'il ne fait jamais ou qu'exceptionnellement.

7) **Jugements attributifs** : Le sujet est invité à dire pour chaque activité s'il fait (ou je ne fait pas) cette activité parce que :
− cela dépend de lui, de sa volonté, de sa personnalité (sur une échelle en 6 points)
− cela dépend des circonstances, c'est la situation qui décide (sur la même échelle).

Cette technique permet de décrire :
− pour chacun des sous-systèmes d'activités distingués (vie professionnelle, familiale, personnelle et sociale) :
a) la nature et la fréquence des activités accomplies par le sujet;
b) le modèle d'action du sujet en ce domaine :
- nature et importance des buts que s'assigne le sujet;
- fréquence des jugements auto-attributifs (internes versus externes) appliqués aux activités du sujet en chacun des trois sous-systèmes;
- fréquence des croyances du sujet en sa possibilité de contrôler (contrôlables versus non contrôlables) les déterminants de ses activités.
− pour le système global :
a) la valorisation relative des trois sous-systèmes;
b) les échanges d'aides et d'obstacles que le sujet perçoit entre les trois sous-systèmes.

D'où sont déduits :
− les soldes d'échanges entre sous-systèmes, à partir des aides et des obstacles provenant d'un sous-système vers les autres sous-systèmes et de ceux-ci vers celui-là ;
− le degré d'indépendance des sous-systèmes et donc un descripteur de l'architectonie du système des activités (segmentation versus unification).

Avant d'aborder la partie sur les résultats, nous voudrions apporter quelques précisions sur un terme que nous avons déjà employé à propos de la situation de chômage : transition.

2.6. LE CHÔMAGE COMME SITUATION DE TRANSITION PSYCHO-SOCIALE

Dans la première partie (perspective différentialiste), Brenner et Bartell (1983) soulignent que : «la perte d'emploi entraîne, en plus des pertes économiques, des perturbations et des transitions de rôles» (p. 135). La perspective génétique, quant à elle, s'attache à mettre en évidence le cycle transitionnel. Cependant, il importe de réfléchir à la signification de cette notion et de voir en quoi le chômage peut être assimilé à une transition.

L'étude de Rapoport et Rapoport (1965) concerne «l'analyse sur les points critiques des transitions de rôles majeurs (apprentissage du métier, entrée dans la vie active, changement dans la carrière, mariage, naissance des enfants)» (Gadbois, 1975, p. 138). Bien que ces auteurs ne parlent pas du chômage, leur étude permet d'approfondir la signification de cette notion. Partant d'une revue de questions concernant les recherches portant sur la vie de travail et la vie hors travail, ces deux auteurs remarquent que les relations entre ces deux sphères ont rarement été étudiées explicitement, les deux sphères ayant été traitées comme des systèmes relativement clos (nous retrouvons ici des critiques émises précédemment sur la dichotomie vie de travail/vie hors travail). Ils proposent le modèle de «l'accomplissement de tâche» (task accomplishment), montrant que les tâches implicitement présentées aux individus durant les transitions critiques de rôles sont traitées en fonction de la combinaison particulière des déterminants sociaux, personnels et culturels mobilisés par les individus concernés. Là où les transitions critiques se produisent simultanément dans les deux sphères du travail et de la famille, leur mutuelle interdépendance est mise en valeur.

Parkes (1971) parle lui de transitions psychosociales. Il souligne qu'en analysant ensembles les recherches sur le stress, les crises, les deuils (de toutes sortes), un nouveau champ conceptuel plus satisfaisant a émergé : le champ des transitions psychosociales. De telles situations sont des «plaques tournantes» pour un ajustement psychosocial par l'individu, meilleur ou pire. Elles constituent des expérimentations naturelles d'une grande importance, autant théorique que pratique. Il envisage dans son article plusieurs situations qu'il assimile à des transitions. Ces situations concernent, notamment, des situations de deuils, de crises, causées par :

– la perte d'un être aimé,
– la perte d'un membre à la suite d'une amputation,
– la perte d'un lieu de vie familier (notamment pour les personnes âgées),
– la retraite,
– la perte de l'emploi.

Il définit les transitions psychosociales comme «des changements d'ordre majeur dans l'espace de vie, qui ont des effets durables, qui se produisent dans un laps de temps relativement court et qui affectent de manière déterminante la représentation du monde» (Parkes, 1971, p. 103).

« L'espace de vie est cette partie du monde avec laquelle le moi interagit et par rapport à laquelle agit l'individu, et la représentation du monde est l'ensemble des perceptions et des conceptions du monde que se fait l'individu » (Hayes et Nutman, 1981, p. 19).

La perte d'emploi et le vécu du chômage sont bien des transitions, dans la mesure où elles impliquent un changement important dans la vie de l'individu et où, selon Parkes, il est important de considérer la façon selon laquelle l'individu affronte le changement, modifie ses représentations de soi et du monde, ses modèles idéaux. On voit donc l'intérêt que revêt la notion de transition pour qui veut étudier les répercussions du chômage et les réactions des individus.

En décrivant la perte d'emploi comme un exemple de transition psychosociale, Parkes dégage la nature de la relation entre espace de vie et représentation du monde : « La perte d'emploi prive l'individu de son lieu de travail, de la compagnie de ses camarades et de sa source de revenus. Tous ces éléments amènent, bien sûr, des changements dans son espace de vie. Quels changements correspondants affecteront sa représentation du monde ? De toute évidence, ses suppositions relatives aux sources de revenus et aux garanties de sécurité se modifieront ; de même, sa confiance en sa capacité de travailler et de gagner de l'argent changeront probablement. Sa vision du monde ne sera plus stable et sécurisante; il n'aura plus la même confiance dans l'avenir et les attentes de ses proches se modifieront; il devra sans doute revoir son mode de vie, vendre des biens et peut-être même déménager pour s'installer dans un endroit où les perspectives d'emploi sont meilleures. Ainsi, l'altération de sa représentation du monde l'obligera à aménager différemment son espace de vie, à procéder à un ensemble de changements internes et externes, destinés à améliorer l'adéquation entre lui-même et son environnement. Pour comprendre exactement les effets de la perte d'emploi, il est nécessaire de déterminer les zones de l'espace de vie et de la représentation du monde qui devront changer, suite aux premiers changements intervenus dans l'espace de vie » (Parkes, 1971, p. 103-104).

Ainsi, ces quelques lignes nous permettent de voir :
- d'une part, comment Rapoport et Rapoport envisagent eux aussi les « emprises réciproques » de la vie de travail et de la vie hors travail,

— d'autre part, l'intérêt de ces transitions de rôles majeurs, moments clefs pour l'observation et la compréhension du fonctionnement et de la transformation des conduites des individus.

La problématique du système des activités est particulièrement bien adaptée à l'étude de transitions psychosociales. En effet, ces périodes correspondent à des situations où existent des changements ou des discontinuités entre des prescriptions, des valeurs, des codes qui règlent les sous-systèmes sociaux auxquels participent simultanément ou successivement les individus. Ces ruptures créent chez les individus des déséquilibres et appellent des réorganisations de leurs systèmes internes organisateurs des conduites; ces réorganisations qui s'opèrent sur le mode de la personnalisation lorsqu'elles résultent d'une délibération sur des valeurs contraires, d'une confrontation intérieure de systèmes différents d'analyse de la réalité, d'une tentative de rendre compatible des projets opposés, bref, lorsqu'elles constituent une activité de la personne, orientent les réactions des individus aux changements sociaux vécus et viennent accélérer, ralentir ou dévier le cours de ces changements.

Ces situations de transition impliquent une modification des contraintes et des ressources d'un ou de plusieurs sous-systèmes d'activités. Cette modification entraîne une perturbation des échanges entre sous-systèmes et la mobilisation de processus de régulation du système global des activités. Cette mobilisation peut s'effectuer selon la logique reproductive de l'instance de contrôle, c'est-à-dire du modèle de vie installé. Mais elle peut exiger aussi des choix de valeurs, des remaniements du système d'appréhension de la réalité, des réorganisations de projets, c'est-à-dire une activité de la personne. L'individu, parce qu'il est sujet, hésite, résiste, soupèse, invente, prend position par rapport aux contradictions vécues du fait de ses sous-systèmes de vie dont il ne parvient plus à assurer l'intersignification.

Autrement dit, l'étude du fonctionnement du système des activités permettra d'analyser les deux points suivants :

1) Le chômage constitue bien une discontinuité entre les prescriptions, les valeurs et les codes qui règlent les sous-systèmes sociaux auxquels participe l'individu. Nous avons vu la place de l'emploi et ses fonctions dans la vie de l'individu, d'après Jahoda (1979a). Et même si on ne s'appuie pas sur ces fonctions latentes de l'emploi, il est évident que le chômage touche un rôle essentiel de nos sociétés.

2) Nous pensons que la modification de ce statut va «diffuser» dans les autres sphères et c'est l'analyse des échanges entre les sous-systèmes qui permettra de saisir ce processus de «diffusion». «On peut déduire qu'un

statut social donné n'implique pas uniquement un rôle isolé, mais tout un ensemble de rôles contigus dont les effets peuvent dépasser les limites de l'aire dont dépend le statut» (Hayes et Nutman, 1981, p. 117).

Mais cette problématique nous permettra d'analyser aussi la transformation du système avec la durée de la perturbation. En effet, avec la durée du chômage, nous pensons que l'individu va être amené à transformer son système des activités, ses valeurs, représentations, ... «Les attitudes devant le travail et devant le chômage ne sont pas statiques, mais peuvent évoluer avec le temps [...] À mesure que le chômage se prolonge, la nécessité s'impose de réduire la dissonance en modifiant ses attitudes devant le travail et le chômage» (Hayes et Nutman, 1981, p. 84).

Chapitre 3
Résumé et conclusion

3.1. RÉSUMÉ

La théorie du système des activités proposée par Curie *et al.* (Hajjar et Curie, 1985; Curie et Hajjar, 1987; Curie *et al.*, 1990b) vise à rendre compte de cette réalité complexe où interagissent le déterminisme social externe des conduites et le déterminisme interne et personnel.

Nous résumons ici cette théorie selon trois propositions :

1) Nos conduites forment systèmes parce que les ressources qu'elles utilisent, limitées en temps et en énergie, ne sont plus disponibles pour le développement des autres; chaque conduite constitue à ce titre une contrainte pour les autres. Et complémentairement, chaque activité est susceptible de procurer aux autres des ressources matérielles et informatives qui sont nécessaires à leur accomplissement.
Ces ressources et ces contraintes — entrées du système — constituent un déterminisme externe du système des activités.

2) Ce système, comme tout système, est régulé. Disposant de ressources finies à un instant t, tout accroissement des contraintes ou tout changement en un point donné du système doit mobiliser des régulations.
Ces régulations constituent un déterminisme systémique des activités.

3) La combinaison des différentes formes possibles de ces régulations dépend en partie d'une instance centrale de contrôle — appelée modèle

de vie. Celle-ci est constituée par les valeurs hiérarchisées du sujet, par les représentations qu'il a de lui-même et de la structure causale de son environnement et par ses projets tels qu'ils résultent de la coordination de ses valeurs et de ses représentations.

Cet arbitrage entre ressources et contraintes, sous la dépendance du modèle de vie, constitue un déterminisme interne.

Ainsi, sous cette thématique, on considère que le système d'activités est composé :

– d'une pluralité de sous-systèmes (professionnel, familial, de sociabilité, ...), chacun de ces sous-système est caractérisé par des contraintes et des ressources, des activités et un modèle d'action qui définit à un instant donné les relations entre les moyens que le sujet met en œuvre et les objectifs qu'il projette d'atteindre dans ce sous-système;

– d'un réseau d'échanges énergétiques, informationnels et motivationnels entre ces sous-systèmes;

– d'une instance centrale (ou modèle de vie) qui contrôle les échanges entre sous-systèmes (activation ou inhibition) et traite de la compatibilité entre les modèles d'action.

Autrement dit, Il existe une *autonomie relative* des sous-systèmes d'activités des individus, dans la mesure où chacun d'eux se définit par des objectifs, des moyens, des modalités de régulation qui lui sont propres. Mais ces sous-systèmes sont aussi *interdépendants* : entre eux s'effectuent des échanges et des transferts informationnels, cognitifs, motivationnels, matériels. De la sorte, les ressources ou les contraintes des uns peuvent devenir des aides — ou des obstacles — dans la dynamique ou l'inhibition des autres. Cependant, ces échanges et ces transferts ne sont pas mécaniques. Ils ne sont pas commandés seulement par les caractéristiques personnelles des sujets ni par celles des situations «extérieures». Ils adviennent et se modulent au travers des significations que les sujets prêtent, entre autres, aux activités qu'ils produisent (ou projettent) dans l'un ou dans la pluralité de leurs domaines de vie.

Nous considérons que tant la nature des faits «signifiés» par le sujet comme posant problème, que la façon dont il tente de les résoudre, nécessitent, pour être objectivées, de prendre en compte les relations entre les différents domaines de vie du sujet, ceux-ci étant considérés comme formant un système (le «Système des Activités»).

Pour résumer, nous pouvons dire que la thématique du système des activités a pour originalités :

- de s'écarter des travaux (courants en psychologie et en sociologie) qui examinent de manière segmentée soit différents processus (motivationnels, affectifs ou cognitifs, ...) à l'origine d'une conduite, soit un ensemble de conduites considérées a priori comme relevant de domaines séparés (la famille, la profession, les sociabilités amicales et associatives, ...);
- de récuser l'idée que les liens entre conduites de domaines ou de sous-systèmes distincts sont d'influences mécaniques;
- de combiner une approche systémique qui saisit les principes du fonctionnement du système des activités et une approche génétique qui s'attache à analyser les processus de structuration de ces systèmes d'activités;
- de mettre en relief, à l'inverse, l'existence de relations d'interdépendance entre processus d'une conduites et/ou entre «séries» de conduites différentes; de montrer que ces relations sont interconstruites.

3.2. CONCLUSION

La première partie de ce travail, consacré à l'étude des effets psychologiques du chômage, a permis de montrer que les recherches actuelles, d'une façon générale :
- n'incluent pas, de façon précise, la sphère professionnelle dans l'étude des effets du chômage;
- opèrent une segmentation entre les différentes activités des sujets, considérant, implicitement du moins, que ces activités sont indépendantes les unes des autres.

Ces limites semblent provenir du fait que les études se sont attachées à montrer les *effets* du chômage sur l'individu et non les *réactions* des sujets à cette situation (malgré quelques exceptions : Fryer et Payne, 1984; Liem, 1988).

La problématique du système des activités oriente la recherche de réponses à ces insuffisances. Elles posent que les activités ne dépendent ni seulement des données et caractéristiques de la situation, ni seulement des caractéristiques individuelles. Ces activités se forment (dans l'ontogenèse) et se déploient (tout au long de la vie de l'individu) dans des réseaux qui les rendent interdépendantes. Elles sont des «constructions» de sujets actifs. La problématique du système des activités considère le sujet comme actif dans la réponse qu'il donne à son environnement, celle-ci dépendant de l'interdépendance et de l'intersignification des conduites.

Ainsi, l'activité dans un domaine de vie consiste dans la mise en jeu de ressources et l'atténuation de contraintes issues d'autres domaines. D'où des liens d'échanges qui sont organisateurs du système total, par l'intermédiaire de sous-systèmes connectés par ces échanges.

Quand se produisent des changements profonds brusques (les transitions psychosociales, Parkes, 1971) dans l'espace de vie et les activités antérieures du sujet, les liens inter-sous-systémiques et les activités propres à un sous-système se réorganisent. Ce sont les processus de restructuration des liens entre sous-systèmes et des activités de chaque sous-système que permet d'analyser la problématique du système des activités et qui nous permettront de répondre à la question des conditions psychosociales de la vitesse de sortie du chômage.

Nous faisons l'hypothèse que la vitesse de sortie du chômage est le produit du fonctionnement du système des activités dans son ensemble.

Le fait de trouver un emploi ne dépendra pas exclusivement du fonctionnement d'un sous-système particulier, que celui-ci soit le domaine professionnel ou un des domaines extra-professionnels. C'est par la mise en relation des divers sous-systèmes d'activités que l'individu arrive à faire face à la situation, et notamment au travers d'activités «sociales».

Plus précisément, nous faisons l'hypothèse que, pour les sujets qui sortent le plus rapidement du chômage, il existera une relation entre deux, voire trois sous-systèmes d'activités, ces échanges leur permettant de puiser des ressources (identitaires, informationnelles, ...) utilisables pour faire face à la situation.

A l'opposé, les individus qui sont au chômage pour de longues durées ne trouveront pas, dans les domaines extra-professionnels, des ressources disponibles pour le fonctionnement du sous-système professionnel. Les relations entre les sous-systèmes seront inhibées, les amenant à vivre la situation comme aliénante (désignification des activités, apathie, ...).

TROISIÈME PARTIE

VITESSE DE SORTIE DU CHÔMAGE ET RÉORGANISATION DU SYSTÈME DES ACTIVITÉS

Introduction

Comme nous l'avons indiqué en introduisant ce livre, notre objectif est d'expliquer l'existence, dans des conditions économiques données, de grandes différences inter-individuelles dans la vitesse de sortie du chômage. Certains retrouvent un emploi rapidement, d'autres plus lentement, d'autres enfin jamais. Notre hypothèse générale, formulée à la suite de notre revue de question et de la présentation de la problématique du système des activités, est que cette différence inter-individuelle doit s'expliquer non seulement par des caractéristiques propres à la sphère des comportements professionnels, mais plus généralement par la manière dont ces individus relient l'ensemble de leurs domaines de vie, c'est-à-dire par le fonctionnement de leur système des activités, celui-ci exprimant une réaction globale du sujet aux effets de la perte d'emploi.

Afin de tester cette hypothèse, une méthodologie longitudinale a été utilisée, permettant d'obtenir trois sous-groupes qui sortent plus ou moins rapidement du chômage :

Cette répétition des observations nous a permis de constater une partition dans notre population initiale :

– un sous-groupe A sort du chômage au bout de 7 mois et n'y revient pas dans l'année qui suit;

– un sous-groupe B sort du chômage au bout de 11 mois et n'y revient pas dans les 8 mois qui suivent;

— un sous-groupe C est constitué de sujets qui restent continûment au chômage pendant les 19 mois de l'observation.

Notre recherche consistera à nous demander ce qui différencie les sous-groupes A, B et C.

Le premier chapitre présentera succinctement le dispositif de recherche qui a permis la constitution de ces trois sous-groupes.

Nous aborderons ensuite successivement les questions suivantes :

1) L'étude de la sphère professionnelle permet-elle d'expliquer la différence de vitesse de sortie du chômage ? (chapitre 2) ;

2) Les domaines extra-professionnels sont-ils en relation avec la vitesse de sortie du chômage ? (chapitre 3) ;

3) Le fonctionnement du système des activités dans son ensemble permet-il d'accéder à une compréhension plus complète de la vitesse de sortie du chômage ? (chapitre 4).

Le chapitre 5 proposera un résumé des différents résultats présentés.

Enfin, le chapitre 6 présentera succinctement les résultats concernant la perception de l'individu par lui-même.

La conclusion apportera une réponse à la question centrale de ce livre : quels sont les facteurs qui facilitent (ou au contraire gênent) la sortie du chômage ?

Chapitre 1
Dispositif de recherche

1.1. CONSTITUTION DE TROIS SOUS-GROUPES

Nous allons présenter brièvement dans ce chapitre la méthodologie utilisée pour constituer trois sous-groupe ayant des vitesses de sortie du chômage différentes.

1.1.1. Critères d'échantillonnage

Notre objectif était de cibler au mieux la population à étudier. Mais comme nous l'avons vu précédemment en évoquant les limites des études de type différentialiste, la constitution d'échantillons très ciblés comporte de nombreuses difficultés. Nous avons donc conservé «seulement» cinq critères d'échantillonnage qui sont les suivants :

1) *Hommes*
Nous avons vu que la variable sexe fait varier les effets du chômage, que les hommes et les femmes ne présentent pas toujours des réactions semblables, même si les données semblent encore insuffisamment précises pour expliquer correctement ces différences.
Il n'en demeure pas moins que, d'après nous, et compte tenu de la problématique du système des activités, le chômage des hommes et des femmes ne peut être ramené à une seule situation. Nous avons donc choisi de nous intéresser au chômage des hommes.

2) *Mariés ou vivant en concubinage*
Ce critère a été choisi afin d'annuler les différences pouvant provenir de la diversité des situations familiales. De plus, comme nous n'avons pas recueilli de données sur ce domaine, que ce soit au niveau des activités réalisées ou de la valorisation, le fait de prendre des personnes ayant toutes la même situation nous permet de maîtriser ces variations possibles.

3) *De nationalité française*
Sans développer ici, et surtout dans le cadre social actuel, il est bien évident qu'être immigré pose des problèmes qui s'ajoutent à ceux du chômage (ce que nous avons vu dans notre précédent travail sur les chômeurs immigrés; Roques, 1985).

4) *Inscrits à l'A.N.P.E. de Cahors (Lot)*
Nous avons déjà vu que, comme le relève Kelvin et Jarret (1985, p. 14), il existe des différences de réaction au chômage en fonction du milieu géographique, que ce soit au niveau des pays ou des régions. Nous avons donc choisi de restreindre notre investigation à un département : le Lot.

5) *Au chômage depuis moins de trois mois lors de la première observation*
Nous voulions en effet que les personnes interrogées se trouvent au début de leur chômage. Il est bien évident qu'il n'est pas possible de mesurer l'effet de la perturbation lorsqu'elle apparaît (des mesures avant que l'individu sache qu'il va être au chômage ne sont pas possibles, ne serait-ce que d'un point de vue éthique). Mais il est possible d'essayer de saisir ces effets le plus rapidement possible, tout en sachant que les réactions initiales (période de choc?) se sont déjà produites.

Bien que ce ne soit pas un critère d'échantillonnage défini au départ, il est à noter que les sujets ayant répondu au questionnaire ont tous eu au moins un emploi salarié avant la période de chômage actuel.

Avant de voir comment ont été définis les sous-groupes A, B et C, nous allons aborder plus précisément le cinquième critère d'échantillonnage (durée du chômage) et les différents temps d'observations.

1.1.2. Évaluation de la durée du chômage

Concernant le critère — durée du chômage de moins de trois mois à la première observation — une remarque s'impose : l'évaluation de la durée du chômage au moment de la première observation peut s'effectuer à partir de deux indicateurs :

1) soit la date d'entrée au chômage telle que déterminée par l'A.N.P.E.,

2) soit la date déclarée par les chômeurs eux-mêmes.

Or, nous avons constaté que ces deux dates ne se recouvraient pas obligatoirement et qu'il pouvait même y avoir des différences très importantes, la deuxième date étant antérieure à la première.

Ceci s'explique par le fait que l'A.N.P.E., en fonction de critères administratifs, ne considère pas comme chômeur par exemple des sujets qui effectuent des stages ou qui ont un emploi à durée déterminée (2 à 3 mois). Or, pour certains individus, ces brèves périodes «d'emploi» qui précédent l'inscription ou la réinscription à l'A.N.P.E., n'entrent pas en compte dans l'évaluation de leur propre durée du chômage.

Prenons un exemple : un individu, officiellement au chômage depuis 2 mois, a été licencié trois ans auparavant. Depuis, il ne retrouve que de brefs emplois. Lorsque nous lui demandons depuis quand il est au chômage, il répond : depuis trois ans. Et, dans sa réalité personnelle, c'est bien cette durée qui est considérée.

Lorsqu'on veut étudier les réactions des individus à la perturbation, c'est-à-dire les réorganisations que cela va entraîner pour lui, on s'intéresse à la réalité subjective de l'individu ou, comme nous l'avons vu précédemment, à la façon dont le sujet signifie son environnement. Il nous a donc paru plus pertinent, compte tenu de notre objet de recherche, d'évaluer la durée du chômage à partir de la date annoncée par le chômeur.

1.1.3. Les différents temps d'observation

Nous avons choisi de procéder à des observations distantes de trois mois. Cette durée a été choisie en fonction de deux critères :

1) Nous voulions pouvoir disposer, pour l'analyse, d'un nombre assez important d'observations. Compte tenu du temps qui nous était imparti pour ce recueil de données (qui a duré deux ans), cette distance de trois mois nous a permis de réaliser cinq observations au total, sur une durée de 19 mois maximum de chômage.

2) D'autres études, transversales pour la plupart, prenant des durées de chômage très espacées, occultaient, nous semble-t-il, certaines phases d'évolution.

C'est ce que nous avons constaté par ailleurs dans notre étude (Roques, Cascino et Marquié, 1989), où nous avons comparé notre échantillon (population A) à une autre population (B), pour laquelle les trois observations se situaient à 0-4 mois, 10-15 mois et 24-30 mois de chômage.

Nous notions alors que «l'absence de coïncidence des moments où sont observés les deux populations A et B peut masquer des ressemblances d'évolutions en raison de la rapidité de succession des phases d'évolution» (p. 57).

Ainsi, les cinq moments d'observation effectués correspondent aux temps de chômage suivants :
- première observation : T1 : de 0 à 3 mois de chômage,
- deuxième observation : T2 : de 4 à 7 mois de chômage,
- troisième observation : T3 : de 8 à 11 mois de chômage,
- quatrième observation : T4 : de 12 à 15 mois de chômage,
- cinquième observation : T5 : de 16 à 19 mois de chômage.

1.1.4. Constitution des trois sous-groupes

L'objectif du recueil de données était d'obtenir des groupes ayant des vitesses de sortie du chômage différentes. Nous avons donc procédé à un recueil de données assez large, de façon à pouvoir extraire des groupes ayant des effectifs assez importants et représentatifs de différents niveaux de la variable à expliquer.

Deux techniques de recueil de données ont été utilisées : questionnaires et entretiens (sur lesquelles nous reviendrons). Nous présentons ici les différentes étapes du recueil par questionnaire.

Pour le premier temps d'observation, nous avons envoyé au total 447 questionnaires.

Les phénomènes bien connus de non réponse initiale, d'arrêt de réponse au cours de l'étude, de personnes étant dans des situations particulières (handicap, ...) nous amènent à la distribution d'effectifs suivants (tableau n° 301) :

Tableau 301 — Nombre d'envois et de retours par temps d'observation (compte tenu de la durée du chômage ANPE).

	T1	T2	T3	T4	T5	TOTAL
envois	447	234	151	120	98	1050
retours	234	154	122	98	85	693
% de retours	52 %	66 %	81 %	82 %	87 %	66 %

Le redressement de la durée «réelle» du chômage (durée du chômage A.N.P.E./chômeurs) et l'élimination de protocoles mal remplis ou peu fiables permettent d'obtenir les effectifs suivants (tableau n° 302) :

Tableau 302 — Effectifs de la population initiale par temps d'observation (compte tenu de la durée de chômage donnée par les chômeurs).

	T1	T2	T3	T4	T5	> à T5	TOTAL
effectifs	181	127	110	95	85	96	691

Il faut noter que, sur ce tableau, la durée du chômage exprimée sous «> à T5» va de 20 mois (1 an 8 mois) à 8 ans 3 mois.

Cependant, les sujets que nous avons suivis ne sont pas tous restés au chômage durant 19 mois. Dans le questionnaire, à partir de la deuxième observation, était inclue une partie sur l'emploi, de façon à ce que les personnes qui avaient retrouvé un emploi puissent continuer à répondre si elles le désiraient.

Nous avons donc, dans ces effectifs, des personnes qui sont au chômage (C) ou qui ont retrouvé un emploi (E).

Il nous fallait extraire de cette population initiale :
- des sujets qui étaient au chômage pendant au moins deux temps d'observation, afin de pouvoir analyser la réponse initiale (T1) et la transformation du fonctionnement du système des activités entre T1 et T2 ;
- des sous-groupes qui étaient sortis du chômage à des temps d'observations différents et qui ne s'étaient pas retrouvés dans une situation de chômage par la suite (élimination des sujets ayant retrouvé des emplois à durée déterminée).

Les différents patrons de réponses possibles sont donc :
1) C/C
2) C/C/C
3) C/C/C/C
4) C/C/C/C/C

Ces patrons de réponses sont suivis d'une période d'emploi (sauf pour le quatrième patron, puisque nous ne disposons que de cinq observations).

Le troisième étant peu représenté (3 sujets), il nous restait donc trois patrons de réponses, qui constituent trois sous-groupes différents, dont les effectifs sont présentés dans le tableau suivant (tableau n° 303).

Nous avons donc obtenu trois sous-groupes représentatifs de trois niveaux de la variable à expliquer : la vitesse de sortie du chômage. Il va s'agir de voir ce qui différencie les trois sous-groupes et comment nous pouvons expliquer leur vitesse de sortie différente.

Tableau 303 — **Distribution des effectifs par sous-groupe et par temps d'observation.**

groupes	durée du chômage	T1 0-3 mois	T2 4-7 mois	T3 8-11 mois	T4 12-15 mois	T5 16-19 mois
Sous-groupe A (2 temps d'observation)		26	26			
Sous-groupe B (3 temps d'observation)		12	12	12		
Sous-groupe C (5 temps d'observation)		19	19	19	19	19
Effectifs par temps d'observation		57	57	31	19	19

Nous allons auparavant aborder les deux techniques de recueil de données, en détaillant le recueil par entretien, les indicateurs choisis et les traitements réalisés.

1.2. TECHNIQUES DE RECUEIL DE DONNÉES

Deux méthodes de recueil de données ont été utilisées :

1) un recueil par questionnaire envoyé par la poste,

2) un recueil par entretien semi-directif.

Le recueil par questionnaire

Nous avons présenté ci-dessus les effectifs des trois sous-groupes issus du recueil par questionnaire. C'est sur celui-ci que reposera l'essentiel des résultats exposés ci-après.

Chaque nouveau questionnaire était envoyé trois mois après la date de retour du questionnaire précédent, afin de conserver une durée d'au moins trois mois entre deux temps d'observation.

Le recueil par entretien

Les entretiens ont commencé antérieurement au premier envoi du questionnaire. Le fil directeur des entretiens était constitué par le questionnaire. Ceci pour deux raisons :

1) Ce sont ces premiers entretiens qui nous ont permis d'affiner notre questionnaire, de reformuler certaines questions, de choisir les adjectifs pour l'estime de soi, etc.

2) Nous voulions obtenir des résultats comparables entre les deux méthodes de recueil de données, de façon à ce que l'une (les entretiens) puisse constituer l'illustration de l'autre (les questionnaires).

Cependant, lors des entretiens (enregistrés), nous avons pris soin de demander aux sujets d'expliciter leurs réponses, de façon à obtenir une compréhension plus fine. Il est bien entendu que les critères d'échantillonnage et les temps d'observations sont les mêmes dans les deux cas.

Pour réaliser 30 entretiens pour le premier temps d'observation, une centaine de personnes a été contactée par téléphone.

Nous voudrions ici faire une remarque, qui est aussi valable pour les questionnaires.

Une des personnes contactées par téléphone, après avoir refusé de participer à la recherche, nous a expliqué, fort gentiment du reste : «je ne veux pas en parler. Il faut que vous compreniez. C'est comme une maladie intense. Je me sens traumatisé. J'ai perdu mon équilibre. Je veux retrouver un emploi et oublier cela très vite, gommer cette période de ma vie».

Cet exemple pour illustrer le fait qu'une «sélection» s'opère, sans que nous puissions la contrôler, dans la constitution des échantillons. Ceux-ci peuvent, en effet, être constitués des personnes qui sont «capables» (parce que la perturbation est ressentie différemment?) d'en parler ou de l'évoquer pour répondre à des questions.

Nous pourrions citer d'autres exemples, tant de lettres qu'ont envoyées des personnes qui avaient reçu le questionnaire et ne voulaient pas y répondre, que de personnes contactées par téléphone, qui ont exprimé, parfois avec agressivité mais toujours avec justesse, leur refus de parler du chômage. C'est donc en ayant conscience de ce «biais» dans la constitution des échantillons qu'il faut lire les résultats obtenus.

En ce qui concerne ces entretiens, nous n'avons pas rencontré le problème de l'absence de coïncidence entre la durée du chômage évaluée par l'A.N.P.E. ou par le chômeur. En effet, lors du premier contact téléphonique, nous nous assurions auprès des personnes que les deux durées correspondaient.

Les effectifs des entretiens réalisés se découpent comme suit (tableau n° 304) :

Tableau 304 — Effectifs totaux pour les entretiens, en fonction de
- la durée du chômage;
- la position par rapport à l'emploi.

T1	T2		T3		T4		T5	
	C	E	C	E	C	E	C	E
30	16	7	12	7	3	12	4	6
30	23		19		15		10	

➥ effectifs par temps d'observations.

De façon à pouvoir illustrer les résultats obtenus par les questionnaires, nous avons extrait de ces effectifs les sujets qui correspondaient, par leur vitesse de sortie du chômage, aux trois sous-groupes définis plus haut. Nous obtenons alors les effectifs suivants (tableau n° 305) :

Tableau 305 — Effectifs des personnes interrogées par entretiens (correspondant aux trois sous-groupes distingués par les questionnaires).

	T1	T2	T3	T4	T5
E.A	4	4			
E.B	7	7	7		
E.C	3	3	3	3	3

Ainsi, pour illustrer les résultats obtenus sur les trois sous-groupes A, B et C, nous utiliserons les sujets des sous-groupes EA, EB et EC.

1.3. LES VARIABLES ANALYSÉES : INDICATEURS ET TRAITEMENTS

Les trois niveaux de la variable à expliquer-la vitesse de sortie du chômage-étant posés, quels vont être les variables explicatives que nous allons prendre en compte ?

Trois considérations ont guidé nos choix :

1) La revue de questions a permis de noter qu'une approche segmentée de l'impact du chômage ne permettait pas de répondre avec suffisamment de précision aux questions posées. De même, nous avons pu voir que de nombreuses variables explicatives peuvent être prises en compte.

2) La problématique du système des activités implique que soient pris en considération les liens éventuels qui peuvent exister entre au moins trois sous-systèmes d'activités.

3) Notre objectif est d'arriver à intégrer les trois perspectives, notamment les perspectives différentialiste et génétique.

Nous invitons le lecteur à se reporter à l'annexe 2 pour le détail du questionnaire.

1.3.1. Prise en compte de la sphère professionnelle

Sans revenir sur les développements des première et seconde parties de ce travail, il est clair que, pour nous, la sphère professionnelle n'est pas vidée de tout contenu pour les chômeurs et qu'elle existe à part entière dans la gestion de son système des activités.

Deux variables sont prises en compte pour ce domaine de vie.

Les comportements de recherche d'emploi (C.R.E.)

Les comportements de recherche d'emploi ont été mesurés à l'aide de questions portant sur l'utilisation des différents canaux possibles, à savoir :

- l'A.N.P.E.,
- les petites annonces,
- les démarches personnelles.

Les agences d'intérim n'ont pas été prises en compte car il n'en existait pas dans le Lot au moment du recueil de données.

Pour ces C.R.E., nous avons mesuré les comportements réalisés sur une période limitée aux quinze jours précédant la réponse aux questions. Il nous a semblé important de limiter cette durée car nous désirions obtenir des renseignements précis. Nous voulions aussi éviter que, d'un recueil à l'autre, le sujet nous signale des actions déjà notées précédemment.

Comment avons-nous procédé pour construire un indicateur de l'intensité des comportements de recherche d'emploi?

Après élimination des items représentant un faible pourcentage de réponses (moins de 5 %), une Analyse Factorielle des Correspondances (A.F.C.) a été effectuée sur les items constituant le questionnaire des C.R.E. (à savoir 24 variables). Celle-ci a porté sur les trois sous-groupes et les cinq temps d'observations mélangés (à savoir 183 observations) afin d'obtenir des indicateurs qui permettent la comparaison entre les sous-groupes et entre les temps. Les coordonnées des sujets sur les axes déterminés par l'A.F.C. étaient conservées, ce qui nous permettait d'avoir un score pour chaque individu sur chaque axe.

Cependant, nous n'avons conservé que le premier axe de cette A.F.C. pour les raisons suivantes : nous nous sommes demandé si certains sous-groupes (notamment le sous-groupe C) n'avaient pas un poids plus important dans l'analyse, étant donné le nombre d'observations plus important. Nous avons réalisé une autre A.F.C. sur les mêmes variables, mais en ne prenant en considération que le premier temps d'observation (soit 57 sujets). Une matrice d'intercorrélation entre les scores obtenus aux deux A.F.C. nous a montré que les premiers facteurs étaient fortement corrélés ($r = 0{,}99$), ce qui n'était pas le cas pour les facteurs 2 et 3.

Nous avons donc conservé le premier facteur (portant sur 183 observations). Celui-ci, qui représente 24 % de l'inertie totale, nous a permis d'obtenir des scores d'intensité des C.R.E. En effet, sur ce facteur étaient opposées :
– d'un côté une utilisation des canaux de recherche d'emploi,
– de l'autre côté, leur non-utilisation.

Nous disposons ainsi d'un score d'intensité des C.R.E. pour chaque sujet.

La valorisation de la sphère professionnelle

Nous avons choisi de prendre en compte cette variable pour plusieurs raisons :

1) Il nous semble important de prendre en considération une partie du modèle d'action de l'individu, de façon à pouvoir analyser, au moins partiellement, le fonctionnement d'un sous-système d'activités, ici le domaine professionnel.

2) Nous avons vu, dans la revue de questions, que « l'implication au travail » semble jouer un rôle important sur le vécu du chômage, l'impact négatif du chômage étant significativement plus grand pour les personnes ayant une forte implication au travail. Bien que l'implication et la valorisation de l'emploi ne soient pas des notions similaires, la prise en compte de cette dernière nous permettra d'évaluer l'effet de la valorisation de l'emploi sur la vitesse de sortie de l'individu au chômage.

Pour mesurer la valorisation de la sphère professionnelle, une échelle bipolaire a été utilisée, comprenant 7 items.

Une A.F.C. a été appliquée sur les 7 items, pour les trois sous-groupes et pour tous les temps d'observation. La même procédure que pour les C.R.E. a été appliquée (comparaison des coordonnées des sujets sur les axes pour l'A.F.C. sur 183 observations et pour l'A.F.C. sur 57 sujets de T1). Le facteur 1 présentait une forte corrélation entre les deux A.F.C. ($r = 0{,}99$).

Le facteur 1 oppose la valorisation de la sphère à la non-valorisation. Les coordonnées des sujets sur le premier facteur de l'A.F.C. constituent donc pour nous un score de valorisation de la sphère professionnelle.

1.3.2. Prise en compte des sphères non-professionnelles

Les études sur les effets psychologiques du chômage aboutissent à des résultats contradictoires en ce qui concerne le lien entre vécu du chômage et activités extra-professionnelles et/ou supports sociaux :

- d'une part, le chômage entraînerait un retrait social, une inactivité, augmentant les sentiments de détresse, d'anxiété et de dépression (Eisenberg et Lazarsfeld, 1938; Marsden et Duff, 1975);

- d'autre part, l'habileté à occuper son temps libre serait liée à un bien-être psychologique positif (Hepworth, 1980; Brenner et Bartell, 1983).

Les activités permettant d'occuper ce «temps libre» n'auraient pas toutes le même effet. Si les activités sociales semblent permettre à l'individu d'atténuer l'impact négatif du chômage (Fryer et Payne, 1984), d'autres activités (passe-temps ou travail domestique) seraient associées à un bien-être psychologique faible (Warr et Payne, 1983).

Nous avons donc pris en compte ces activités extra-professionnelles, en considérant deux sous-systèmes :

- le domaine de la socialité, c'est-à-dire les activités sociales ou socialement organisées (association, cinéma, théâtre, etc.);

- le domaine de la sociabilité, qui comprend les relations amicales et familiales.

En prenant des activités précises, effectivement réalisées par les sujets, nous avons voulu éviter les différentes critiques qui peuvent être adressées aux supports sociaux et à leur opérationnalisation. Nous ne pouvons pas savoir par exemple si ces activités représentent pour les sujets «des sentiments forts et positifs» (Bamberg et al., 1986, p. 397), si les personnes rencontrées par les sujets au cours de ces activités sont des «personnes significatives» (Kaplan et al., 1977, p. 50) ou si ces activités sont pour le sujet des relations émotionnelles, une aide instrumentale et/ou un apport d'information (House, 1981). Il est donc évident que nous ne prenons pas en compte ici les supports sociaux en tant que tels, mais que nous essayons de cerner, par la différence entre les activités réalisées, le soutien que peut éventuellement y puiser l'individu.

Ce sont ces activités de socialité et de sociabilité qui ont été mesurées en T1.

Cependant, il nous est vite apparu que notre questionnaire était incomplet. Dans les réponses aux entretiens et aux questionnaires en T1, les individus faisaient mention d'activités que nous n'avions pas prises en compte, telles que bricolage, jardinage, etc. Ces activités étaient souvent citées et, par l'intermédiaire des entretiens, nous avons pu voir que ces activités étaient importantes pour les sujets et qu'ils y consacraient un temps important.

Nous avons donc ajouté, dès le deuxième questionnaire, ces activités. Par rapport aux dénominations des sous-systèmes d'activités présentées dans la deuxième partie (socialité et sociabilité), nous avons préféré opter ici pour une appellation plus illustrative des activités contenues dans les domaines de vie :

1) Les activités impliquant la rencontre avec autrui et/ou l'éloignement du domicile, c'est-à-dire socialement organisées. Elles comprennent les associations, les «sorties» (cinéma, théâtre, musées, concert, fête et bal, matchs sportifs, restaurant, ...) ainsi que les soirées entre amis (aller chez des amis ou les recevoir). Ces activités sont appelées : activités sociales (SOC).

2) Inversement, les activités se réalisant en famille ou seul et/ou dans ou autour du lieu d'habitation (bricolage, jardinage, pêche, chasse, etc.). Ces activités sont appelées, par opposition aux précédentes, activités privées (PRI).

Cette référence à la proximité ou à l'éloignement du domicile renvoie à certains résultats des études sur le chômage. Ainsi, Demers *et al.* (1985, p. 104) notent : «la réduction des activités entraîne à son tour la diminution des espaces fréquentés. Souvent, ceux-ci se limitent au domicile».

Les activités sociales et privées

Pour mesurer les activités non professionnelles, une série de questions était proposée concernant les activités réalisées. Pour chaque activité, il était demandé au sujet de préciser le nombre de fois où cette activité avait été réalisée ou le nombre d'heures consacrées à cette activité (suivant le cas) durant le mois dernier.

> Pour traiter ces activités, un score a été attribué à chaque sujet, un par type d'activité (sociale et privée). Ce score est le décompte du nombre d'activités réalisées au cours du mois précédant la réponse au questionnaire.

Pour les activités codées en nombre d'heures, nous avons constitué des classes (5 au total), qui étaient ajoutées au nombre de fois où une activité était réalisée (maximum : plus de cinq fois).

Nous avons donc, pour chaque sujet, un score d'activités sociales et privées, sachant que pour ces dernières, nous n'avons pas de score pour la première observation (T1).

La valorisation des activités extra-professionnelles

La valorisation des activités extra-professionnelles a été aussi mesurée. Il s'agit par là de cerner la place de ces activités dans le système de valeurs de l'individu, mais surtout de mettre en relation les valorisations des différentes sphères (professionnelle et extra-professionnelle).

Pour cette valorisation des sphères sociales et privées, nous n'avons qu'une valorisation globale. Il nous a semblé préférable de ne pas distinguer de valorisation pour les différents type d'activités. Les relations entre cette valorisation et les sphères sociales ou privées nous permettront de dire à quelles activités est liée, de façon préférentielle, cette valorisation.

Nous ne développons pas ici le questionnaire et le mode de traitement de cette valorisation, puisque celle-ci a été mesurée et analysée de la même façon pour les sphères professionnelle et extra-professionnelles.

1.3.3. Prise en compte de la perception de l'individu par lui-même

Les quatre variables énoncées ci-dessus concernent trois domaines d'activités, que ce soit au niveau des activités réalisées ou de la valorisation de la sphère. Cependant, il nous manquait une variable qui permette de cerner l'impact du chômage sur le bien-être de l'individu, sur la perception qu'il a de lui-même. Comme nous l'avons vu, nous disposions de nombreuses variables.

Nous avons choisi de nous intéresser à l'estime de soi car, malgré le manque de consensus sur la définition et les fonctions de l'estime de soi (prédicteur et/ou médiateur), tous les auteurs soulignent l'importance de l'estime de soi en tant que facteur influençant le comportement. Cependant, les résultats sont contradictoires en ce qui concerne le lien entre estime de soi et effets du chômage. L'étude longitudinale entreprise ici peut nous permettre d'apporter une contribution à l'éclaircissement de ce lien, notamment en considérant celui-ci dans le fonctionnement global du système des activités.

Instrument de mesure

Pour évaluer l'estime de soi, nous avons repris l'échelle proposée par Hartley (1980b). Cette échelle comprend deux mesures :
- le moi réel (MR) : moi tel que je me perçois actuellement
- le moi idéal (MI) : moi tel que j'aimerais être idéalement.

Nous avons ajouté à cette échelle le moi perçu (MP) : moi tel que je pense que les autres me perçoivent. Pour chaque échelle, 4 modalités de réponse étaient proposées (voir questionnaire en annexe), codées respectivement de 1 à 4 :
- le plus différent de moi,
- différent de moi,
- proche de moi,
- le plus proche de moi.

Alors que Hartley propose 50 adjectifs, 20 seulement ont été retenus ici, afin d'alléger le recueil de données. Nous pensions que pour des questionnaires envoyés par la poste, il ne fallait pas que la liste (et le questionnaire dans son ensemble) soit trop longue.

Il s'est avéré effectivement que c'est cette partie du questionnaire qui a posé le plus de problèmes :
- au niveau de la compréhension, certaines personnes, n'étant pas habituées à se poser, au moins consciemment, ce genre de questions ;
- au niveau de l'acceptation, certains sujets refusant de répondre.

Les difficultés sont apparues notamment au cours des entretiens. Il a fallu très souvent expliquer le sens des questions et l'utilité de cette mesure pour notre étude, pour que les personnes acceptent de répondre.

Si, pour les autres variables, les non-réponses étaient rares et en tout cas ne concernaient jamais toutes les questions relatives à une variable, nous avons eu un nombre important de non-réponses pour la perception de l'individu par lui-même, et ce surtout au premier temps d'observation. Ce qui nous a amené, comme nous le verrons plus loin, à éliminer un certain nombre de sujets des trois sous-groupes lorsque nous traiterons cette variable.

En ce qui concerne le mode de traitement, seront distingués :
1) les traitements relatifs à l'estime de soi (qui concerne le moi réel et idéal)

2) les traitements relatifs au moi perçu.

L'estime de soi

L'estime de soi est évaluée par la différence entre le moi réel (MR) et le moi idéal (MI).

$$ES = MR-MI$$

En effet, l'estime de soi sera la différence entre ce que le sujet pense de lui (MR) et ce qu'il aimerait être (MI) au moment où il remplit le questionnaire. Plus cet écart sera grand, plus on considérera que le sujet à une estime de soi négative.

Pour calculer cet écart, plusieurs étapes ont été nécessaires :

1) Du fait des non-réponses, nous avons dû supprimer un certain nombre de sujets. Pour respecter le fait d'avoir les mêmes sujets dans chaque sous-groupe pour tous les temps d'observation, si une échelle n'était pas remplie (ou était insuffisamment remplie, c'est-à-dire plus de cinq non-réponses) à un temps d'observation, nous avons éliminé le sujet correspondant à tous les temps.
Nous obtenons donc pour l'estime de soi les effectifs suivants (tableau n° 306) :

Tableau 306 — **Effectifs des trois sous-groupes pour la variable "estime de soi".**

	T1	T2	T3	T4	T5
Sous-groupe A'	22	22			
Sous-groupe B'	9	9	9		
Sous-groupe C'	12	12	12	12	12
total par observation	43	43	21	12	12

2) Après cette première étape, il restait des non-réponses (qui ne dépassaient pas 5 par échelle). Nous avons procédé de la manière suivante. Les 0 (non-réponse) étaient remplacés par le score attribué à l'autre échelle — par exemple : pour l'adjectif satisfait, un sujet, n'ayant pas répondu pour le moi réel (0) et avec «proche de moi» (4) pour le moi idéal, 0 est transformé en 4. Ainsi, la non-réponse à un item (1 adjectif) est annulée par cette recodification.
Dans l'exemple ci-dessus, au lieu d'avoir, pour le calcul de l'estime de soi : 0-4 = -4, on obtiendra : 4-4 = 0, ce qui évitera que les non-réponses augmentent l'écart entre le moi réel et le moi idéal. S'il y a un code 0 aux deux échelles pour le même adjectif, nous avons laissé 0.

3) Un score est ensuite calculé, pour chaque sujet, par différence, en valeur absolue, entre le moi réel et le moi idéal. Une transformation monotone a été appliquée sur ces scores de façon à ce que, plus le score est élevé, plus l'estime de soi soit positive.

Le moi perçu

Pour les mêmes raisons que celles énoncées pour l'estime de soi, nous avons eu beaucoup de non réponses pour le questionnaire sur le moi perçu. Certaines personnes ont répondu aux deux premières mesures (moi réel et moi idéal) mais pas au moi perçu. Ainsi, là encore, nous avons éliminé 3 sujets de plus par rapport aux sous-groupes A', B' et C'.

Il est à noter que, de même que les sous-groupes A', B' et C' sont inclus dans les sous-groupes A, B et C, de même les sous-groupes A", B" et C" sont inclus dans les sous-groupes A', B' et C'.

Les effectifs pour ces sous-groupes sont les suivants (tableau n° 307) :

Tableau 307 — **Effectifs des trois sous-groupes pour la variable "moi perçu".**

	T1	T2	T3	T4	T5
Sous-groupe A"	20	20			
Sous-groupe B"	9	9	9		
Sous-groupe C"	11	11	11	11	11

Pour le traitement de cette variable, nous avons procédé de la façon suivante :

1) Dans un premier temps, à l'aide des deux premières échelles, nous avons évalué pour chaque adjectif si, de façon majoritaire, il était considéré par les sujets comme une «qualité» ou un «défaut» (ou plus exactement si cela correspondait à une caractéristique idéalement désirable ou non). Pour ce faire, nous avons calculé la différence entre le moi réel et le moi idéal, cette fois-ci en conservant le signe. Pour chaque adjectif, nous avons dénombré le nombre d'écarts positifs, négatifs ou nuls.
Quand un adjectif recueillait plus de différences négatives que positives, celui-ci était considéré comme une «qualité». En effet, cela signifiait que cette caractéristique était idéalement désirable, puisque la différence entre MR et MI était négative, et inversement pour les «défauts».

2) Pour les réponses à l'échelle : moi perçu, nous avons affecté un signe négatif aux adjectifs catégorisés comme «défaut» à l'étape précédente. Ainsi, en faisant la somme des réponses à cette échelle pour chaque sujet, nous obtenons un score qui tient compte de la «désirabilité» des différents adjectifs. Plus le score est élevé, plus la perception de soi «lue» dans le regard d'autrui est positive.

1.4. VITESSE DE SORTIE DU CHÔMAGE ET DÉTERMINANTS SOCIOLOGIQUES

Le dispositif d'étude mis en place a permis d'obtenir trois sous-groupes, chacun étant représentatif d'un niveau de la variable à expliquer : la vitesse de sortie du chômage. Notre objectif est, dans cette partie, d'étudier ce qui différencie les sous-groupes A, B et C.

Avant d'aborder les résultats concernant directement les indicateurs du système des activités, il nous semble important de décrire ici, même succinctement, les liens éventuels pouvant exister entre la vitesse de sortie du chômage et les déterminants sociologiques.

Rappelons que la problématique du système des activités pose que les activités des sujets ne dépendent ni seulement des données et caractéristiques de la situation, ni seulement des caractéristiques individuelles. Ainsi, la vitesse de sortie du chômage ne devrait pas être sous la détermination directe des caractéristiques sociologiques.

C'est ce que nous allons vérifier dans cette partie.

Si nous observons, par exemple, que le sous-groupe A, qui est celui qui sort le plus vite du chômage, est constitué des sujets les plus jeunes, ayant la catégorie socio-professionnelle et/ou le niveau de formation le plus élevé, etc., nous aurons déjà expliqué une grande part de la vitesse de sortie du chômage. Les déterminants sociologiques suffiraient presque ici à expliquer la sortie du chômage.

1.4.1. Composition des sous-groupes pour les variables sociologiques

Les caractéristiques des trois sous-groupes sont présentées en annexe 3.

En résumé, nous observons deux types de distributions :

1) Ce sont les deux sous-groupes les plus opposés quant à la vitesse de sortie du chômage (A et C) qui sont les plus proches quant à leur distribution pour les déterminants sociologiques. Ainsi, ces deux sous-groupes sont proches en ce qui concerne :
– l'âge,
– la catégorie socio-professionnelle,
– le fait que la conjointe ait ou non un emploi,
– la récurrence du chômage,
– l'enracinement (qui est construit à partir de deux indicateurs : si les personnes habitent dans le Lot depuis plus ou moins de 10 ans et si leur famille est présente dans ce département).

2) Les distributions entre les trois groupes sont homogènes; ceci s'observe pour le niveau d'études et le nombre d'enfant.

Ainsi, le sous-groupe B, qui est celui qui se rapproche le plus du sous-groupe A en ce qui concerne la vitesse de sortie du chômage, est celui qui est le plus différent quant aux distributions pour ces déterminants.

La différence de vitesse de sortie du chômage ne peut donc être imputée directement aux variables sociologiques.

Cependant, le fait que ces déterminants n'apparaissent pas comme des facteurs de vitesse de sortie du chômage n'implique pas que ces variables ne jouent aucun rôle sur les activités et/ou sur les valorisations des différentes sphères. Nier ce rôle potentiel reviendrait à adopter l'idée, irréaliste s'il en est, que tous les sujets disposent des mêmes ressources pour affronter la situation.

Nous allons donc envisager, pour chaque sphère d'activités, la question suivante : sachant que les déterminants sociologiques n'agissent pas directement sur la sortie du chômage, ont-ils un lien avec les activités et les valorisations, indépendamment de la vitesse de sortie (c'est-à-dire en considérant un échantillon «global» composé de 57 sujets en T1 et T2).

1.4.2. Relations entre éléments des trois domaines et variables sociologiques

La sphère professionnelle

Les relations entre les différents éléments de la sphère professionnelle (Comportements de Recherche d'Emploi et valorisation) sont présentées en annexe 4, tableau 1 et 2.

Pour résumer, nous pouvons noter que :
− *Pour les C.R.E.* :
l'intensité des C.R.E. semble particulièrement influencée par l'âge, le niveau d'études, l'enracinement et le montant des dettes. Pour illustrer cette relation entre l'intensité des C.R.E. et la pression financière, laissons la parole à un chômeur : «Y a plus malheureux que nous parce que, quand même, honnêtement, je touche 3500 F au chômage, je paye pas de loyer puisque la maison est à nous, j'ai pas de crédit, ... On est chez nous, on ne peut pas nous foutre à la porte, quoi qu'il arrive.» En T2, lors de cet entretien, ce chômeur avait une intensité de C.R.E. faible.
Cette intensité n'apparaît donc pas comme totalement indépendante des déterminants sociologiques. Cependant, les liaisons significatives ne sont pas toujours les mêmes en T1 et T2.

– *Pour la valorisation de la sphère professionnelle* :
Elle n'apparaît pas comme totalement indépendante des conditions sociologiques mais les relations établies sont moins «claires» que pour les C.R.E. Par exemple, si en T1, ce sont les plus âgés qui valorisent le plus cette sphère, en T2 ce sont les plus jeunes.

Nous retrouvons ici certains résultats contradictoires de la première partie (cf. les résultats pour les variables sociologiques dans la perspective différentialiste).

Ainsi, les liaisons significatives entre les déterminants sociologiques et les C.R.E. ou la valorisation de la sphère professionnelle ne sont pas toujours les mêmes en T1 et T2. Cela peut provenir d'une fluctuation d'échantillonnage. Mais nous pouvons aussi poser l'hypothèse suivante : les réactions psychologiques (C.R.E. et valorisation) obéissent à une logique de construction qui leur est propre. Ce n'est pas l'âge ou le niveau culturel qui produit directement l'intensité des comportements de recherche d'emploi.

On peut faire l'hypothèse que le processus psychologique de détermination de l'intensité des C.R.E. est différent lorsqu'il est déclenché :

– en T1, par la combinaison : dettes et enracinement;
– en T2, par la constellation : âge, niveau d'études et enracinement.

Apparaît l'idée qu'à l'intersection des déterminants sociologiques, le psychisme réalise de nouveaux plans de causalité (Wallon, 1935). Autrement dit, pour des situations caractérisées par les mêmes variables sociologiques, les réactions psycho-sociologiques des individus peuvent être différentes, en fonction de la signification que le sujet accorde à ces déterminants et/ou à leur combinaison. La notion de système des activités vise à rendre compte de cette réalité complexe où s'entrelacent le déterminisme social externe des conduites et le déterminisme interne et personnel.

Les domaines extra-professionnels

Les relations entre les différents éléments des sphères extra-professionnelles et les variables sociologiques sont présentées en annexe 4, tableau 3, 4 et 5.

Nous pouvons noter ici :
– *Pour les activités sociales* :
Le fait d'avoir des activités sociales semblent sous la détermination de l'âge et de la présence d'un emploi chez le conjoint.

Cependant, là aussi, les relations ne sont pas les mêmes en T1 et en T2. Si, par exemple, en T1, ce sont les gens d'âge «moyen» (30-41 ans) qui ont le plus d'activités sociales, en T2, ce sont les plus jeunes (20-30 ans).

La relation entre l'âge et les activités sociales se retrouve dans les entretiens. Ainsi, comme dit ce chômeur de 55 ans : «le cinéma, tout ça, sortie, bal, et tout, faut vraiment qu'on nous pousse, hein! Les filles, quand elles viennent, elles aiment ça. Des fois, y-a un bon film à aller voir. Mais faut vraiment qu'elles nous traînent! Sinon, j'y vais pas. Je préfère qu'elles y aillent sans moi. Non, c'est pas des activités qui me bottent, quoi! j'aime mieux la chasse, la marche en plein air, le jardinage, des trucs comme ça!»

Cependant, cette détermination n'est pas toujours aussi directe. Ainsi, un autre sujet de 56 ans déclare, en T2 : «j'ai pris ma carte dans un club de billard, y-a un mois. J'ai été à la réunion la dernière fois, y-avait du monde. Ils ont l'air sympa au club, ils étaient contents d'avoir un membre de plus. Ils m'ont invité à aller jouer avec eux, je rencontre plein de gens, c'est bien!».

— *Pour les activités privées* :

Rappelons que les données pour les activités privées n'ont pas été recueillies en T1. Nous ne pouvons donc observer la relation entre les variables sociologiques et les activités privées que pour T2.

Les différences statistiquement significatives sont peu nombreuses. Les personnes ayant le plus d'activités privées en T2 sont les ouvriers non qualifiés et les personnes ayant un revenu supérieur à 5000 F. Il semble difficile d'avancer une interprétation pour ces deux résultats et un seul temps d'observation.

— *Pour la valorisation des sphères extra-professionnelles* :

Nous observons que la valorisation des sphères extra-professionnelles est fortement influencée par les déterminants sociologiques, puisque de nombreuses différences sont statistiquement significatives (âge, niveau d'études, récurrence).

Cependant, une seule différence se retrouve aux deux temps d'observation : les personnes qui sont au chômage pour la première fois valorisent plus les sphères extra-professionnelles que les chômeurs récurrents.

Pour les autres variables, là encore, les résultats ne sont pas les mêmes en T1 et T2. Pour l'âge par exemple, ce sont les plus jeunes qui valorisent le plus les sphères extra-professionnelles en T1 alors qu'en T2, ce sont les plus âgés.

De même que pour la sphère professionnelle, les sphères d'activités extra-professionnelles sont aussi sous l'influence des déterminants sociologiques. Cependant, il apparaît que cette influence est plus marquée par ces déterminismes que pour la sphère professionnelle, et ce notamment pour la valorisation des activités extra-professionnelles.

Il a été noté que l'influence des déterminants sociologiques peut être différente suivant le temps d'observation. Ainsi, en T1, ce sont les plus jeunes qui valorisent le plus les sphères extra-professionnelles, alors qu'en T2, ce sont les plus âgés. Du fait de cette inversion, on ressent ici encore plus la nécessité d'une interprétation telle que celle posée antérieurement à propos de la sphère professionnelle, et notamment des C.R.E. Il apparaît en effet ici aussi que ce n'est pas seulement l'âge qui produit ou influence la valorisation des sphères extra-professionnelles, mais la réalité telle que la signifie le sujet en fonction des interrelations établies entre tous les déterminants de sa situation (caractéristiques environnementales et individuelles).

Les deux citations que nous avons notées pour illustrer le lien entre les activités sociales et les variables sociologiques, montrent à nouveau que le déterminisme de ces dernières n'est jamais simple et direct. Autrement dit : «Les conditions de vie ne produisent un genre de vie que par l'intermédiaire des activités psychologiques du sujet et, par suite, des conditions de vie identiques peuvent aboutir à des genres de vie différents» (Curie, Baubion-Broye et Hajjar, 1986, p. 6).

Chapitre 2
Le domaine professionnel

Les deux éléments du domaine professionnel pris en compte sont :
– les comportements de recherche d'emploi,
– la valorisation de cette sphère par les individus.

Deux points vont successivement être envisagés :

1) Existe-t-il une relation entre les éléments du domaine professionnel considérés séparément et la vitesse de sortie du chômage ?

2) Observe-t-on une relation entre la valorisation de la sphère et le niveau d'activités ? Autrement dit, existe-t-il une consistance entre la valorisation et les activités d'un point de vue intra-sous-systémique ?

Il s'agit ici de répondre à une première question : l'étude de la sphère professionnelle suffit-elle à expliquer la vitesse de sortie du chômage ?

2.1. RELATIONS ENTRE VITESSE DE SORTIE DU CHOMAGE ET ÉLÉMENTS DU DOMAINE PROFESSIONNEL

2.2.1. L'intensité des comportements de recherche d'emploi (C.R.E.)

Pour cette variable, nous allons présenter d'abord les résultats sans distinction des temps d'observation. Ensuite, nous les présenterons par temps d'observation. Ceci afin de montrer l'intérêt de l'utilisation d'une méthodologie longitudinale.

Pour la présentation des résultats suivants, nous ne présenterons que les résultats par sous-groupe et par temps d'observation, afin de ne pas alourdir cette partie.

Par sous-groupe, sans distinction des temps d'observation

Si l'on considère chaque sous-groupe, sans tenir compte des différents temps d'observation, que se passe-t-il au niveau de l'intensité des C.R.E. ? (figure n° 308)

La moyenne des scores d'intensité des C.R.E. est bien la plus forte pour le sous-groupe A, qui est celui qui sort le plus rapidement du chômage et la plus faible pour le sous-groupe C qui est celui qui reste au chômage le plus longtemps. Ainsi, d'une façon globale, il semble bien que la vitesse de sortie du chômage soit liée à l'intensité des C.R.E.

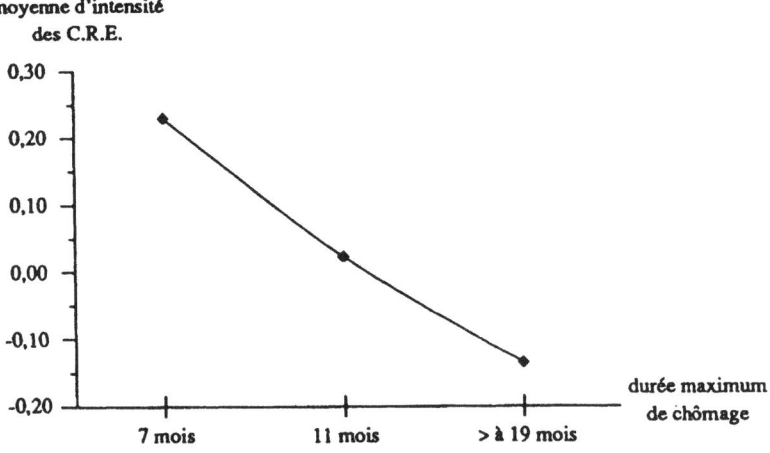

Figure 308 — Moyennes d'intensité des C.R.E. par sous-groupe, tous temps d'observation confondus.

Ce premier résultat semble logique et ne contredit pas les observations du sens commun : pour trouver un emploi, encore faut-il en chercher un. Mettre en œuvre des comportements intenses de recherche d'emploi est donc une condition nécessaire à la sortie du chômage. Mais est-ce une condition suffisante ?

Autrement dit, l'intensité des C.R.E. suffit-elle à expliquer la vitesse de sortie du chômage ? Nous allons étudier cette intensité par sous-groupe et par temps d'observation.

Par sous-groupe et par temps d'observation

Si nous détaillons le graphique du paragraphe précédent en distinguant les différents temps d'observation, nous obtenons la figure suivante (n° 309).

Pour le sous-groupe A, l'intensité des C.R.E. augmente entre T1 et T2, pour devenir forte au moment précédant la sortie du chômage. Pour ce sous-groupe, la vitesse de sortie du chômage est bien liée à l'intensité des C.R.E.

Mais que se passe-t-il pour les deux autres sous-groupes ?

Le sous-groupe B présente une moyenne d'intensité des C.R.E. qui est élevée au premier temps d'observation, mais qui ne fait que diminuer avec la durée du chômage.

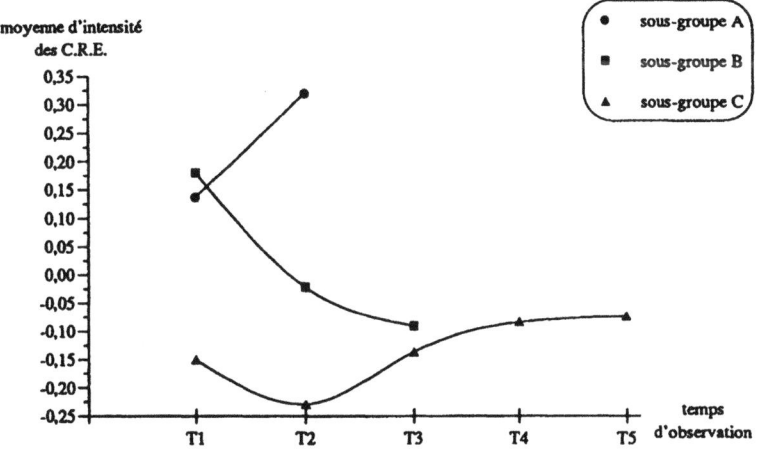

Figure 309 — Moyennes d'intensité des C.R.E. par sous-groupe et par temps d'observation.

Pour le sous-groupe C, la moyenne d'intensité des C.R.E. demeure faible par rapport au sous-groupe A. Cependant, si cette moyenne est faible au premier temps d'observation, elle va en augmentant tout au long de la durée du chômage, pour atteindre un niveau presque égal à celui du sous-groupe B en T3 et devenir plus forte en T4 et T5.

Ainsi, l'intensité des C.R.E. ne permet pas de comprendre pourquoi :
- le sous-groupe B sort du chômage, alors que l'intensité baisse,
- le sous-groupe C ne sort pas du chômage, alors que l'intensité augmente pour égaler puis dépasser celle du sous-groupe B.

L'intensité des C.R.E ne suffit donc pas à expliquer la vitesse de sortie du chômage des trois sous-groupes. La recherche d'emploi est une condition nécessaire mais non suffisante à la sortie du chômage.

Nous voyons ici l'intérêt de l'étude longitudinale. Prendre un seul temps d'observation (7 mois, 11 mois et supérieur à 19 mois) dans une méthodologie transversale, aurait pu nous mener à poser une détermination directe entre C.R.E. et vitesse de sortie du chômage. L'étude longitudinale nous permet de voir que ce lien n'est pas aussi simple.

Nous pouvons ajouter ici, pour information, quelques éléments sur l'aspect qualitatif des C.R.E, c'est-à-dire sur l'utilisation des différents canaux de recherche d'emploi (A.N.P.E., petites annonces et démarches personnelles).

Il apparaît que :
- C'est le sous-groupe B qui utilise le plus l'A.N.P.E., quel que soit le temps de chômage, suivi par le sous-groupe A.
- Pour les petites annonces, c'est le sous-groupe A qui les utilise le plus, suivi par le sous-groupe B.
- Pour les démarches personnelles, et ce de façon très significative, c'est le sous-groupe A qui les utilise le plus, suivi par le sous-groupe B.

L'aspect qualitatif des C.R.E. est lié à la vitesse de sortie du chômage, cette conclusion ressortant principalement pour les démarches personnelles.

2.2.2. La valorisation de la sphère professionnelle

La valorisation de la sphère professionnelle reste stable pour le sous-groupe A et présente une légère augmentation pour le sous-groupe B.

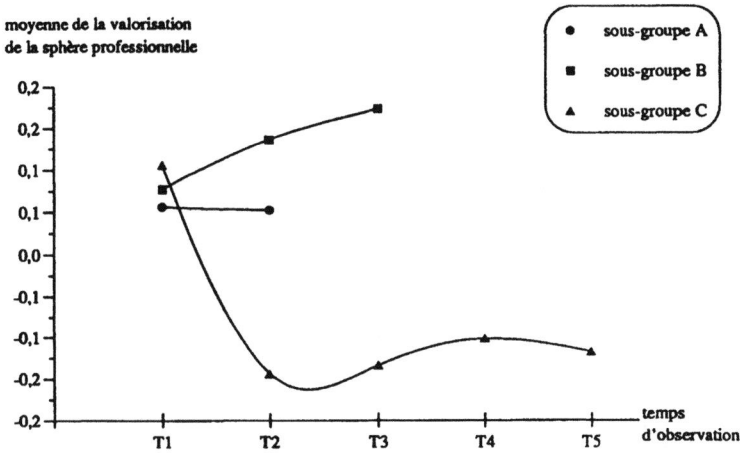

Figure 310 — Moyennes de valorisation de la sphère professionnelle, par sous-groupe et par temps d'observation.

Pour le sous-groupe C, la valorisation est importante en T1, mais elle subit une forte diminution en T2, pour rester à un niveau relativement faible, comparé à celui des sous-groupes A et B.

Il semble bien que la valorisation de la sphère professionnelle soit liée à la vitesse de sortie du chômage, les deux sous-groupes sortant le plus rapidement ayant une valorisation plus forte que le sous-groupe restant au chômage.

De nombreuses recherches (et c'est un des rares points sur lesquels les résultats sont homogènes) ont montré qu'une forte éthique du travail (comprenant l'implication au travail et/ou l'engagement professionnel) est significativement associée à un impact négatif du chômage (Warr, 1978; Jackson *et al.*, 1983; Spruit, 1983). Si nous rapportons ce résultat à notre étude, les sous-groupes A et B, ayant une valorisation importante de l'emploi, ressentent plus négativement l'impact du chômage que le sous-groupe C.

Cependant, si «l'éthique du travail» agit sur l'impact du chômage, on peut faire l'hypothèse que d'autres variables influencent à leur tour cette relation. Par exemple, le sujet, tout en valorisant la sphère professionnelle, valorise aussi les sphères extra-professionnelles et ces deux valorisations sont posées comme étant compatibles. Dans ce cas, la relation forte valorisation/impact négatif peut se trouver modifié. Nous verrons plus loin quelle réponse nous apporterons à cette question.

2.2. RAPPORT ENTRE VALORISATION ET ACTIVITÉS POUR LA SPHÈRE PROFESSIONNELLE

Est-ce que le rapport entre la valorisation de la sphère professionnelle et les activités effectivement réalisées (intensité des C.R.E.) permet d'apporter des indications sur la vitesse de sortie du chômage ? Autrement dit, est-ce que le lien éventuel que les sujets établissent entre les activités et la valorisation de ces activités permet de mieux expliquer la vitesse de sortie du chômage que ces variables prises en compte séparément ?

Si nous retraduisons cette question par rapport à la problématique du système des activités, il s'agit ici de voir si le sujet établit une relation entre une partie de son modèle d'action professionnel (valorisation) et les activités réalisées dans cette sphère. Nous nous attendons à ce que cette relation, illustrative du fonctionnement du système professionnel, soit différente pour les trois sous-groupes distingués.

Si tel est le cas, c'est-à-dire si la valorisation et les activités sont liées, cela signifiera que le modèle d'action professionnel aura une fonction différente pour les sous-groupes :

- pour les sous-groupes A et B, on s'attend à ce que la valorisation et les activités varient dans le même sens, et notamment qu'il y ait une consistance : forte intensité des C.R.E./forte valorisation de PRO. ;
- pour le sous-groupe C, on s'attend à ce que la valorisation et les activités n'aient pas obligatoirement de lien direct, ou que la relation rencontrée soit ici : faible intensité des C.R.E./faible valorisation de PRO.

Pour analyser le rapport entre la valorisation et les activités effectivement réalisées dans la sphère professionnelle, nous utiliserons trois indicateurs :

1) un indice de valorisation/activités calculé de la façon suivante :
   a) centrage et réduction des scores obtenus aux deux variables (intensité des C.R.E et valorisation de la sphère professionnelle),
   b) transformation monotone de façon à n'obtenir que des scores centrés et réduits positifs,
   c) calcul de l'indice par division des scores de valorisation par les scores d'intensité.
La signification de cet indice est la suivante :
– un indice égal ou proche de 1 indique que la valorisation est égale à l'activité,
– un indice supérieur à 1 indique que la valorisation est plus importante que l'activité,
– un indice inférieur à 1 indique que l'activité est plus importante que la valorisation.

2) Nous nous appuierons aussi dans cette analyse sur le croisement des deux variables dichotomisées, distinguant ainsi quatre cas de figure :
   a) forte valorisation/forte intensité des C.R.E. : Val. Pro +/ C.R.E. +
   b) faible valorisation/faible intensité des C.R.E. : Val. Pro -/ C.R.E. -

c) forte valorisation/faible intensité des C.R.E. : Val. Pro +/ C.R.E. -
d) faible valorisation/forte intensité des C.R.E. : Val. Pro -/ C.R.E. +

3) Seront également prises en considération les corrélations existant entre ces deux variables.

Les moyennes de l'indice de valorisation/activités par sous-groupe et par temps d'observation permettent d'obtenir la figure suivante (n° 311) :

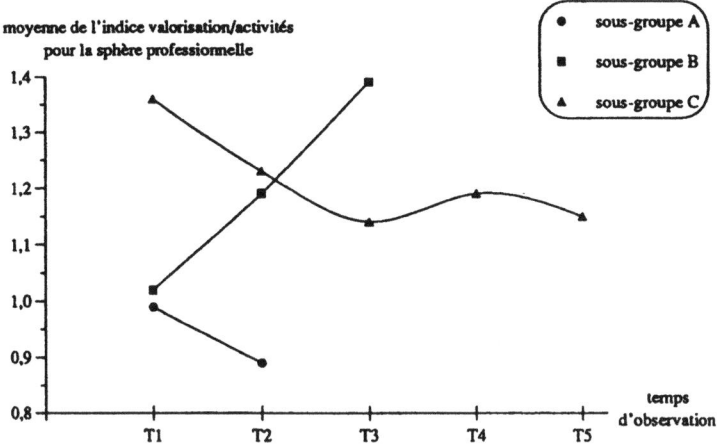

Figure 311 — Moyennes pour l'indice valorisation/activités de la sphère professionnelle, par sous-groupe et par temps d'observation.

Le rapport entre valorisation et activités pour la sphère professionnelle est le même en T1 pour les sous-groupes A et B (proche de 1 : activité égale à valorisation). Par contre, cet indice baisse pour le sous-groupe A : l'activité devient plus importante que la valorisation; il augmente pour le sous-groupe B : la valorisation devient plus importante que l'activité.

Pour le sous-groupe C, l'indice est toujours supérieur à 1 : la valorisation reste plus importante que l'activité réellement effectuée.

Pour le croisement des variables dichotomisées et les corrélations, nous obtenons les résultats suivants :

Le sous-groupe A présente majoritairement une intensité forte de C.R.E. associée à une forte valorisation, quel que soit le temps considéré (T1 : 39 %; T2 : 46 %). Cependant, la corrélation entre les deux variables, positive aux deux temps d'observation, n'est plus statistiquement significative.

Pour le sous-groupe C, nous avons une combinaison CRE-/val. PRO.-, quel que soit le temps de chômage (respectivement 37%, 47%, 42%, 31%, et 32%). Le sens de la corrélation varie en fonction des temps, de façon significative seulement en T3. Dans un entretien avec un sujet correspondant par sa durée du chômage au sous-groupe C (EC), on trouve un début d'explication de cette association C.R.E.-/val. PRO.- : « Disons que j'aurais tendance, il y aurait une tendance à un certain laisser-aller. Mais enfin, ... c'est qu'on y croit plus. C'est pas vraiment un laisser-aller mais on y croit plus. On croit plus au Père Noël. Je sais pas comment vous expliquer mais c'est comme ça ! Ça décale ».

Ainsi, pour ces deux sous-groupes, le rapport entre valorisation et activités est lié à la vitesse de sortie du chômage.

Le sous-groupe B, en T1, présente la même relation que le sous-groupe A, à savoir CRE+/val. PRO+ (42%). Mais, à partir de T2, ce sous-groupe n'évolue plus comme le sous-groupe A. En T2, il n'y a pas de combinaison majoritaire. En T3, la combinaison la plus représentée est CRE-/val. PRO+ (42%).

Ainsi, si en T1, la relation entre la valorisation et l'activité de la sphère professionnelle est la même pour les sous-groupes A et B, elle se différencie avec la durée du chômage. Cette relation n'est plus la même au moment précédant la sortie du chômage : si, pour le sous-groupe A, une forte valorisation s'accompagne d'une forte activité, pour le sous-groupe B, une valorisation forte (elle augmente entre les trois temps) s'accompagne d'une baisse d'activité.

Pour le sous-groupe C, une faible valorisation s'accompagne d'une faible intensité, la valorisation reste plus faible que pour les deux autres sous-groupes, quel que soit le temps de chômage. Cette valorisation reste cependant plus forte que l'activité réellement effectuée.

Résumé des résultats obtenus pour le fonctionnement du domaine professionnel

Pour la sphère professionnelle, nous avons pu voir que :
– L'intensité des C.R.E. ne suffit pas à expliquer la vitesse de sortie du chômage des trois sous-groupes. La recherche d'emploi est une condition nécessaire mais non suffisante à la sortie du chômage.
– La valorisation de la sphère professionnelle est liée à la vitesse de sortie du chômage.

— Le lien entre valorisation et activités contribue à expliquer la vitesse de sortie du chômage des sous-groupes A et C. Le premier présente la combinaison C.R.E. +/val. PRO.+ et une activité plus importante que la valorisation, contrairement au sous-groupe C, pour lequel nous avons une relation C.R.E.-/val. PRO.- et une valorisation plus forte que l'activité. Cependant, ce lien ne permet pas de comprendre la vitesse de sortie du chômage du sous-groupe B, qui, après avoir montré la même configuration que le sous-groupe A en T1, évolue de manière différente en T2 et T3.

Ainsi, si cette analyse nous apporte des informations précises sur les sous-groupes A et C, elle ne nous permet pas d'expliquer pourquoi le sous-groupe B sort après 11 mois de chômage.

L'étude de la sphère professionnelle nous permet d'accéder à une explication partielle de la vitesse de sortie du chômage.

Chapitre 3
Les domaines extra-professionnels

Deux domaines extra-professionnels sont envisagés :
- la sphère des activités sociales,
- la sphère des activités privées.

Une valorisation globale est mesurée pour ces deux sphères.

Comme pour le chapitre précédent vont être abordées successivement :
1) les relations entre ces éléments et la vitesse de sortie du chômage,
2) le fonctionnement intra-sous-systémique.

Si l'analyse du sous-système professionnel a permis d'accéder à une explication partielle, l'analyse de sous-systèmes extra-professionnels permet-elle d'arriver à une explication plus complète ?

3.1. RELATION ENTRE VITESSE DE SORTIE DU CHÔMAGE ET ÉLÉMENTS DES DOMAINES EXTRA-PROFESSIONNELS

3.1.1. Les activités sociales (SOC)

L'examen des moyennes des scores d'activités sociales par sous-groupe et par temps d'observation est présenté ci-après (figure n° 312).

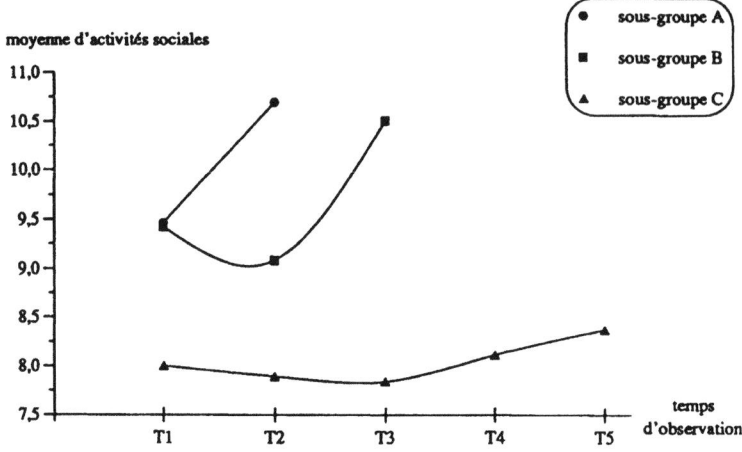

Figure 312 — Moyennes des activités sociales, par sous-groupe et par temps d'observation.

Les sous-groupes A et B présentent une forte augmentation au temps précédant la sortie du chômage (T2 pour le sous-groupe A, T3 pour le sous-groupe B). D'une façon générale, les moyennes d'activités sociales sont plus élevées, quel que soit le temps de chômage, pour ces deux sous-groupes, par rapport au sous-groupe C. Pour ce dernier, il y a aussi une augmentation des activités sociales (entre T3 et T5), mais celles-ci restent très faibles.

L'existence d'activités sociales est liée à la vitesse de sortie du chômage. Il semble même que ce soit la forte augmentation de ce type d'activités au temps précédant la sortie du chômage qui soit déterminante.

Contrairement à ce que nous obtenions à propos de l'intensité des C.R.E., la pratique d'activités extra-professionnelles sociales est directement liée à la vitesse de sortie du chômage. Les résultats s'accordent notamment avec ceux mis à jour par Fryer et Payne (1984), à savoir que les personnes qui mettent en place des activités sociales ou socialement reconnues arrivent à mieux faire face à la situation que les autres.

3.1.2. Les activités privées

Rappelons que les activités privées n'ont pas été mesurées en T1.

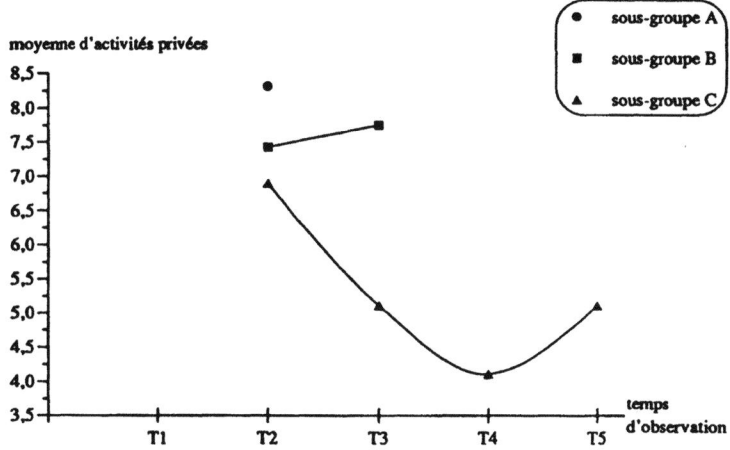

Figure 313 — Moyennes des activités privées,
par sous-groupe et par temps d'observation.

Si nous nous référons à certains résultats (par exemple : Warr et Payne, 1983), il semble que certaines activités, notamment domestiques, soient corrélées avec un bien-être psychologique faible. Ces activités ne semblent pas jouer le même rôle que les activités sociales, voire même un rôle inverse. Les activités privées seraient alors plus effectuées par le sous-groupe C, et moins par les sous-groupes A et B.

Par sous-groupe et temps d'observation, nous obtenons la figure suivante (figure n° 313).

Le sous-groupe A a la moyenne d'activités privées la plus haute en T2. Le sous-groupe B présente une légère augmentation entre T2 et T3. Le sous-groupe C, par contre, présente une baisse entre T2 et T4, pour remonter légèrement entre T4 et T5.

Le fait d'avoir des activités privées est aussi lié à la vitesse de sortie du chômage.

3.1.3. La valorisation des sphères extra-professionnelles

Les moyennes des scores par sous-groupe et par temps d'observation sont présentées sur la figure suivante (n° 314) :

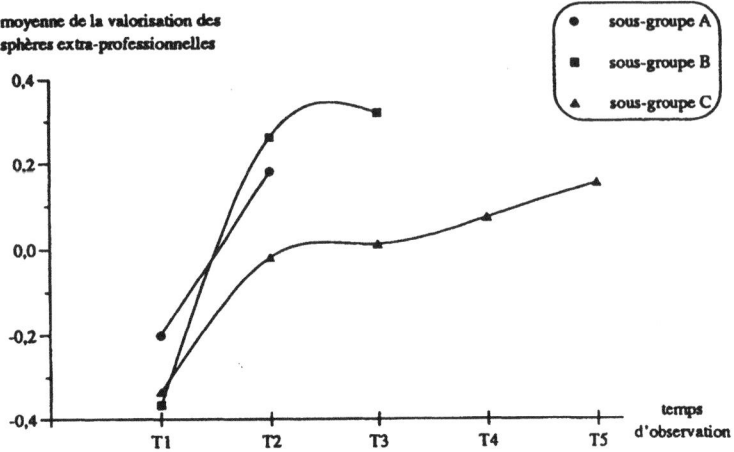

Figure 314 — Moyennes de valorisation des sphères extra-professionnelles, par sous-groupe et temps d'observation.

D'une façon globale, la valorisation des sphères extra-professionnelles suit la même évolution pour les trois sous-groupes. Cette valorisation ne cesse en effet d'augmenter avec la durée du chômage.

Cependant, nous avons là aussi, en moyenne, des scores qui sont plus faibles pour le sous-groupe C que pour les deux autres sous-groupes. Il y a une augmentation de cette valorisation au temps précédant la sortie du chômage, pour les sous-groupes A et B. Cependant, cette augmentation se retrouve pour le sous-groupe C, même si elle est moins forte.

Ainsi, si ce n'est dans l'intensité de la valorisation, il ne semble pas que cette variable permette de bien distinguer les sous-groupes.

3.2. RAPPORT ENTRE VALORISATION ET ACTIVITÉS POUR LES DOMAINES EXTRA-PROFESSIONNELS

Pour analyser le rapport entre valorisation et activités dans les domaines extra-professionnels, les mêmes indicateurs que pour le domaine professionnel seront utilisés, à savoir :
– le croisement des variables dichotomisées,
– les corrélations,

- l'indice de valorisation/activités construit de la même façon que pour le domaine professionnel.

Sans détailler un à un ces trois indicateurs, nous allons étudier quel est le rapport entre la valorisation et les A.E.P. effectivement réalisées, d'une part pour les activités sociales, d'autres part pour les activités privées.

3.2.1. Valorisation et activités sociales

En ce qui concerne les variables dichotomisées, il n'y a pas de combinaison majoritaire pour le sous-groupe A. Par contre, au niveau des corrélations, elles sont positives et statistiquement significatives aux deux temps d'observation.

Pour le sous-groupe B, nous pouvons observer des combinaisons majoritaires, qui sont différentes aux trois temps d'observation, à savoir :
- en T 1 : SOC. +/val A.E.P. - (50%)
- en T 2 : SOC. -/val A.E.P. + (50%)
- en T 3 : SOC. +/val A.E.P. + (58%).

Les corrélations sont non significatives.

Pour le sous-groupe C, en T 1 et T 3, la combinaison majoritaire est SOC. -/val A.E.P. - (respectivement 47% et 37%). En T 5, elle est SOC. -/val A.E.P. + (42%). Pour les deux autres temps d'observation, il n'y a pas de combinaison majoritaire.

Les corrélations sont positives de T 1 à T 4, pour être négative en T 5, bien que non significative.

En ce qui concerne le rapport valorisation/activités pour les activités sociales, nous obtenons la figure suivante (n° 315).

Nous voyons que l'évolution est la même pour les trois sous-groupes. Partant d'un rapport inférieur à 1 (donc d'une activité plus forte que la valorisation), les trois sous-groupes passent à une valorisation plus forte que l'activité.

Pour résumer, le fonctionnement de la sphère sociale ne nous permet pas d'accéder réellement à une explication complète de la vitesse de sortie du chômage. Le sous-groupe A, qui présente une corrélation positive et significative à tous les temps d'observation, pourrait laisser entrevoir que cette relation est liée à la vitesse de sortie du chômage. Or, pour le sous-groupe B, les corrélations ne sont pas significatives et, de plus,

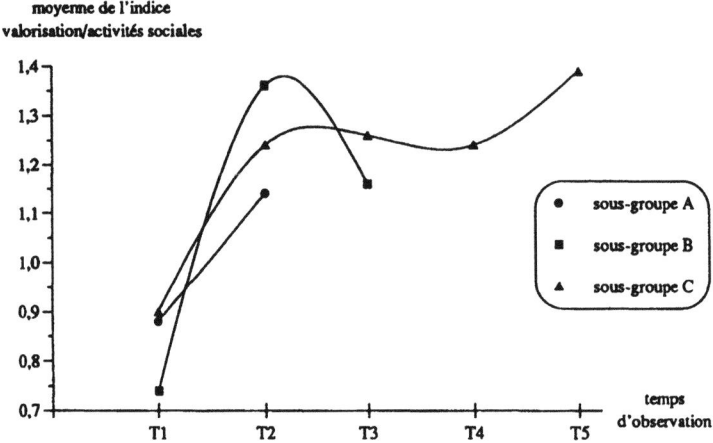

Figure 315 — Moyennes pour l'indice valorisation/activités pour la sphère sociale, par sous-groupe et par temps d'observation.

la relation devient négative au moment de la sortie du chômage. L'indice de valorisation/activités ne permet pas non plus de différencier les trois sous-groupes.

3.2.2. Valorisation et activités privées

Par sous-groupe et par temps d'observation, nous obtenons la figure suivante (n° 316) :

Nous retrouvons ici les mêmes résultats que pour les activités sociales : le sous-groupe A a une valorisation égale à l'activité. Les sous-groupes B et C ont une valorisation plus forte que l'activité réellement déployée (sauf pour le sous-groupe C en T2).

Pour les variables dichotomisées apparaît également une combinaison majoritaire seulement pour le sous-groupe B : val. A.E.P.+/Pri.+ (50% en T2 et T3).

Cependant, au niveau des corrélations, nous n'obtenons aucune liaison significative pour les trois sous-groupes. Il est à noter cependant que les corrélations restent proches de 0 ou négatives pour les sous-groupes A et B, alors qu'elles sont plus fortes et positives pour le sous-groupe C.

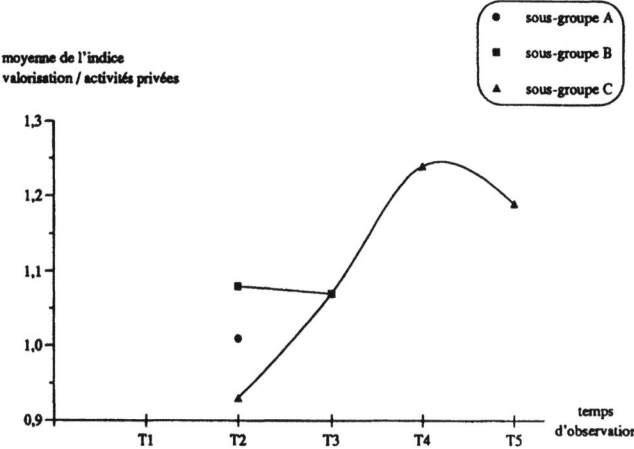

Figure 316 — Moyennes pour l'indice valorisation/activités pour la sphère privée, par sous-groupe et par temps d'observation.

3.2.3. Résumé des résultats obtenus pour le fonctionnement des domaines extra-professionnels

L'examen des sphères extra-professionnelles nous a permis de voir que :
- La réalisation d'activités sociales et privées est liée à la vitesse de sortie du chômage.
- La valorisation de ces sphères ne semble pas, par contre, avoir un lien avec cette vitesse de sortie.
- Pour le rapport valorisation/activités :
  Pour les activités sociales, la différence entre les trois sous-groupes se situe surtout au niveau des corrélations. Seul le sous-groupe A établit une relation, de façon statistiquement significative et positive, entre la valorisation et les activités sociales.
  Pour les activités privées, seul le sous-groupe C établit une relation positive (statistiquement significative seulement sans distinction des temps d'observation) entre la valorisation des activités extra-professionnelles et les activités privées.

3.3. RÉSUMÉ ET CONCLUSION

L'étude du fonctionnement intra-sous-systémique nous permet d'approfondir les analyses obtenues lorsque les éléments des sous-systèmes sont considérés séparément.

Pour le domaine professionnel

Rappelons que :
- l'intensité des C.R.E. était une condition nécessaire, mais non suffisante, de la vitesse de sortie du chômage (notamment parce que cette variable ne suffit pas à expliquer la sortie du chômage du sous-groupe B et la non sortie du sous-groupe C),
- la valorisation de la sphère professionnelle est liée à la vitesse de sortie.

Le rapport entre la valorisation et l'activité permet de mieux comprendre le lien entre la vitesse de sortie du chômage et le domaine professionnel, pour les sous-groupes A et C.

Le sous-groupe A a une activité plus forte que la valorisation et une combinaison C.R.E.+/val. PRO.+, contrairement au sous-groupe C (combinaison C.R.E.-/val. PRO- et une valorisation plus forte que l'activité).

Par contre, pour le sous-groupe B, nous n'obtenons pas d'explication satisfaisante en ce qui concerne le fonctionnement du domaine professionnel.

Pour la sphère des activités sociales

De façon moins significative, nous retrouvons ici le même résultat que pour la sphère professionnelle, pour les sous-groupes A et C.

Le sous-groupe A présente une corrélation positive entre la valorisation et l'activité. Le sous-groupe C présente aussi cette relation et une combinaison SOC-/val. A.E.P.- pour deux temps d'observation. Pour illustrer cela, un des sujets suivis par entretien (EC) nous disait, lorsque nous lui demandions s'il avait l'impression de voir autant de personnes qu'avant le chômage : «Oh! moins, beaucoup moins. Ça c'est sûr. Avant, je voyais des gens, notamment un copain qui travaillait avec moi. Bon, maintenant, il est comme moi, il ne travaille plus, donc il reste chez lui, donc on ne se voit plus. Maintenant, y'a moins de monde qui vient, c'est plus pareil».

Par contre, pour le sous-groupe B, nous n'obtenons pas d'explication satisfaisante.

Pour la sphère des activités privées

La corrélation est proche de 0 pour les sous-groupes A et B, alors qu'elle est positive (statistiquement significative sans distinction des temps d'observation) pour le sous-groupe C.

La valorisation des sphères extra-professionnelles, d'après les corrélations, n'est pas liée aux mêmes activités, pour les sous-groupes A et C. La valorisation des sphères extra-professionnelles est corrélée avec les activités sociales pour le sous-groupe A, alors qu'elle est corrélée aux activités privées pour le sous-groupe C.

De plus, d'une manière générale (domaines professionnel et extra-professionnels), le sous-groupe A présente une activité plus forte que la valorisation, alors que pour le sous-groupe C, c'est l'inverse. Le fait que la valorisation soit plus forte que les activités réellement déployées peut recouvrir plusieurs significations :

- soit les sujets se prémunissent contre les échecs auxquels une action pourrait aboutir (que ce soit pour les C.R.E. ou les activités extra-professionnelles),
- soit ils ne trouvent pas, dans le domaine considéré, les moyens et/ou les raisons d'agir.

Le retrait social dont parlent certaines études sur les effets psychologiques du chômage (Eisenberg et Lazarsfeld, 1938 ; Marsden et Duff, 1975 ; Bolton et Oatley, 1987) semble correspondre aux réactions des sujets du sous-groupe C. Nous retrouvons aussi ce retrait dans la citation ci-dessus, dans laquelle le chômeur associe le fait d'être au chômage au fait d'être chez soi et donc de voir moins de personnes (« Il ne travaille plus, donc il reste chez lui, donc on ne se voit plus »).

La configuration entre valorisation et activités peut s'expliquer par les échanges entre les sous-systèmes, l'activité dans un domaine pouvant expliquer, par exemple pour le sous-groupe C, l'impossibilité d'agir dans un autre.

Il convient maintenant, pour renforcer l'analyse, de s'intéresser au fonctionnement du système des activités dans son ensemble.

Chapitre 4
Le fonctionnement du système des activités en fonction de la vitesse de sortie du chômage

Une analyse segmentée des sous-systèmes d'activités a montré, dans les chapitres précédents, que :

1) – d'une façon générale, la vitesse de sortie du chômage est bien liée à l'intensité des C.R.E.,
– mais lorsque nous considérons les trois sous-groupes séparément, en distinguant les différents temps d'observation, l'intensité des C.R.E. ne suffit plus à expliquer la différence de vitesse de sortie.

2) – d'une façon générale, le fait d'avoir des activités sociales semble bien être lié à la vitesse de sortie du chômage,
– cette conclusion se retrouve par sous-groupe et par temps d'observation, une forte augmentation des activités sociales étant observée au temps précédant la sortie du chômage.

3) – d'une façon générale, le fait d'avoir des activités privées semble bien être lié à la vitesse de sortie du chômage,
– ce résultat se retrouve par sous-groupe et par temps d'observation.

En prenant en considération le niveau moyen des activités pour les trois domaines de vie, une première remarque s'impose. Pour les C.R.E., ainsi que pour les activités sociales et privées, le sous-groupe C présente les moyennes les plus faibles et la plupart du temps de façon significative.

Une première hypothèse explicative de la vitesse de sortie du chômage découle de cette remarque : un certain seuil d'activités est nécessaire à la sortie du chômage. Un apragmatisme général semble freiner la vitesse de sortie. Ce seuil «nécessaire» d'activités ne se rapporte pas seulement à la sphère professionnelle, mais aussi aux sphères d'activités extra-professionnelles, que celles-ci soient sociales ou privées.

Un chômeur suivi par entretien (EC) nous fournit un début d'explication de cette tendance à l'apragmatisme : «le travail pour moi est primordial. Si on travaille, on peut envisager de faire quelque chose... alors que là, on est comme ça, on peut pas dire : je vais faire ça, on peut rien faire. On sait pas ce que l'avenir nous réserve. Alors on reste comme ça».

Mais, au-delà de ce seuil minimum d'activités, nous pouvons nous demander si le sujet établit une relation entre les diverses activités qu'il réalise dans ses différents domaines de vie. Comme nous l'avons dit dans la présentation de la problématique du système des activités, les activités du sujet sont intersignifiées, que cela se fasse de manière consciente ou non. Ce sont les liens que le sujet établit entre ses activités qui permettront d'expliquer la réponse du sujet à une perturbation.

De plus, les relations entre les différentes activités peuvent dépendre des relations que le sujet établit entre les valorisations des différents domaines. Ainsi, la valorisation du domaine professionnel est-elle compatible avec la valorisation des sphères extra-professionnelles ou non? Cette relation est-elle liée avec la vitesse de sortie du chômage?

Enfin, la valorisation d'une sphère peut être liée avec les activités d'un autre domaine. Les échanges entre domaines peuvent amener le sujet par exemple à signifier les activités sociales en fonction d'une valorisation importante du domaine professionnel, celles-ci pouvant lui apporter des ressources (réseaux, informations, ...) qu'il utilisera dans sa recherche d'emploi.

Ce sont donc maintenant les relations entre sous-systèmes d'activités qu'il convient d'analyser.

Nous allons envisager successivement les relations entre :
1) les activités ;
2) les valorisations des différentes sphères ;
3) les indices valorisation/activités pour les trois domaines de vie ;

4) les relations entre la valorisation d'une sphère et les activités dans d'autres domaines.

Pour alléger la présentation, nous ne présentons pas tous les résultats de façon détaillé.

4.1. LES RELATIONS ENTRE LES ACTIVITÉS DES DIFFÉRENTS DOMAINES DE VIE

Intensité des C.R.E. et activités sociales

D'une façon générale (sans distinguer les différents temps d'observation), la relation existant entre l'intensité des C.R.E. et les activités sociales est positive pour les sous-groupes A et B et négative pour le sous-groupe C.

La figure ci-après (n° 317) indique l'évolution de ces corrélations par temps et par sous-groupe.

Cette figure montre que :
– la relation entre intensité des C.R.E. et activités sociales est toujours négative pour le sous-groupe C, et ce de façon significative en T2,
– cette relation est toujours positive pour le sous-groupe B, et devient significative au moment précédant la sortie du chômage (T3),
– pour le sous-groupe A, cette relation, après avoir été négative en T1, devient positive et significative au moment précédant la sortie du chômage (T2).

Nous obtenons ici un résultat qui nous semble primordial, à savoir que, au moment précédant la sortie du chômage (T2 pour le sous-groupe A et T3 pour le sous-groupe B), la corrélation entre les C.R.E. et les activités sociales est positive et statistiquement significative. Alors que nous avions, pour ces deux sous-groupes, des évolutions différentes pour l'intensité des C.R.E. et semblables pour les activités sociales, nous nous trouvons ici avec une relation identique établie entre ces deux activités. Ce n'est donc pas tant l'intensité des activités qui influence la vitesse de sortie (et nous avons vu notamment que pour le sous-groupe B, l'intensité des C.R.E. n'explique pas la sortie), mais le lien que le sujet établit entre les activités de ces deux domaines.

Pour le sous-groupe C, ces deux activités sont soit en opposition, notamment en T2, soit n'ont pas de lien.

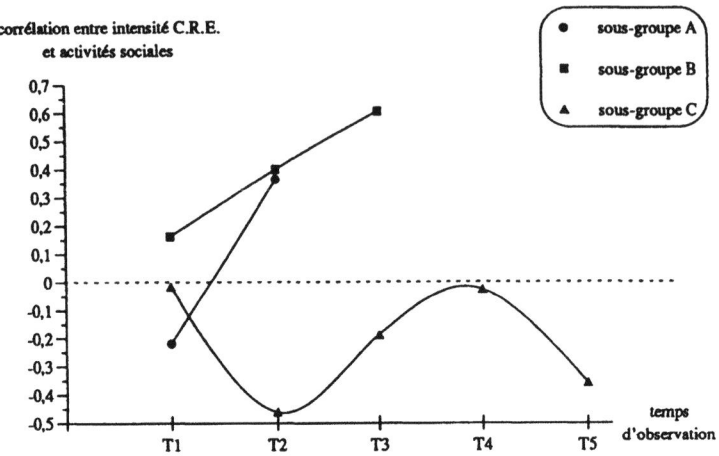

Figure 317 — Corrélations entre l'intensité des C.R.E. et les activités sociales.

Il semble donc que la vitesse de sortie soit liée à la relation établie par les sujets entre l'intensité des C.R.E. et les activités sociales. Cette relation « doit » être positive pour accélérer la vitesse de sortie du chômage.

La question que nous nous sommes posée ensuite par rapport à ce lien établi entre les C.R.E. et les activités sociales concerne la nature de ce lien. En effet, nous pouvons nous demander si les activités sociales sont utilisées de manière directe dans la recherche d'un emploi, ou si cette relation est plus symbolique (par exemple en permettant au sujet de substituer à la perte d'emploi d'autres activités signifiantes pour lui).

Afin de répondre à cette question, nous avons extrait du questionnaire sur la recherche d'emploi les canaux qui nécessitent l'appel à des relations sociales.

Nous en avons relevé trois :

— pour connaître les offres d'emploi A.N.P.E., d'autres personnes se renseignent pour le sujet,

— les sujets ont effectué une démarche personnelle (candidature spontanée ou réponse à une offre d'emploi) par l'intermédiaire :
  - de relations professionnelles antérieures,
  - d'amis.

Brièvement, nous pouvons noter que les sujets sortant le plus vite du chômage sont ceux qui font le plus appel à des relations dans leur recherche d'emploi.

Le sous-groupe A est le sous-groupe qui, sortant le plus vite du chômage, utilise aussi le plus les relations qu'il possède.

Pour illustrer cette utilisation des «canaux relationnels», voici ce que nous disait un sujet suivi par entretien (EA), en T2 : «je contacte des anciens clients que j'avais. Parce que ça bouge beaucoup. Je fais ça à peu près une fois par semaine. C'est pas mauvais, ce système par relations. Parce que le gars il va dire — non je n'ai rien à te proposer mais va voir un tel ou un tel. Ça fait boule de neige».

Mais, pour les sous-groupes B et C, ce résultat ne convient que pour les deux premiers temps d'observation. En effet, en T1 et T2, le sous-groupe B, qui sort plus vite que le sous-groupe C, utilise plus les relations dans sa recherche d'emploi. Cependant, en T3, ce résultat s'inverse, puisque le sous-groupe C utilise les trois canaux nécessitant l'appel à des relations plus fréquemment que le sous-groupe B (bien que les moyennes ne soient pas statistiquement différentes).

Il semble donc que la relation qu'établissent les sujets du sous-groupe B entre l'intensité des C.R.E. et les activités sociales ne soit pas simplement un lien direct. Le fait de faire appel à d'autres personnes directement dans la recherche d'emploi ne suffit pas à expliquer totalement le lien établi entre ces deux activités. Il semble que ce lien soit aussi une relation symbolique, résultat d'une activité psychologique du sujet. Autrement dit, le sujet ne cherche pas seulement dans les activités sociales des ressources directement utilisables pour la recherche d'emploi, mais également des ressources qui lui permettent de mettre en place une recherche d'emploi intense et/ou efficace (confiance en soi, lutte contre l'apathie, ...).

Intensité des C.R.E. et activités privées

Au niveau des corrélations existant entre les deux variables, nous obtenons la figure suivante (n° 318).

Pour le sous-groupe B apparaît la même relation établie entre l'intensité des C.R.E. et les activités sociales : la relation entre l'intensité des C.R.E. et les activités privées est toujours positive et devient significative au moment précédant la sortie du chômage.

Pour le sous-groupe C, nous trouvons une relation faible et/ou négative. Pour le sous-groupe A, il n'y a pas de relation entre les deux variables.

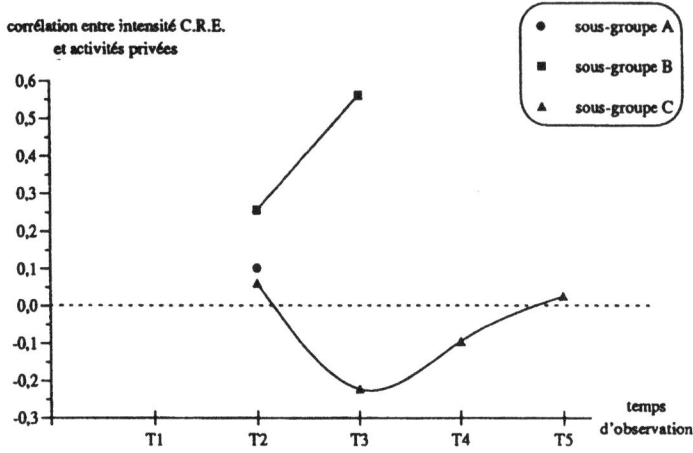

Figure 318 — Corrélations entre l'intensité des C.R.E. et les activités privées.

Activités sociales et privées

Les corrélations entre les activités sociales et privées, par sous-groupe et par temps d'observation, sont présentées sur la figure suivante (n° 319).

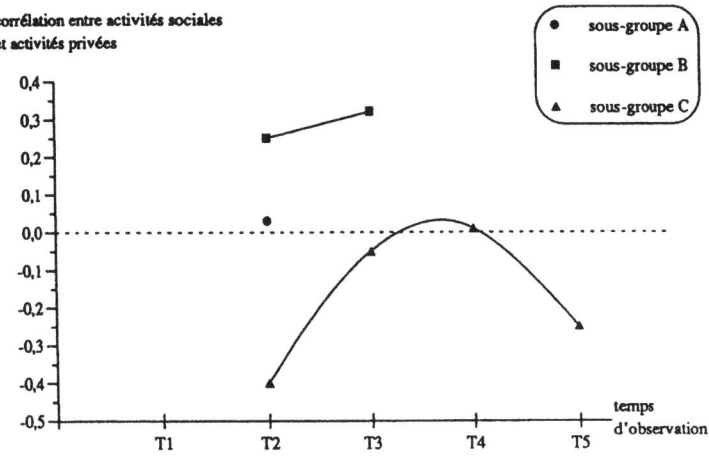

Figure 319 — Corrélations entre les activités sociales et privées.

Le sous-groupe A n'établit pas de relation entre ces deux activités extra-professionnelles, la corrélation étant proche de 0.

Par contre, le sous-groupe B présente des corrélations positives (statistiquement significative seulement sans distinction des temps d'observation).

Le sous-groupe C, quant à lui, présente des corrélations négatives, significative en T2.

Résumé des relations entre les activités des trois domaines de vie

Les sujets du sous-groupe A établissent une relation entre l'intensité des C.R.E. et les activités sociales. Cette relation est par contre absente pour les activités privées et entre les deux types d'activités extra-professionnelles.

Les sujets du sous-groupe B établissent un lien entre les activités des trois domaines de vie.

Pour le sous-groupe C, les sujets n'établissent pas de relation, ou cette relation est négative, entre les activités des trois domaines de vie.

Nous obtenons ici une explication plus complète que précédemment, puisque les résultats sont homogènes pour les trois sous-groupes, c'est-à-dire que les deux sous-groupes qui sortent le plus vite du chômage établissent un lien entre deux, voire trois domaines d'activités, alors que le sous-groupe qui reste au chômage n'établit pas de lien ou pose un lien négatif entre les trois domaines.

Il est cependant nécessaire de pousser plus avant cette étude des relations entre sphères d'activités de façon à confirmer ou infirmer ces résultats.

La question posée est la suivante : si les sous-groupes A et B établissent un lien entre les activités de deux ou trois domaines de vie, ce lien se retrouve-t-il entre les valorisations ? Si tel est le cas, nous nous attendons à ce que ce lien n'existe pas pour le sous-groupe C.

4.2. LES RELATIONS ENTRE VALORISATIONS DES SPHÈRES PROFESSIONNELLE ET EXTRA-PROFESSIONNELLES

Par sous-groupe et par temps d'observation, nous obtenons la figure suivante (n° 320).

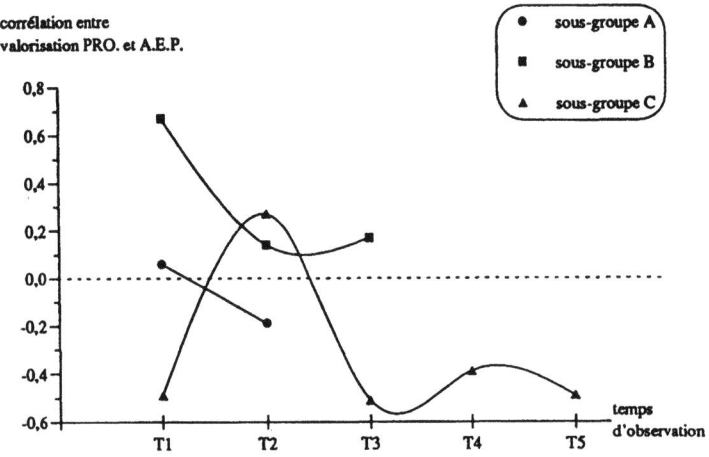

Figure 320 — Corrélations entre les valorisations des sphères professionnelles et extra-professionnelles.

Ainsi, nous pouvons noter :
- que les deux valorisations, pour le sous-groupe A, n'ont pas de relation entre elles (les corrélations ne sont pas significatives),
- le sous-groupe B présente une relation toujours positive, statistiquement significative en T1.

Pour ces deux sous-groupes, les deux valorisations peuvent coexister : il n'y a pas de lien significatif entre elles ou, quand ce lien est significatif, il est positif.

Par contre, pour le sous-groupe C, sauf en T2 (où la corrélation n'est pas significative), le lien établi entre les deux valorisations est significatif et négatif. La valorisation de l'une des sphères entraîne une faible valorisation de l'autre.

Si nous faisons appel à l'ensemble des résultats évoqués jusqu'à maintenant dans ce chapitre 4, l'interprétation peut être approfondie.

Les sous-groupes A et B se distinguent du sous-groupe C par :
- un niveau d'activités global plus important pour les trois sphères d'activités,
- un lien établi entre les activités de deux (sous-groupe A) voire trois (sous-groupe B) domaines de vie,
- une absence de lien ou un lien positif entre les deux valorisations.

Le fait que les valorisations des sphères professionnelle et extra-professionnelles puissent coexister permet à ces deux sous-groupes d'avoir des activités autant «professionnelles» qu'extra-professionnelles. Ils semblent que les sujets de ces deux sous-groupes puissent ainsi trouver, dans la pratique d'activités extra-professionnelles, des ressources, que celles-ci soient réelles (par exemple des relations pour trouver un emploi) ou symboliques (intersignification).

Le sous-groupe C, par contre, est caractérisé par :
- un faible niveau d'activités dans les trois domaines de vie, (tendance à un apragmatisme général) ;
- un lien majoritairement négatif entre les différentes activités ;
- un lien négatif entre les valorisations.

Une première explication est que le sous-groupe C régule le fonctionnement global de son système d'activités par substitution : lorsque le niveau d'activités croît dans un sous-système, il décroît dans un autre (absence de synergie possible des activités). Ceci est renforcé par l'opposition entre les valorisations, la valorisation d'un sous-système entraînant une «dévalorisation» de l'autre.

Un chômeur, suivi par entretien et apparenté, par sa durée de chômage, au sous-groupe C, exprime en ces termes cette opposition entre les deux valorisations : «Pour moi, les activités en dehors du travail ne sont pas importantes, puisque je n'en ai plus du tout. Ça devient moins important. Je pense que le plus important pour moi, c'est de retrouver du boulot, c'est pas de chercher à l'extérieur autre chose pour passer mon temps. Sinon, je ferais d'abord passer le plaisir avant le travail». Or, pour la recherche d'emploi à ce temps d'observation (T3), ce chômeur a des C.R.E. très peu nombreux.

Une deuxième hypothèse explicative est que l'activité dans un sous-système a besoin des moyens et des raisons fournis par les autres sous-systèmes. Les activités et les valorisations étant en opposition, les sujets ne trouvent pas dans les échanges entre sous-systèmes ces raisons et ces moyens d'agir.

Ces deux hypothèses explicatives ne sont pas exclusives, mais plutôt complémentaires. Nous y reviendrons plus loin, en approfondissant les échanges entre les sous-systèmes.

4.3. RELATIONS ENTRE VALORISATION D'UNE SPHÈRE ET ACTIVITÉS DANS D'AUTRES SPHÈRES

Nous avons vu, dans le chapitre précédent, que la valorisation d'un sous-système n'entraîne pas obligatoirement une forte activité. Par exemple, pour le domaine professionnel, le sous-groupe B, en ayant une valorisation forte et qui augmente, a une activité qui diminue, ce qui amène à une corrélation négative en T3. Mais, la valorisation d'une sphère d'activités peut avoir une influence sur l'activité d'un autre sous-système. Par exemple, le fait de valoriser la sphère professionnelle peut mener l'individu à avoir un grand nombre d'activités sociales, espérant par là trouver des ressources pour sa recherche d'emploi. En effet, les échanges entre sous-systèmes peuvent aussi être de cet ordre là, c'est-à-dire que la valorisation d'une sphère n'agirait pas simplement sur les activités correspondantes, mais aussi sur les activités des autres sphères.

Valorisation des activités extra-professionnelles et intensité des C.R.E.

Sans distinguer les différents temps d'observation, les corrélations entre la valorisation des A.E.P. et l'intensité des C.R.E. ne sont pas significatives.

Par sous-groupe et par temps d'observation, il apparaît que :

– Le sous-groupe A, bien que de façon non significative, établit d'abord une relation négative, relation qui disparaît en T2.

– Le sous-groupe B pose une relation positive, statistiquement significative en T1.

– Le sous-groupe C, par contre, n'établit pas de relation ou établit une relation négative, bien que non significative.

Pour résumer, seul le sous-groupe B établit une relation entre la valorisation des sphères extra-professionnelles et l'intensité des C.R.E. Pour les autres, la relation n'est pas significative.

Valorisation de la sphère professionnelle et activités sociales

Sans distinguer les temps d'observation, nous obtenons des corrélations statistiquement significatives pour les groupes A et C :

Par sous-groupe et temps d'observation, nous obtenons les résultats suivants :

Les sous-groupes A et C établissent une relation négative (significative en T1).

Par contre, le sous-groupe B, bien que de façon non significative, après avoir établi une relation positive en T1, manifeste une relation négative entre ces deux variables.

Valorisation de la sphère professionnelle et activités privées

Sans distinction des temps d'observation, la corrélation est statistiquement significative seulement pour le groupe C.

Par temps d'observation, les résultats sont les suivants :

De façon significative en T5, les sujets du sous-groupe C établissent une relation négative entre la valorisation de la sphère professionnelle et les activités privées.

Le sous-groupe A présente une relation négative, bien que non significative, entre les deux variables.

Le sous-groupe B, après avoir présenté une relation positive (non significative) en T2, présente une relation négative et significative en T3.

Résumé des relations entre valorisation d'une sphère et activités d'une autre sphère

Entre la valorisation des A.E.P. et l'intensité des C.R.E. :
− les sous-groupes A et C n'établissent pas de relation significative,
− le sous-groupe B établit une relation positive.

Entre la valorisation de la sphère professionnelle et les activités sociales :
− les sous-groupes A et C établissent une relation négative,
− le sous-groupe B n'établit pas de relation significative.

Entre la valorisation de la sphère professionnelle et les activités privées :

– le sous-groupe A ne présente pas de relation significative,
– les sous-groupes B et C présentent une relation négative.

La valorisation d'une sphère peut être en relation avec les activités réalisées dans un autre domaine de vie. Cela suggère que les sujets ne trouvent pas les moyens et les raisons d'agir seulement dans la valorisation du domaine concerné, mais aussi dans la valorisation d'autres domaines.

Le chapitre suivant reprend ces résultats et apporte une synthèse des chapitre 2 à 4.

Chapitre 5
Résumé :
le fonctionnement du système des activités par sous-groupe

Résumons les résultats obtenus jusqu'à présent, et ce par sous-groupe.

Pour les figures synthétisant le fonctionnement du système des activités par sous-groupe (figure n° 321, 323, 325) :

Les signes dont sont affectés les éléments des sous-systèmes indiquent le sens de leur évolution entre les différents temps d'observation.

Ainsi, pour le sous-groupe A, entre T1 et T2, la valorisation de la sphère des activités extra-professionnelles augmente (moyenne en T1 : -0,2 ; en T2 : 0,18). Cette variable (val. A.E.P.) a été affecté du signe -+.

Mais les signes affectés tiennent compte aussi des moyennes des deux autres sous-groupes. Toujours en prenant exemple sur le sous-groupe A : par rapport aux moyennes des deux autres sous-groupes, la moyenne de l'intensité des C.R.E. se situe à un niveau élevé et continue à augmenter. Le signe affecté est donc (++).

Pour le sous-groupe B, il a été tenu compte de l'évolution entre T1 et T3, pour le sous-groupe C, entre T1 et T5.

Les signes dont sont affectés les relations entre les éléments indiquent la force des corrélations et de leur «évolution» entre les différents temps d'observation. Si la corrélation, aux différents temps d'observation, est non significative, la relation est symbolisée par un 0. Si la relation, après avoir été significative et positive en T1 (+), devient nulle, le signe affecté sera (+0), etc. Si la relation est positive mais non significative par temps, mais significative sans distinction des temps d'observation, nous avons affecté le signe +.

5.1. LE SOUS-GROUPE A

La figure suivante (n° 321) présente le résumé des résultats obtenus pour le sous-groupe A.

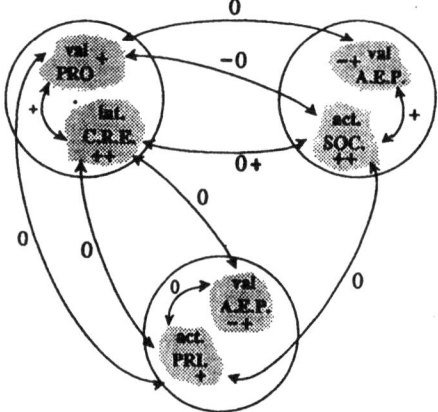

Figure 321 — Représentation du fonctionnement du système des activités pour le sous-groupe A.

Cette figure nous permet de constater :

Au niveau des sous-systèmes

Le sous-groupe A atteint un haut niveau, que ce soit pour les activités ou pour les valorisations, dans les trois sous-systèmes d'activités.

Les sujets du sous-groupe A présentent une consistance interne dans le fonctionnement de leurs sous-systèmes, c'est-à-dire que pour une forte valorisation, il y a une forte activité.

De plus, des relations entre la valorisation et les activités d'une sphère sont établies et ce de façon significative, sauf pour la sphère privée. Il semble que le sous-groupe A lie plus la valorisation des A.E.P. aux activités sociales que privées, puisque la valorisation des A.E.P. est corrélée positivement avec les activités sociales, alors qu'elle est nulle avec les activités privées.

Au niveau du système global

Il n'y a aucune relation établie entre la sphère privée et les autres sphères.

Il n'y a pas de relation établie entre les valorisations des différentes sphères.

Les seules relations significatives sont :
– une relation positive entre l'intensité des C.R.E. et les activités sociales (existence d'une synergie CRE+/SOC+ en T2),
– une relation négative entre la valorisation de la sphère professionnelle et les activités sociales (relation qui disparaît en T2).

La schématisation des résultats obtenus pour le sous-groupe A peut ainsi se résumer plus simplement que précédemment (figure n° 322) :

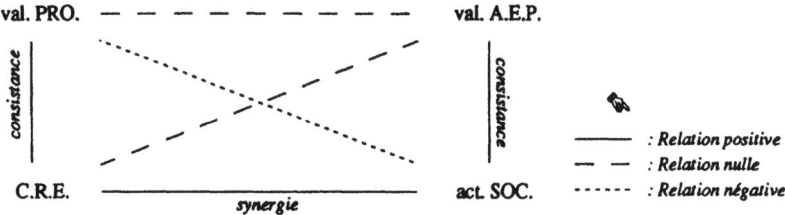

Figure 322 — Résumé des résultats obtenus pour le sous-groupe A.

Le sous-groupe A :
– présente une consistance intra-sous-systémique, rendant moins nécessaire les échanges inter-sous-systémiques.
– Deux sous-systèmes sont importants : les domaines professionnel et social. Les seuls échanges existants sont établis entre ces deux sphères, liant positivement les activités (synergie C.R.E.+/SOC.+).

Un des chômeurs interrogés par entretien (EA) a dit la chose suivante, qui illustre bien le fonctionnement du système des activités du sous-groupe A : «Les activités en dehors du travail permettent certainement d'occuper le temps. Il ne faut pas tout mélanger. Le fait de chercher un emploi n'empêche pas d'avoir des activités, au contraire même, ça permet de se bouger».

5.2. LE SOUS-GROUPE B

Nous avons résumé, de la même manière que pour le sous-groupe A, les résultats obtenus pour le sous-groupe B (figure n° 323) :

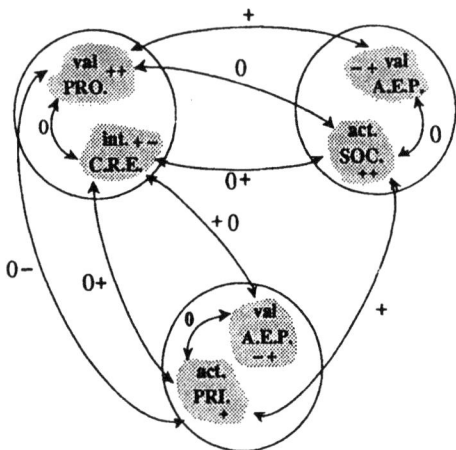

Figure 323 — Représentation du fonctionnement du système des activités pour le sous-groupe B.

Nous pouvons noter :

Au niveau des sous-systèmes

Le sous-groupe B a un haut niveau de valorisation et des forts niveaux d'activités dans les sphères extra-professionnelles. En effet, pour le système professionnel, si la valorisation est forte, l'intensité des C.R.E., après avoir été élevée en T1, diminue progressivement jusqu'en T3.

Pour les trois sphères, il n'y a pas de relations entre la valorisation et les activités.

Au niveau du système global

Les échanges entre sous-systèmes sont très nombreux pour le sous-groupe B.

Les échanges sont significatifs et positifs entre les activités des trois sous-systèmes.

Les valorisations des sous-systèmes sont liées positivement.

La valorisation de la sphère professionnelle est liée négativement aux activités privées et n'est pas liée aux activités sociales.

La valorisation des A.E.P. est liée positivement à l'intensité des C.R.E.

Pour le sous-groupe B, la simplification de la schématisation des résultats est moins aisée que pour le sous-groupe A, puisque les trois sous-systèmes sont importants (n° 324).

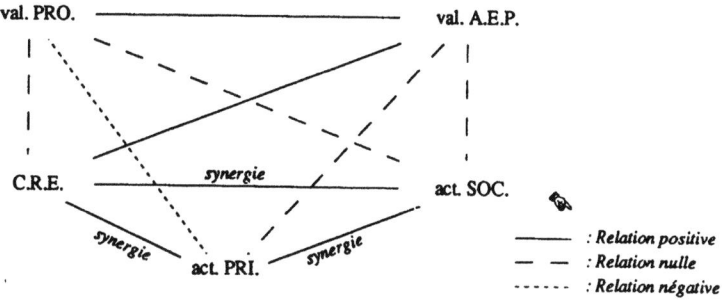

Figure 324 — Résumé des résultats obtenus pour le sous-groupe B.

Ainsi, nous voyons que, pour le sous-groupe B :
- le modèle de fonctionnement est axé principalement sur les échanges inter-sous-systémiques (de nombreuses relations sont significativement positives),
- au niveau intra-sous-systémique, il n'y a pas de relation.

Dans un des entretiens de sujets apparentés, par leur durée de chômage, au sous-groupe B (EB), on trouve une illustration de l'interaction entre activités : «Si on travaille pas, on peut avoir des activités associatives, donc ça s'assimile à du travail. Donc on peut travailler par exemple au sein d'une association en temps que bénévole et ne pas avoir de rémunération mais avoir les mêmes avantages que dans le travail, sauf le salaire. Personnellement, c'est ce que je recherche aussi dans le travail, c'est surtout une revalorisation, des contacts, enfin toutes ces choses là que je trouve aussi dans mes activités associatives».

5.3. LE SOUS-GROUPE C

Le fonctionnement du système des activités du sous-groupe C est présenté ci-après (figure n° 325).

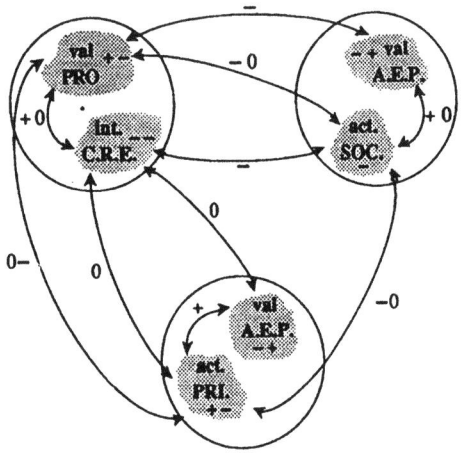

Figure 325 — Représentation du fonctionnement du système des activités pour le sous-groupe C.

Au niveau des sous-systèmes

Comme nous l'avons déjà noté, le sous-groupe C a un faible niveau d'activités dans les trois sous-systèmes (apragmatisme général).

Après avoir présenté une relation positive entre valorisation et activités pour les sphères professionnelles et sociales, cette relation disparaît. Elle reste positive (bien que significative seulement sans distinction des temps d'observation) pour la sphère privée. Il semble que le sous-groupe C lie la valorisation des A.E.P. essentiellement aux activités privées.

Au niveau du système global

La première remarque qui peut être faite pour les échanges entre sous-systèmes est que le sous-groupe C ne présente aucun échange positif. Les fonctionnements des sous-systèmes sont posés en opposition, comme si le fonctionnement de l'un inhibait le fonctionnement des autres.

Ainsi, les valorisations des sphères sont posées en opposition, la valorisation de l'une entraînant la non valorisation des autres.

De plus, la valorisation de la sphère professionnelle est liée négativement aux activités extra-professionnelles, que celles-ci soient sociales ou privées. Cette opposition se retrouve au niveau des activités, entre l'intensité des C.R.E. et les activités sociales et entre ces dernières et les activités privées.

Si nous schématisons ces résultats de la même manière que pour les sous-groupes A et B, nous obtenons la figure suivante (n° 326).

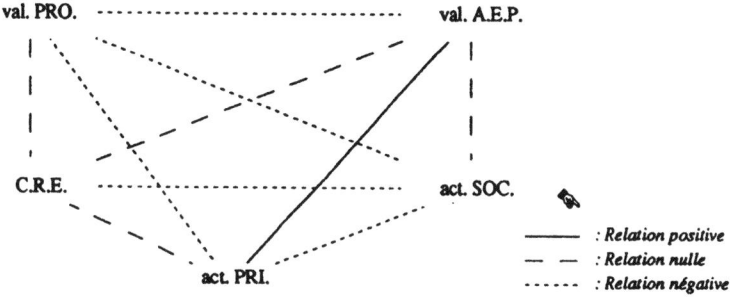

Figure 326 — Résumé des résultats obtenus pour le sous-groupe C.

Ainsi, si ce n'est au niveau de la sphère privée, il n'y a pas de relation à l'intérieur des sous-systèmes (les valorisations ne sont pas liées aux activités) et la plupart des relations inter-sous-systémiques sont négatives, dans la mesure où un fort niveau d'activités ou de valorisation dans l'une entraîne un faible niveau d'activités ou de valorisation dans les autres.

Les sujets de ce sous-groupe semblent être pris dans une «attente», qui les paralyse autant au niveau des sphères professionnelle qu'extra-professionnelles. Un des sujets suivis par entretien (EC) parle de sa recherche d'emploi (T2) :

«Maintenant, je suis obligé d'attendre (...) L'A.N.P.E., je ne la contacte plus parce qu'il n'y a jamais rien, alors! On a beau leur téléphoner, ils nous répondent : y'a pas d'embauche sur ci, y'a pas d'embauche sur ça

(...) Ma femme regarde (les petites annonces), elle me donne les trucs, elle me dit : tu crois qu'on peut appeler ou quoi ? je lui dis : non, ça vaut pas le coup parce que je ne serais pas pris, alors ! ».

Un peu plus loin, il nous parle de ses activités extra-professionnelles :

« Je n'ai plus envie de rien faire. Depuis que la chasse est ouverte, je n'y ai été que trois fois. Je ne vais plus à la pêche non plus. Alors qu'avant, je n'étais jamais là le week-end. Mais maintenant, je ne trouve plus d'intérêt dans les loisirs. Avant, quand je travaillais, je pouvais décider de m'arrêter une journée, de prendre une journée de loisirs. Maintenant, ça n'a plus de sens (...) Les voisins viennent m'inviter pour voir des films sur le magnétoscope, mais je n'en ai pas envie. Ma femme me dit que je deviens pantouflard. Elle me propose de sortir, j'ai pas envie. A part bricoler à la maison, je ne fais rien d'autre ».

Nous retrouvons ici certains des processus que nous avons décrit à propos de l'aliénation, dans la partie 2 de ce travail. Du fait de la perte d'emploi, les activités se trouvent désignifiées et, à part les activités privées, les sujets de ce sous-groupe n'arrivent pas à signifier (et encore moins à intersignifier) leurs activités, ce qui conduit à une apathie (apragmatisme).

5.4. RÉSUMÉ ET CONCLUSION

Ce chapitre nous a permis de voir que ce qui différencie les trois sous-groupes distingués par la vitesse de sortie du chômage, c'est la différence au niveau du fonctionnement du système des activités.

Le fonctionnement, pour le sous-groupe A, est surtout intra-sous-systémique, assurant une consistance entre les valorisations et les activités, et ce pour seulement deux sphères : professionnelle et sociale. Les activités de ces deux sphères sont corrélées entre elles au moment précédant la sortie du chômage.

Le sous-groupe B, par contre, présente de nombreuses relations inter-sous-systémiques, et une absence de relation entre valorisation et activités dans les trois domaines. Les activités des trois domaines de vie sont liées (synergie).

Le sous-groupe C, en plus d'un apragmatisme général au niveau des activités des trois sous-systèmes, ne présente pas de relations intra-sous-systémiques (sauf pour la sphère privée), et les relations inter-sous-sytémiques sont nulles ou négatives.

Ainsi, la vitesse de sortie du chômage semble liée :
- à l'existence d'une synergie des activités (notamment professionnelle et sociale),
- à l'existence de relations intra-sous-systémiques ou inter-sous-systémiques.

Chapitre 6
La perception de l'individu par lui-même

Dans la problématique du système des activités, le modèle de vie comprend : la hiérarchie des valeurs, la représentation du fonctionnement social, l'internalité/externalité globale et la représentation de soi. Une partie de cette représentation de soi a été mesurée ici : l'estime de soi.

Cette perception de l'individu par lui-même peut avoir une influence sur l'organisation du système des activités, en tant que prédicteur et/ou médiateur. Mais l'organisation du système des activités peut aussi, en retour, influencer le niveau d'estime de soi, le niveau de cette variable étant alors un des effets de l'action. L'ambiguïté de l'estime de soi et des hypothèses sous-jacentes a déjà été soulignée dans la première partie du travail. Rappelons la controverse concernant la nature de la relation entre estime de soi et «l'ajustement affectif» (Fineman, 1979). Soit il est posé qu'un haut niveau d'estime de soi est un bon ajustement et une estime de soi basse un ajustement inadéquat, soit la relation est curvilinéaire, un niveau moyen d'estime de soi étant vu comme le point optimum pour un ajustement personnel.

L'estime de soi peut ne pas être directement liée à la vitesse de sortie du chômage, mais à des variables qui, elles, sont directement liées à cette vitesse de sortie.

Dans la perception que l'individu a de lui-même, il est important de tenir compte de l'image que le sujet perçoit dans le «regard d'autrui».

L'importance du « moi perçu » se retrouve dans les études sur les supports sociaux et leur rôle modérateur. Ici, il est attendu que l'estime de soi soit liée positivement au moi perçu pour les deux sous groupes sortant le plus vite du chômage.

Rappelons que l'estime de soi est mesurée à l'aide d'une adaptation de l'échelle proposée par Hartley. Plus le score est élevé, plus l'individu a un haut niveau d'estime de soi. Pour le moi perçu, il en est de même : plus le score est élevé, plus l'image perçue au travers d'autrui est positive.

Dans ce dernier chapitre, nous allons envisager successivement les relations entre l'estime de soi et :
- la vitesse de sortie du chômage,
- l'utilisation des canaux de recherche d'emploi,
- les activités sociales,
- le moi perçu.

6.1. L'ESTIME DE SOI ET LA VITESSE DE SORTIE DU CHÔMAGE

Rappelons que, pour l'estime de soi, les effectifs des trois sous-groupes par temps d'observation sont les suivants :
- sous-groupe A' : n = 22 ;
- sous-groupe B' : n = 12 ;
- sous-groupe C' : n = 12.

Les moyennes pour l'estime de soi, par sous-groupe et par temps d'observation sont présentées ci-dessous (figure n° 327).

Ici, il n'y a pas de différence significative entre les moyennes. Les trois sous-groupes ne sont donc pas significativement différenciés en fonction de cette variable.

Cependant, nous pouvons noter que, quel que soit le temps de chômage, c'est le sous-groupe C' qui présente la moyenne d'estime de soi la plus élevée.

L'estime de soi ne semble pas liée directement à la vitesse de sortie du chômage. Cependant, le rôle de l'estime de soi peut être « indirect », son rôle médiateur s'exerçant sur des activités du sujet qui, elles, sont

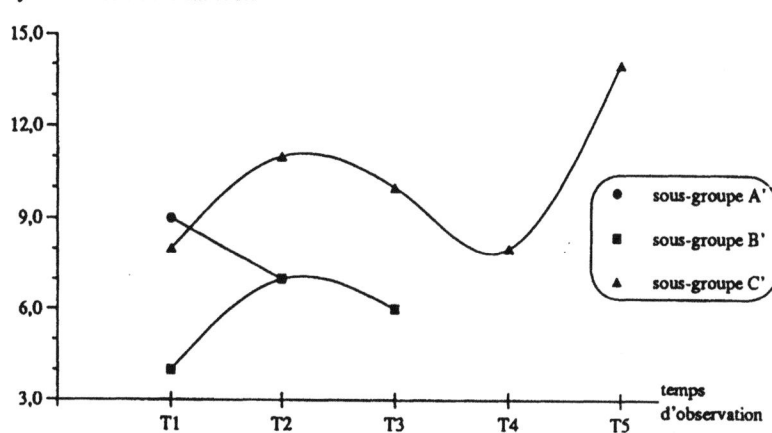

Figure 327 — Moyennes pour l'estime de soi, par sous-groupe et par temps d'observation.

liées avec la vitesse de sortie, telles l'utilisation de certains canaux de recherche d'emploi.

Le chapitre 2 a permis de constater que les différents canaux étaient utilisés de manière différentielle suivant les sous-groupes et les temps d'observation :

– c'est le sous-groupe B qui utilise le plus l'A.N.P.E., quel que soit le temps de chômage,

– pour les petites annonces, tous temps confondus, c'est le sous-groupe A qui les utilise le plus, suivi par le sous-groupe B puis le sous-groupe C (différences significatives entre les trois sous-groupes). L'analyse par temps d'observation confirme ces résultats, notamment en T1 et T2.

– pour les démarches personnelles, de façon très significative, c'est le sous-groupe A qui les utilise le plus. Le sous-groupe B, bien que la différence ne soit pas significative, les utilise plus que le sous-groupe C.

On peut faire l'hypothèse que l'utilisation de ces trois canaux ne requiert pas le même rapport à soi-même et à l'environnement, la même estime de soi.

Ainsi, le fait de se rendre à l'A.N.P.E. ou de lire les petites annonces ne nécessite pas le même investissement que de faire des démarches personnelles. Celles-ci requièrent de la part de l'individu une plus grande initiative et autonomie, une plus grande confiance en soi et peut-être aussi un plus grand optimisme dans la réussite de la démarche.

De même, le fait de se rendre à l'A.N.P.E., de lire les petites annonces et le fait de répondre à une offre d'emploi provenant de l'une ou l'autre de ces sources nécessite sans doute, dans le «passage à l'acte», une initiative et un investissement plus important.

6.2. UTILISATION DES CANAUX DE RECHERCHE D'EMPLOI ET ESTIME DE SOI

Afin d'analyser la relation potentielle entre les canaux de recherche d'emploi et l'estime de soi, nous avons retenu cinq items du questionnaire :

Durant ces quinze derniers jours, combien de fois avez-vous :
- contacté l'A.N.P.E.?
- répondu à une offre d'emploi trouvée à l'A.N.P.E.?
- consulté les petites annonces?
- répondu à des petites annonces?
- effectué des démarches personnelles?

L'A.N.P.E. ou consulter les petites annonces sont des activités qui sont réalisées plus fréquemment par les personnes ayant une estime de soi négative. Par contre, répondre à des offres d'emploi trouvées par l'intermédiaire de l'A.N.P.E. ou des petites annonces est le fait des personnes ayant une estime de soi positive.

De plus, et c'est un résultat important, les démarches personnelles sont plus utilisées par les personnes ayant une estime de soi positive.

L'estime de soi, si elle n'est pas liée directement à la vitesse de sortie du chômage, influence par contre l'utilisation de canaux de recherche d'emploi qui sont utilisés différentiellement en fonction de la vitesse de sortie du chômage.

Ainsi, l'estime de soi influence moins l'intensité de la recherche d'emploi que la nature de la stratégie du sujet et en particulier l'initiative et l'autonomie qu'il manifeste dans ses démarches pour retrouver un emploi. Le même résultat a été obtenu sur un échantillon tiré de la population suivie par entretien (Roques, 1988).

Ce résultat nous amène à nous poser une autre question : l'estime de soi ne serait-elle pas corrélée à d'autres activités liées à la vitesse de sortie du chômage, en particulier les activités sociales dont le chapitre 3 a montré le lien avec la vitesse de sortie.

6.3. LES ACTIVITÉS SOCIALES ET L'ESTIME DE SOI

Sans distinguer les temps d'observation, les corrélations observées sont statistiquement significatives pour les sous-groupes A et B.

En distinguant les temps d'observation, nous obtenons la figure suivante (n° 328).

Pour les sous-groupes A' et B', nous voyons donc que la pratique d'activités sociales est liée de façon positive à l'estime de soi.

Pour le sous-groupe C', par contre, il n'y a pas de relation établie ou celle-ci est négative (bien que non significative).

Ainsi, il apparaît que, de façon significative, l'estime de soi est liée à la pratique d'activités sociales pour les deux sous-groupes qui sortent le plus vite du chômage.

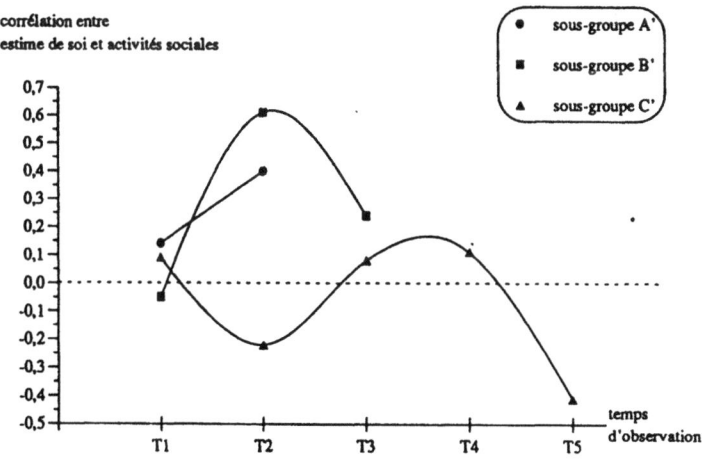

Figure 328 — Corrélations entre l'estime de soi et les activités sociales.

Par contre, pour le sous-groupe C', il n'y a pas de relation ou cette relation est négative.

L'ensemble de ces résultats montre que l'influence de l'estime de soi n'est pas directe, dans le sens où elle n'est pas directement associée à la vitesse de sortie du chômage mais à des activités (stratégie de recherche d'emploi et activités sociales) qui sont, elles, liées à cette vitesse de sortie.

Ces résultats illustrent l'ambiguïté du rôle qu'exerce l'estime de soi et expliquent les différences dans la littérature sur l'effet de cette variable (Fineman, 1979). Elle peut traduire une sorte d'accommodation à la situation de chômage (comme dans le sous-groupe C) ou manifeste la présence de ressources psychologiques suffisamment fortes pour entreprendre des démarches coûteuses de recherche d'emploi (sous-groupes A et B).

Une telle ambiguïté doit se retrouver dans la nature des relations que le sujet établit entre le jugement qu'il porte sur lui-même (estime de soi) et ce qu'il lit ou croit lire dans le regard qu'autrui porte sur lui (moi perçu).

6.4. MOI PERÇU ET ESTIME DE SOI

Nous rappelons qu'ici, les effectifs des trois sous-groupes par temps d'observation sont les suivants :
– sous-groupe A" : n = 20
– sous-groupe B" : n = 9
– sous-groupe C" : n = 11.

Sans distinction des temps d'observation, les corrélations sont statistiquement significatives pour les sous-groupes A" et B".

Par sous-groupe et par temps d'observation, la figure est la suivante (n° 329).

Nous pouvons ainsi voir que :
– pour les sous-groupes A" et B", l'estime de soi et le moi perçu sont fortement corrélés,
– pour le sous-groupe C", la relation est négative en T1 ($r = -0,59$ significatif à .05). Aux autres temps d'observation, il n'y a pas de relation significative entre estime de soi et moi perçu pour ce sous-groupe.

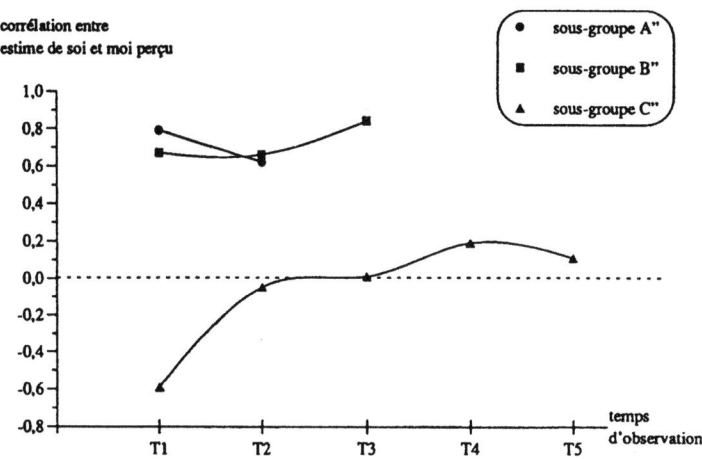

Figure 329 — Corrélations entre estime de soi et moi perçu, par sous-groupe et par temps d'observation.

Ainsi, pour les deux sous-groupes qui sortent le plus vite du chômage, une estime de soi haute est corrélée avec un moi perçu positif. Ce résultat illustre l'importance des supports sociaux. C'est autant dans les activités de substitution (notamment sociales) que dans les interactions qu'elles procurent avec autrui que le sujet puise les ressources nécessaires à l'établissement d'une image de lui-même. Au travers de l'image qu'ils perçoivent dans le regard d'autrui et les interactions que les sujets de ces deux groupes ont avec d'autres personnes dans leurs activités sociales, ils trouvent dans les supports sociaux, des ressources multiples qui leur permettent de répondre de façon plus dynamique, plus constructive à la perturbation et de faire preuve de plus d'initiative et d'autonomie au niveau de leur recherche d'emploi.

A l'opposé, dans le sous-groupe C", un haut niveau d'estime de soi s'accompagne d'un moi perçu bas. Le chômeur de ce sous-groupe se sent rejeté par autrui et il ne parvient à conserver une estime positive de lui-même qu'en renonçant à déployer une stratégie de recherche d'emploi coûteuse et selon lui vouée à l'échec, en s'adaptant à la situation par substitution (relation nulle ou négative entre les différents sous-systèmes, prévalence de la sphère d'activités privées).

Voici ce que nous disais un chômeur suivi en entretien (EC) en T2 : « Je vous dirais... Au début (T1), je sais pas ce que j'ai répondu la dernière fois. Au début, j'aurais dit que je me sentais pas rejeté. Maintenant, oui. C'est ce que je ressens. J'ai l'impression que je suis rejeté».

6.5. CONCLUSION

Nous retrouvons dans nos résultats l'ambiguïté de la notion d'estime de soi dans ses effets sur le vécu d'une transition telle que le chômage.

Bien que l'estime de soi ne soit pas liée directement à la vitesse de sortie du chômage, elle est liée à des variables qui, elles, distinguent les trois sous-groupes, à savoir la nature de la recherche d'emploi (aspect qualitatif) et les activités sociales.

Ces résultats amènent à des interprétations différentes suivant les sous-groupes : l'estime de soi traduirait une sorte d'accommodation à la situation pour le sous-groupe C", alors qu'elle manifesterait la présence, pour les sous-groupes A" et B", de ressources psychologiques leur permettant d'entreprendre des démarches coûteuses de recherche d'emploi.

La relation établie entre l'estime de soi et le moi perçu illustre l'importance des supports sociaux soulignée dans la littérature (Bamberg *et al.*, 1986; Myers *et al.*, 1975).

Chapitre 7
Conclusion

Le fonctionnement global du système des activités nous permet d'accéder à une compréhension plus complète de la vitesse de sortie du chômage des trois sous-groupes.

Le sous-groupe A, composé de sujets qui sortent du chômage au bout de 7 mois, présente :
- un haut niveau global d'activités ;
- une consistance intra-sous-systémique — à une forte valorisation correspond un fort niveau d'activités — et ceci pour deux domaines de vie : professionnel et social ;
- une synergie des activités professionnelles et sociales ;
- une absence de relation entre la sphère privée et les autres sphères.

Ainsi, pour le sous-groupe A, la régulation de la perturbation se fait par segmentation des sous-systèmes et instrumentalisation des relations sociales.

Segmentation des sous-systèmes

Les relations entre valorisation/activités sont consistantes pour les deux domaines de vie principaux pour ces sujets : professionnel et social. Les sujets trouvent, dans chaque sous-système, les raisons et les moyens d'agir, leur permettant de déployer de hauts niveaux d'activités. Ceci est confirmé par l'absence de relation inter-sous-systémique. Il existe une prévalence du contrôle local des sous-systèmes (modèle d'action). L'instance centrale de contrôle médiatise les inter-relations sur le mode de l'inhibition, de telle sorte que le fonctionnement du sous-système professionnel ne soit pas perturbé par les préoccupations de la sphère sociale et inversement.

Instrumentalisation des relations sociales

Cette instrumentalisation des relations sociales se déduit de deux résultats : la synergie observée au moment précédant la sortie du chômage (T2) entre l'intensité des C.R.E. et les activités sociales et l'augmentation, entre T1 et T2, de l'utilisation des canaux nécessitant l'appel à des relations.

La perturbation issue de la perte d'emploi reste circonscrite à la sphère professionnelle, l'intersignification des activités se faisant notamment sur le mode de l'instrumentalisation des relations sociales.

Le sous-groupe C, composé des sujets qui restent au chômage pendant au moins 19 mois, présente :

– un apragmatisme général,

– une consistance intra-sous-systémique dans le domaine privé,

– des relations inter-sous-systémiques négatives ou nulles.

Dès le début du chômage, les valorisations des différents domaines de vie sont posées en opposition : la valorisation de l'un entraîne la dévalorisation de l'autre. La régulation, pour ce sous-groupe, s'effectue par substitution et accommodation.

Substitution

Lorsque le niveau d'activités croît dans un domaine, il décroît dans un autre. Ceci se révèle notamment au niveau de l'absence de synergie entre les activités. Les sujets vont développer des activités dans lesquelles ils ne se mettent pas «en danger». Par exemple, ils vont éviter les stratégies de recherche d'emploi coûteuses et dont les échecs pourraient les déstabiliser. Le mode de réaction pourrait être apparenté ici au comportement «inactif» dont parle Fineman (1979) : les sujets se désengagent des activités reliées au stresseur» (recherche d'emploi).

Accommodation à la situation

Cette régulation par substitution peut amener les sujets à vivre la perturbation sous le mode de «l'aliénation» (désignification des activités, autant professionnelles que sociales). De façon à réduire la dissonance introduite par la perturbation, l'organisation du système des activités va évoluer de façon à amener une accommodation à la situation (forte baisse de la valorisation de la sphère professionnelle entre T1 et T2, repli sur les activités privées). Cette accommodation permettra à l'estime de soi de rester positive, puisque toutes les activités menaçantes (susceptibles de mener à un échec et/ou exposées au regard d'autrui) seront évitées.

Une citation d'un des chômeurs suivis en entretien (EC) résumera mieux que nous ne saurions le faire cette accommodation : «Ça dépend comment on le vit. Moi, je m'y arrange bien, ça me pose pas de problème particulier d'être au chômage (...) Bien sûr, il faut voir aussi le côté financier (...) Mais en fait, ça devient vite une organisation. Par exemple : on a cassé la bagnole. Bon, deux solutions : je bosse, j'ai pas envie de passer le week-end à faire de la mécanique, je l'amène au garage. Mais là, le matin, je mets un vieux pantalon et on y va. J'ai le temps. C'est une façon différente de vivre, c'est sûr. Ça a aussi des avantages, c'est bien d'être avec notre fille toute la journée. Elle est contente, nous aussi. C'est vrai qu'au niveau financier, c'est pas mirobolant, mais enfin!».

Le sous-groupe B, composé des sujets qui sortent du chômage après 11 mois, présente :
- un haut niveau d'activités (bien que moins important, la plupart du temps, que le sous-groupe A) sauf pour l'intensité des C.R.E. qui diminue avec la durée du chômage ;
- une absence de relation intra-sous-systémique, les valorisations et les activités à l'intérieur des sphères n'étant pas liées ;
- un nombre important de relations inter-sous-systémiques, la plupart du temps positives ;
- une synergie entre les activités des trois domaines de vie.

Le fonctionnement du système des activités du sous-groupe B explique que celui-ci :

1) *sort plus tard que le sous-groupe A* :

Contrairement au sous-groupe A, il n'y a pas segmentation des domaines de vie : les sous-systèmes d'activités sont, dès le début du chômage, interreliés, autant au niveau des valorisations que des activités. De plus, cette intersignification va en s'accentuant au fur et à mesure que dure le chômage (certaines relations inter-sous-systémiques apparaissent en T2). Cette intersignification peut, dans un premier temps, amener une diffusion de la tension due à la perte d'emploi.

2) *sort plus tôt que le sous-groupe C* :

Contrairement au sous-groupe C, les activités vont être intersignifiées (apparition au moment précédant la sortie du chômage (T3) d'une synergie entre les activités des trois domaines de vie).

Contrairement aux deux autres sous-groupes, le sous-groupe B régule la perturbation par intersignification, par appui réciproque, chaque domaine de vie constituant un appui pour les autres. Ici, c'est le réglage par le modèle de vie qui prédomine, par activation des échanges entre sous-systèmes. Pour les sujets du sous-groupe B, les activités semblent être pluri-fonctionnelles, correspondant à un «recouvrement partiel» des sous-systèmes. De ce recouvrement naît l'harmonisation — la mise en synergie — des activités.

QUATRIÈME PARTIE

CONCLUSION

L'objet de cette recherche a consisté à repérer les facteurs liés à la vitesse de sortie du chômage et à présenter une explication des corrélations observées.

La problématique du système des activités, présentée en partie 2, est une tentative d'articulation des trois perspectives envisagées dans la revue des recherches sur le chômage (partie 1).

Rappelons l'hypothèse générale découlant de cette problématique : La vitesse de sortie du chômage n'est le produit ni seulement des données et des caractéristiques de la situation, ni seulement des caractéristiques individuelles. Elle est le produit du fonctionnement du système des activités dans son ensemble. Plus précisément, le fait de trouver un emploi ne dépendra pas exclusivement du fonctionnement d'un sous-système particulier, que celui-ci soit le domaine professionnel ou l'un des domaines extra-professionnels. C'est par la mise en relation des divers sous-systèmes d'activités que l'individu arrive à faire face à la situation, et notamment au travers d'activités sociales.

Cette hypothèse est confirmée par les résultats que nous avons présentés.

Nous avons montré que la vitesse de sortie du chômage ne peut être directement imputée aux déterminants sociologiques et que, par eux-mêmes, ils ne suffisent pas à modifier la vitesse de sortie du chômage. Ils n'agissent que sous condition de déclencher une activité. Le fonctionnement de chaque sous-système d'activités ne suffit pas non plus à expliquer la vitesse de sortie du chômage.

C'est dans le fonctionnement du système des activités dans son ensemble que l'on arrive à comprendre réellement les facteurs expliquant les différences de vitesse de sortie des trois sous-groupes.

La nécessité de prendre en compte cette interdépendance entre les activités du sujet a été confirmée par les études utilisant la technique I.S.A. (Inventaire du Système des Activités, présenté dans la partie 2 de ce livre).

Il est difficile de citer ici toutes les études réalisées avec ce protocole. Nous renvoyons le lecteur aux articles publiés (par exemple : Cascino et Le Blanc, 1993 ; Gelpe, 1992 ; Hajjar, Baubion-Broye et Curie, 1991 ; Marquié et Curie, 1993 ; Moutou et Blanch, 1994 ; Roques, 1992, 1993a, b et c, etc.).

Ces différentes études montrent toutes l'exigence de considérer, autant au plan théorique que pratique, les activités des sujets dans un domaine de vie au travers des relations qu'elles entretiennent avec les autres domaines.

Nous prendrons ici simplement deux exemples pour illustrer cela.

Le Blanc et Cascino (1993), pour une population de 169 jeunes en attente d'emploi et engagés dans un parcours de formation, montrent que :
- « le bien-être psychologique des sujets se détériore lorsque se prolonge la durée d'attente d'emploi ;
- cette dégradation du bien-être dépend notamment du type de projets professionnels. Ainsi, lorsque la durée d'attente s'allonge, on observe une forte dégradation du bien-être psychologique chez les sujets qui privilégient des projets d'insertion du type « précaires » ou « sélectifs », alors que le niveau de bien-être tend à se maintenir pour les sujets qui développent un projet professionnel de « mobilité » ou « indéterminé » ;
- la dégradation du bien-être psychologique observée en longue durée d'attente d'emploi se manifeste particulièrement lorsqu'une forte interdépendance entre les différents domaines de vie est associée à une forte valorisation de la vie professionnelle. À l'inverse, un certain bien-être psychologique est conservé lorsque cette interdépendance ou cette valorisation est plus faible » (p. 317).

Almudever et Cazals (1993) s'attache à montrer que « les effets des soutiens sociaux ne sont ni simples, ni univoques : ils sont modulés par le sens que les sujets attribuent à la situation qu'ils expérimentent et par les réponses qu'ils élaborent pour faire face à la perturbation.

L'étude, menée dans le cadre d'un dispositif d'aide à l'insertion sociale et professionnelle des jeunes — le crédit formation (C.F.I) — étudie le rôle du soutien apporté aux jeunes par les « correspondants » chargés du suivi et de « l'accompagnement » de leur parcours de formation.

Les résultats obtenus montrent que les jeunes ne « reçoivent » pas le soutien du correspondant de manière passive et indifférenciée ; ils se l'approprient en l'intégrant à leurs propres stratégies. Ainsi, selon qu'ils l'articulent ou non à des ressources issues d'autres domaines de vie, ce soutien sera associé à des modes d'investissement de la formation très différents » (p. 335).

Sans développer plus ici, des résultats de ces différentes études et de celle rapportée dans la partie 3, trois types d'enseignements peuvent être tirés :

– par rapport à la problématique du système des activités,

– par rapport à la compréhension des effets du chômage,

– par rapport aux actions d'aide aux chômeurs.

4.1. CONCLUSION PAR RAPPORT À LA PROBLÉMATIQUE DU SYSTÈME DES ACTIVITÉS

Le modèle théorique dans lequel se place ce livre est un modèle en construction, les différentes recherches impliquant la problématique du système des activités apportent des confirmations, mais aussi révèlent les interrogations.

1) Les confirmations

La recherche entreprise dans ce travail a permis de montrer qu'il existe une interdépendance des sous-systèmes d'activités. Les activités ne sont pas sous l'influence directe des déterminants sociologiques. « Sans aucun doute, la capacité (du sujet à gérer, organiser cette interdépendance) est-elle éminemment variable dans le temps et l'espace et, à l'intérieur d'une formation sociale, la possibilité qu'ont les individus de développer une stratégie partiellement autonome par rapport aux contraintes de travail, familiales, d'habitat, n'est pas égale. Mais, il y a maldonne si, de cette inégalité, procède l'oubli de tout un pan de la réalité sociale et psychologique [...] et même s'il faudrait une forte dose d'inconscience pour affirmer que l'emploi, et a fortiori le chômage, sont le produit d'un choix libre et autonome, on ne peut oublier que face à ces événements de la vie professionnelle, les individus développent des stratégies actives et réactives de nature très variable» (Curie *et al.*, 1990b, p. 104).

Ces activités se forment (dans l'ontogenèse) et se déploient (tout au long de la socialisation) dans des réseaux qui les rendent interdépendantes. Cette interdépendance est construite par des sujets comme moyen de répondre à une perturbation. L'activité dans un domaine de vie consiste dans la mise en jeu de ressources et l'atténuation de contraintes issues d'autres domaines. D'où des liens d'échanges qui sont organisateurs du système global.

Quand se produisent des changements profonds ou brusques (des transitions psycho-sociales) dans l'espace de vie et les activités antérieures des sujets, se réorganisent les activités propres aux différents sous-systèmes (fonctionnement intra-sous-systémique) et les liens inter-sous-systémiques.

Ainsi, se trouve confirmé d'une part l'interdépendance des sous-systèmes et la justification d'une étude non segmentée des conduites et, d'autre part, la capacité du sujet à gérer, organiser cette interdépendance, c'est-à-dire à développer des stratégies qui concilient plus ou moins bien ses engagements dans différentes sphères d'activités (coping strategies).

2) Les interrogations

Les résultats obtenus ici mettent en évidence des interrogations qui persistent dans la problématique du système des activités.

Une des premières interrogations concerne les échanges entre sous-systèmes. Les résultats de notre étude ont permis de souligner d'une part, l'importance de ces échanges et d'autre part, qu'il s'agissait d'échanges de contraintes et/ou de ressources. Cependant, des interrogations demeurent :

– Sur la nature de ces échanges : qu'en est-il, au juste, de ces contraintes et/ou ressources? Qu'est-ce qui est réellement échangé? Même si, notamment par l'intermédiaire des entretiens, nous avons pu entrevoir quelques hypothèses quant à leur fonction (lutte contre l'apathie par exemple), il reste de nombreuses incertitudes à ce sujet.
La technique I.S.A. apporte certaines réponses. Cette technique, comme nous l'avons vu, vise à décrire d'une part les différentes dimensions propres aux sous-systèmes : activités et modèle d'action (aspirations et attributions causales), d'autre part les échanges (d'aide ou

de contrainte) que le sujet perçoit entre les sous-systèmes et enfin la hiérarchie de valeurs ou d'importance qu'il établit entre les sous-systèmes, hiérarchie qui relève du modèle de vie.
- Sur la détermination des causes et des effets. Nous avons montré l'existence de relations entre consistance intra-sous-systémique et relation inter-sous-systémique. Mais quelle est la cause, quel est l'effet? Les échanges entre sous-systèmes sont-ils causes ou effets des relations intra-sous-systémiques? Agissent-ils par «feed-back» positifs et/ou négatifs?

Une deuxième interrogation concerne le modèle de vie (instance centrale de contrôle). Les résultats permettent de «pressentir» le rôle de cette instance et son influence sur le fonctionnement du système des activités (échanges, activation, inhibition, etc.). Cependant, nous sommes loin d'en avoir cerné avec exactitude la nature et le fonctionnement. La technique I.S.A. apporte ici aussi des éclaircissements, au moins au niveau de la hiérarchie de valeurs perçue par le sujet entre ses sous-systèmes.

Telle que nous avons défini l'estime de soi, elle fait partie du modèle de vie, de la représentation que l'individu a de lui-même. Dans ce cas, elle pourrait être un prédicteur et/ou un médiateur de l'action. Mais l'estime de soi ne peut-elle être considérée comme un effet du fonctionnement du système des activités (elle ferait alors partie du niveau du genre de vie, figure 202 partie 2)? Dans ce cas, elle serait un «révélateur» du produit de l'action (accommodation par exemple) et pourrait agir par «feed-back» sur le fonctionnement du système des activités.

4.2. CONCLUSION PAR RAPPORT AUX RECHERCHES SUR LE CHÔMAGE

La confirmation de l'hypothèse posée dans ce travail nous permet aussi de prendre position par rapport aux trois perspectives dégagées dans la première partie, en ce qui concerne les recherches sur le chômage.

La perspective fonctionnaliste envisage les répercussions ou les effets du chômage uniquement sous l'angle des déficits produits, les dégradations étant envisagées comme linéaires au fur et à mesure que dure le chômage. Elles sont perçues comme fonctionnellement identiques pour tous les individus.

Cette prise de position implique de concevoir, implicitement ou explicitement, le sujet comme simplement passif. Or, nous avons montré que le sujet est actif, qu'il est acteur des réponses qu'il va fournir, consciemment ou non. Il ne s'agit pas ici de nier l'importance des facteurs sociologiques, mais nous avons montré que ceux-ci n'agissent que sous condition de déclencher une activité chez le sujet, que celle-ci relève de l'ordre des comportements ou de celui des régulations de l'action (valorisation).

La perspective différentialiste met en avant la diversité des vécus du chômage. Il n'y a pas un chômeur, mais des chômeurs. Contrairement à la perspective fonctionnaliste, le postulat de base ici est que la situation du chômage n'est pas vécue de la même façon par tous les individus et que cette situation ne sera pas vécue obligatoirement sous la forme d'une détérioration.

Nous reprenons à notre compte ce postulat, et nous avons montré qu'effectivement, dès la période initiale de chômage, les trois sous-groupes vivent la perturbation et y réagissent de manière différente.

Cependant, nous ne pouvons nous contenter, en regard de nos résultats, d'un point de vue purement différentialiste. Il n'y a pas seulement des différences dans le vécu du chômage (à durée constante de celui-ci), mais aussi des différences d'évolutions. Celles-ci apparaissent non seulement au niveau des activités et de la valorisation dans un sous-système, mais aussi dans le fonctionnement intra et inter-sous-systémique.

La perspective génétique, quant à elle, montre l'existence d'une évolution non linéaire des conduites des chômeurs. Ce point de vue met en exergue des phases d'évolutions, avec des niveaux d'estime de soi qui s'accompagnent de réactions différentes, en fonction des phases où se trouve le chômeur.

Si nous reprenons, là aussi, à notre compte, ce résultat, à savoir la non linéarité des réactions des individus, nos résultats montrent qu'il y a aussi des différences entre les individus, ce qui n'est pas pris en compte dans cette perspective. Nous avons déjà fait état de ce résultat (Roques *et al.*, 1990, p. 65). Nous avions conclu, dans cette recherche : «il existe bien une évolution d'allure cyclique de l'estime de soi des chômeurs en fonction de la durée du chômage [...] le rythme d'évolution des chômeurs n'est pas identique pour tous [...]. L'existence de différences de rythme d'évolution implique que l'on ne saurait déduire la phase d'évolution où se trouve un chômeur de la seule indication fournie par la durée du chômage : phase et durée ne coïncident pas nécessairement». D'autres auteurs ont souligné ce problème de non coïncidence entre phase et durée. Ainsi, Bethune et Ballard (1986, p. 143) écrivent : « en terme d'étapes du chômage de Hill (1977), certains sujets ont pu atteindre l'étape intermédiaire, dans laquelle les gens tentent de combattre leur sentiment de léthargie et augmentent leurs efforts pour trouver un emploi, alors que d'autres ont atteint l'étape finale de « résignation », malgré le fait que la durée du chômage soit similaire ».

Ainsi, dans ce travail, nous avons opéré une certaine intégration de ces trois perspectives en montrant que :
– le chômeur est actif dans sa réponse à la transition,
– cet engagement du sujet, conscient ou non, entraîne une différence dans le vécu de la perturbation, différence qui existe à un moment donné et/ou dans les différences d'évolution du vécu de la perturbation,
– les réactions de l'individu à la transition ne se produisent pas de façon linéaire au fur et à mesure que dure la perturbation, entraînant là aussi des différences entre les individus.

4.3. CONCLUSION PAR RAPPORT AUX ACTIONS D'AIDES AUX CHÔMEURS

Dans le traitement du chômage et les aides proposées aux chômeurs, il est nécessaire de tenir compte des différences inter-individuelles de fonctionnement des systèmes des activités.

Ces différences peuvent exister à deux niveaux :
– l'existence de ressources potentielles,
– la reconnaissance par le sujet de l'existence de ces ressources et de la possibilité de leur utilisation.

Si nous nous replaçons dans le cadre du modèle du système des activités, ces différences renvoient :
– d'une part à l'existence de contraintes et de ressources, c'est-à-dire au niveau des conditions de vie,
– d'autre part, relevant du niveau du modèle de vie, à l'activité du sujet par laquelle il signifie tel ou tel élément en tant que contrainte et/ou ressource,
– enfin, par l'activation ou l'inhibition des échanges entre sous-systèmes, ce qui a été signifié par exemple en tant que ressources pouvant être utilisées dans un autre domaine de vie.

L'aide apportée au demandeurs d'emploi devra alors tenir compte des variabilités inter-individuelles provenant de ces différents niveaux. Celle-ci pourra prendre plusieurs formes :
— Aider les sujets à prendre conscience des ressources qui peuvent exister dans des domaines autres que le domaine professionnel, les amenant à nouer ou à renouer des relations interpersonnelles et sociales et à retrouver un certain dynamisme susceptible de les mobiliser dans la recherche d'insertion professionnelle et sociale. Ce genre d'aide conviendrait plus particulièrement à des sujets tels que ceux qui constituent le sous-groupe C.

Pour illustrer cela, nous pouvons présenter une partie des résultats d'une étude (Le Blanc, Hajjar et Curie, 1990) qui a comparé l'effet de différentes pédagogies lors de S.O.A. (Session d'Orientation Approfondie) sur le sentiment de contrôle. A l'aide d'informations recueillies par questionnaire auprès des animateurs de ces sessions (7 au total), 2 stratégies pédagogiques différentes ont été distinguées :
- une stratégie dite «polarisée» sur la vie professionnelle, qui a pour visée de faire porter essentiellement l'effort de formation sur la sphère des activités de travail, considérée comme lieu de perturbations, d'obstacles et de difficultés pour les sujets ;
- une stratégie dite «d'activation des échanges entre sous-systèmes» qui tient compte des engagements des sujets dans de multiples domaines d'activités et s'applique à développer les transferts possibles entre les ressources issues de ces domaines.

Les résultats montrent que «la stratégie qualifiée d'activation des échanges entre sous-systèmes s'accompagne d'une augmentation de la contrôlabilité dans la sphère d'activités professionnelles tandis que la stratégie dite polarisée correspond à une baisse du contrôle perçu dans cette sphère» (p. 8). Sans discuter ici les implications de ces évolutions du sentiment de contrôle, on peut poser l'hypothèse, à la suite des auteurs, que le fait de «ne pas croire en leurs possibilités de contrôle personnel des activités et des situations peut, dans une large mesure, dégager les sujets de leur responsabilité individuelle dans la production de ces activités et dans la recherche de maîtrise de ces situations. L'affaiblissement des croyances de contrôle pourrait alors constituer un mécanisme d'immunisation ou de déculpabilisation à l'égard de l'impuissance ressentie au cours de leurs tentatives pour retrouver un emploi» (p. 9). Ainsi, ressort de ces résultats et de cette hypothèse la nécessité de prendre en compte, dans l'aide apportée aux chômeurs, les échanges possibles entre leurs différents sous-systèmes.

— Dans le cas où cette forme d'aide serait moins nécessaire, puisque les sujets utilisent déjà les échanges entre sous-systèmes de manière positive (sous-groupe B), il pourra être utile de travailler, avec eux, à l'élaboration ou à la restructuration d'un projet professionnel et à rechercher les moyens nécessaires à sa réalisation, de façon à accélérer la sortie du chômage.

En résumé, dans l'élaboration du type d'aide à apporter aux chômeurs, il est nécessaire de prendre en compte le fonctionnement global du système des activités. L'existence de différences intra et inter-individuelles montre la nécessité de tenir compte des conditions d'opportunité de telle ou telle aide. *Toutes les aides proposées aux chômeurs ne seront pas efficaces pour tous et/ou à n'importe quel moment de l'évolution du vécu de la situation.*

Comme nous le notions par ailleurs (Roques et Gelpe, 1994), ce fait pourra paraître trivial au praticien qui, agissant dans des situations «d'accompagnement individualisé», de «relation d'aide», «d'entretien conseil», considère que chaque individu a un fonctionnement propre.

Pourtant, lorsqu'on sort de la référence à la relation inter-personnelle, semble prévaloir la représentation selon laquelle l'identité de statut par rapport à l'emploi (chômeur versus employé) entraîne une identité fonctionnelle des différentes réponses des chômeurs face à leur environnement social, personnel et professionnel. L'utilisation d'autres catégories, selon les dispositifs mis en place (bénéficiaires du RMI, demandeurs d'emploi de longue durée, jeunes, etc.) ne remet pas en cause les limites pratiques et théoriques qu'il y a à raisonner en termes de populations-type, censées être homogènes sur la base de critères institutionnels, plutôt qu'en termes de problématiques psycho-sociales.

C'est ce que souligne aussi Almudever et Cazals (1993), en soulevant le problème de l'évaluation des dispositifs d'aide et de formation : «Des programmes ou des modes d'intervention «standardisés», ciblant des populations supposées homogènes et désignées comme telles (ex : «les jeunes de bas niveaux de qualification», «les 16-25 ans», etc.), rencontrent en fait des pluralités de réponse et de stratégies personnelles susceptibles de nuancer, voire d'inverser leurs effets attendus... D'où, sur le terrain, la difficulté d'évaluer l'impact de tel ou tel dispositif, par le seul recours à des statistiques globalisantes» (p. 347).

Pour rendre compte des différences de fonctionnement des personnes face à leur situation de chômage, il faut chercher des explications qui réintègrent *l'activité* de l'individu (ses conduites observables tout autant que ses activités mentales) face à ses conditions de vie «objectives».

C'est bien là le problème qui est posé au praticien intervenant dans ce domaine : la détermination de choix professionnels, de plans d'actions d'insertion, de parcours de formation, etc., qui soient adaptés à la situation de la personne, ou l'accompagnement de la personne dans tel ou tel dispositif, ne peuvent se faire sans prendre en considération la représentation que la personne a tant de ses conditions de vie que des solutions, des projets, des actions qui lui sont proposés (ou sont élaborés avec elle).

C'est ainsi que, dans les pratiques d'accompagnement des personnes en difficulté, on ne cherche pas tant à construire des projets d'insertion qui élimineraient les contraintes au profit des ressources, mais des projets dans lesquels la recherche d'augmentation des ressources s'accompagne d'une recherche d'acceptation des contraintes par le sujet, d'adaptation à celles-ci ou éventuellement de modification.

Il convient de poursuivre les recherches entreprises sous la problématique du système des activités, et notamment celles qui utilisent la protocole I.S.A., pour accéder à une compréhension la plus exhaustive possible des réactions aux situations de transition. Une collaboration entre chercheurs et praticiens nous parait ici indispensable. C'est par la mise en commun de modèles pouvant servir des visées autant théoriques que pratiques que ce but pourra être atteint.

Bibliographie

Abramson, L.Y., Seligman, M.E.P., Teasdale, S. (1978). Learned helplessness in humans; critique and reformulation. *Journal of Abnormal Psychology*, 87, 49-74.

Aldeghi, I., Clarac, M., Charraud, A., Deluchat, A., Gauvin, A., Jeger, F., Pignoni, M.T. (1992). *Vécu et devenir des chômeurs de longue durée*, Paris : La Documentation Française, 123 p.

Atkinson, T., Liem, R., Liem, J.H. (1986). The social costs of unemployment : implications for social support, *Journal of Health and Social Behavior*, 27, 317-331.

Audibert. (1980). 247 employeurs face à l'embauche, *Economie et Statistiques*, n° 124.

Bakke, E.W. (1933). *The unemployed man*, London : Nisbett.

Bakke, E.W. (1940a). *Citizens without work*, New Haven : Yale University Press.

Bakke, E.W. (1940b). *The unemployed workers*, New Haven : Yale University Press.

Balazs, G. (1983). Les facteurs et les formes de l'expérience du chômage, *Actes de la recherche en Sciences Sociales*, 50, 69-83.

Bamberg, E., Rückert, D., Udris, I. (1986). Interactive effects of social support from wife, non-work activities and blue-collar occupational stress, *International Review of Applied Psychology*, 35, 397-413.

Banks, M.H., Jackson, P.R. (1982). Unemployment and risk of minor psychiatric disorder in young people : cross sectional and longitudinal evidence, *Psychological Medicine*, 12, 789-798.

Baubion-Broye, A., Hajjar, V., Curie, J. (1989). Projets et transformation des activités des chômeurs, *Actes du Ve Congrès International de Psychologie du travail de Langue Française*, Paris, Editions E.A.P, 362-370.

Baubion-Broye, A., Megemont, J.L., Sellinger, M. (1989). Evolutions des sentiments de contrôle et de la receptivité à l'information au cours du chômage, *Applied Psychology*, 38, 3, 265-275.

Baum, A., Fleming, R., Reddy, D.M. (1986). Unemployment stress : loss of control, reactance and learned helplessness, *Social Science and Medicine*, 22, 5, 509-516.

Beales, A.L., Lambert, R.S. (1934). *Memoirs of the unemployed*, London : Gollancz.

Benoit-Guilbot, O. (1990). La recherche d'emploi : stratégies, qualification scolaire et professionnelle et «qualification sociale», *Sociologie du Travail*, 4, 491-506.

Benoit-Guilbot, O., Modaï, C. (1980). Les stratégies résidentielles et professionnelles de l'identité sociale, *Archives de l'O.C.S.*, C.N.R.S., IV, 45-89.

Bertaux, D. (1980). L'approche biographique. Sa validité méthodologique, ses potentialités, Cahiers Internationaux de Sociologie, *numéro spécial Histoires de vie et vie sociale*, 69, 197-225.

Bethune, N., Ballard, K.D. (1986). Interviews with 50 young job seekers on their experience of unemployment, *New Zealand Journal of Educational Studies*, 21, 2, 133-144.

Blanch, J.M. (1989). Caractéristiques personnelles et employabilité, *communication au séminaire A.N.P.E./P.I.R.T.T.E.M.-C.N.R.S. : Sortir du chômage ou la construction sociale de l'employabilité*, Paris, 7-8 décembre, 16 p.

Bloom, B.L. (1963). Definitional aspects of the crisis concept, *Journal of Consulting Psychology*, 27, 498-502.

Bolton, W., Oatley, K. (1987). A longitudinal study of social support and depression in unemployed men, *Psychological Medicine*, 17, 453-460.

Bouikini, S. (1983). Les finissants du secondaire professionnel de Juin 1980 et le marché du travail, *Le Marché du Travail*, 4, 62-70.

Bouillaguet, P., Guitton, C. (1992). *Le chômage de longue durée - comprendre, agir, évaluer*, Editions Syros Alternatives, 745 p.

Brenner, S.O., Bartell, R. (1983). The psychological impact of unemployment : a structural analysis of croos-sectional data, *Journal of occupational Psychology*, 56, 129-136.

Brenner, S.O., Levi, L. (1987). Long-term unemployment among women in Sweden, *Social Science and Medicine*, 25, 2, 153-161.

Briar, K.H. (1977). The effect of long-term unemployment on workers and their families, *Dissertation Abstracts International*, 37, 9A, 60-62.

Broomhall, H.S., Winefield, A.H. (1990). A comparison of affective well-being of young and middle-aged unemployed men matched for length of unemployment, *British Journal of Medical Psychology*, 63, 43-52.

Brunhes, B. (1993). *Choisir l'emploi*, La Documentation Française, 182 p.

Callahan, S.D., Kidd, A.H. (1986). Relationship between job satisfaction and self-esteem in women, *Psychological Reports*, 59, 663-668.

Campbell, J.D. (1990). Self-esteem and clarity of the self-concept, *Journal of Personnality and social psychology*, 59, 538-549.

Carlson, H.M., Fellows, M.A., Maslach, C. (1989). Unemployment in Ireland : a review of psychological research, *The Irish Journal of Psychology*, 10, 3, 394-410.

Caruso, M., Caussade, D., Caussade, G., Cellier, J.M., Curie, J., Dorel, M., Escribe, C., Guelfucci, B., Hajjar, V., Mariné, C., Navarro, C., Sujobert, M.C. (1982). Le mode de vie des ménages du Mirail : changement de la famille, changement par la famille?, *Cahiers de l'O.C.S.*, C.N.R.S., I, 7-186.

Cascino, N. (1992). *Répétition d'une perturbation et récurrence du chômage. Le rôle des schèmes adaptatifs construits*, thèse de doctorat, Université de Toulouse le Mirail, 234 p.

Cascino, N., Le Blanc, A. (1993). Diversité des modes de réaction au chômage et impact psychologique de la perte d'emploi, *l'Orientation Scolaire et Professionnelle*, 22, 4, 409-424.

Cazals, M.P., Almudever, B., Fraccaroli, F. (1993). Social support, coping strategies and psychological well-being amoung people awaiting employment, The European Work and Organizational Psychologist, *Abstracts of the sixth European Congress Work and Organizational Psychology*, Alicante, 14-17 avril, 2-3.

Cazals, M.P., Dupuy, R., Baubion-Broye, A. (1992). Transitions psycho-sociales, attentes d'emploi, évolutions du bien-être psychologique, *Actes du colloque de l'A.P.T.L.F.*, Strasbourg, 6-8 juillet, 242-252.

Chen, H.T., Marks, M.R., Bersani, C.A. (1994). Unemplyment classifications and subjective well-being, *Sociological Review*, 42, 1, 62-78.

Cobb, S. (1976). Social support as a moderator of life stress, *Psychosomatic Medicine*, 38, 5, 300-314.

Cochrane, R., Stopes-Roe, M. (1981). Women, marriage, employment and mental health, *British Journal of Psychiatry*, 139, 373-381.

Codol, J.P. (1980). La quête de la similitude et de la différence sociale : une approche cognitive du sentiment d'identité *in* P. Tap, *Identité individuelle et Personnalisation*, Toulouse, Privat, Sciences de l'homme, p. 153-163.

Cohen, S., Wills, T.A. (1985). Stess, social support and the buffering hypothesis, *Psychological Bulletin*, 98, 2, 310-357.

Cohn, R.M. (1978). The effects of employment status change on self-attitudes, *Social Psychology*, 41, 81-93.

Cook, D.G., Cumming, R.O., Bartley, M.J., Shoper, A.G. (1982). Health of unemployed midle-aged men in Great Britain, *Lancet*, 5, 1, 1290-1294.

Coopersmith, S. (1967). *The antecedents of self-esteem*, San Francisco : W.H. Freeman.

Coyne, J.C. (1992). Cognition in depression : a paradigm in crisis, *Psychological Inquiry*, 3, 232-235.

Coyne, J.C., Downey, G. (1991). Social factors and psychopathology : stress, social support and coping processes, *Annual Review of Psychology*, 42, 401-425.

Crouch, M.A., Straub, V. (1983). Enhancement of self-esteem in adults, *Family and Community health*, 6, 2, 76-78.

Curie, J. (1993). Faire face au chômage, problématiques et résultats, *L'orientation Scolaire et Professionnelle* (numéro spécial : faire face au chôamge), 22, 4, 295-303.

Curie, J., Hajjar, V. (1981). Psychologie des organisations et interstructuration des milieux de vie, *Psychologie et Education*, V, 4, 59-104.

Curie, J., Hajjar, V. (1983). Régulation idéologique des conduites et modes de vie des familles, *Psychologie et Education*, 7, 1-2, 141-158.

Curie, J., Hajjar, V. (1987). Vie de travail, vie hors travail : la vie en temps partagé, *in* C. Lévy-Leboyer & J.C. Sperandio (Eds), *Traité de Psychologie de Travail*, Paris, P.U.F., 37-55.

Curie, J., Baubion-Broye, A., Hajjar, V. (1986). Interférences entre conduites, système des activités et mode de vie, *Congrés de la société Française de Psychologie*, Montpellier, 24-26 avril, 25 p.

Curie, J., Hajjar, V., Baubion-Broye, A. (1990a). Psychopathologie du travail ou dérégulation du système des activités, *Perspectives Psychiatriques*, 22, 85-91.

Curie, J., Hajjar, V., Marquié, H., Roques, M. (1990b). Proposition méthodologique pour la description du système des activités, *Le Travail Humain*, 53, 2, 103-118.

Cvetanovski, J., Jex, J.M. (1994). Locus of control of unemployed people and its relationship to psychological and physical well-being, *Work and Stress*, 8, 1, 60-67.

D'arcy, C., Siddique, C.M. (1985). Unemployment and mental health : an analysis of «Canada health Survey» data, *International Journal of Health Services*, 15, 4, 609-635.

Dean, A., Lin, N. (1977). The stress-buffering role of social support : problems and prospects for systematic investigation, *Journal of Nervous and Mental Disease*, 165, 6, 403-417.

De Franck, R.S., Ivancevich, S.M. (1986). Job loss : an individual level review and model, *Journal of vocational Behavior*, 28, 1-20.

Demazière, D. (1992). *Le chômage en crise ? La négociation des identités des chômeurs de longue durée*, Presses Universitaires de Lille, 380 p.

Demers, M., Cornier, H., Fortin, D. (1985). Impact psychologique et social du chômage chez les jeunes, *Apprentissage et Socialisation*, 8, 4, 99-112.

Depolo, M., Sarchielli, G. (1985). La psychologie du chômage : quelques considérations à partir de la situation italienne, *communication au West European Conference on the Psychology of Work and Organisation*, Achen, 1-3 Avril, 14 p.

Depolo, M., Sarchielli, G. (1987). *La psicologia della disoccupazione*, Bologna, Il Mulino.

Depolo, M., Fraccaroli, F., Sarchielli, G. (1989). Condition occupationnelle, bien-être psychologique et attitude à l'égard du futur chez un groupe de jeunes sans emploi stable, *communication au séminaire A.N.P.E./P.I.R.T.T.E.M.-C.N.R.S. : Sortir du chômage ou la construction sociale de l'employabilité*, Paris, 7-8 décembre, 6 p.

Dew, M.A., Penkower, L., Bromet, E.J. (1991). Effects of unemployment on mental health in the contemporary family, *Behavior Modification*, 15, 501-544.

Donovan, A., Oddy, M. (1982). Psychological aspects of unemployment : an investigation into the emotional and social adjustment of school leavers, *Journal of Adolescence*, 5, 15-30.

Dooley, D., Catalano, R. (1988). Recent research on the psychological effect of unemployment, *Journal of Social Issues*, 44, 1-12.

Eden, D., Aviram, A. (1993). Self-efficacy training to speed reemployment : helping people to help themselves, *Journal of Applied Psychology*, 78, 3, 352-360.

Eisenberg, P., Lazarsfeld, P.F. (1938). The psychological effects of unemployment, *Psychological Bulletin*, 35, 358-390.

Elliot, G.C. (1986). Self-esteem and self- consistency : a theoritical and empirical link between two primary motivations, *Social Psychology Quaterly*, 49, 3, 207-218.

Ellis, A. (1973a). Rational-emotive Therapy, *in* R. Corsini (Eds), *Current Psychotherapies*, Itasca (Ill). : Peacock.

Ellis, A. (1973b). *Humanistic Psychotherapy : the rational-emotive approach*, New York : Julian Press.

Ellis, R.A., Taylor, M.S. (1983). Role of self-esteem within the job search process, *Journal of Applied Psychology*, 68, 362-640.

Estes, R.J., Wilensky, H.L. (1978). Life cycle squeeze and the morale curve, *Social Problems*, 25, 277-292.

Faguer, J.P. (1982) *Jeunes à l'essai : les pratiques d'embauche en période de chômage*, Dossier de recherche no 4, Centre de recherche d'emploi.

Fahy, J.M. (1985). *Le chômage en France*, Paris, P.U.F., coll. Que sais-je ?, 3ᵉ édition, 127 p.

Feather, N.T. (1982). Unemployment and its psychological correlates : a study of depressive symptoms, self-esteem, protestant-ethic values, attributional style and apathy, *Australian Journal of Psychology*, 34, 309-323.

Feather, N.T. (1985). The psychological impact of unemployment : empirical findings and theoretical approaches, *in* N.T. Feather (Ed.), *Australian psychology : Review of research*, Sydney : George Allen & Unwin, 265-295.

Feather, N.T. (1990). *The psychological impact of unemployment*, New York : Springer-Verlag.

Feather, N.T. (1992). Expectancy-value theory and unemployment effects, *Journal of occupational and Organizational Psychology*, 65, 315-330.

Feather, N.T., Bond, M.J. (1983). Time structure and purposeful activity among employed and unemployed university graduates, *Journal of Occupational Psychology*, 56, 241-254.

Feather, N.T., O'Brien, G.E. (1986). A longitudinal study of the effects of employment and unemployment on shool-leavers, *Journal of Occupational Psychology*, 59, 121-144.

Ferrieux, D. (1992) *Représentations et employabilité en début de vie active*, Thèse de Doctorat, Paris, 352 p. + annexes.

Fineman, S. (1979). A psychosocial model of stress and its application to managerial unemployment, *Human Relations*, 32, 4, 323-345.

Fink, S.L. (1967). Crisis and motivation - a theoretical model, *Archives of Physical Medicine and Rehabilitation*, 43, 592-597.

Finlay-Jones, R., Eckhardt, B. (1981). Psychiatric desorders among the young unemployed, *Australian and New Zealand Journal of Psychiatry*, 15, 265-270.

Finlay-Jones, R., Eckhardt, B. (1984). A social and psychiatric survey of unemployed among young people, *Australian and New Zealand Journal of Psychiatry*, 18, 135-143.

Folkman, S. (1992). Making the case for coping. *in* B. Carpentier (Ed.). *Personal coping : Theory, research and application*, New York : Praeger, 31-46.

Foster, D.A., Caplan, R.D. (1994). Cognitive influences on perceived change in social support, motivation and symptoms of depression, *Applied Cognitive Psychology*, 8, 123-139.

Fragonard, B. (1993). *Cohésion sociale et prévention de l'exclusion*, La Documentation Française, 266 pages.

Fryer, D. (1985). Stages in the psychological response to unemployment : a (dis)integrative review, *Current Psychological Research and Reviews*, 257-273.

Fryer, D. (1988). The experience of unemployment in social context, *in* S. Fisher & J. Reason (Eds), *Handbook of life stress, cognition and health*, John Wiley and Sons Ltd, 211-238.

Fryer, D., Payne, R. (1984). Proactive behavior in unemployment : findings and implications, *Leisure Studies*, 3, 273-295.

Fryer, D., Payne, R. (1986). Being unempoyed : a review of the literature on the psychological experience of unemployment, *in* C.L. Cooper & I. Robertson (Eds), *International review of industrial and organizational psychology*, New York : John Wiley & Sons, 235-278.

Fryer, D., Warr, P. (1984). Unemployment and cognitive difficulties, *British Journal of Clinical Psychology*, 23, 67-68.

Furnham, A. (1984). Unemployment, attribution theory and mental health : a review of the British literature, *International journal of mental Health*, 13, 1-2, 51-67.

Gadbois, C. (1975). L'analyse des emprises réciproques de la vie de travail et de la vie hors travail, *Bulletin du C.E.R.P.*, XXIII, 2, 117-151.

Galland, O. (1991). *Sociologie de la jeunesse, l'entrée dans la vie*, Paris, Armand Colin.

Galland, O., Louis, M.V. (1981). Chômage et action collective, *Sociologie du Travail*, 2, 173-191.

Gazier, B. (1989) *Employabilité de crise et crise de l'employabilité*, Rapport effectué pour le compte de l'A.N.P.E.

Gazier, B. (1990) L'employabilité : brève radiographie d'un concept en mutation, *Sociologie du Travail*, 4, 575-584.

Gazier, B., Fourna, A., Mendes, S. (1987) *L'employabilité : analyses et expériences*, étude réalisée pour le compte de l'A.N.P.E., Séminaires d'Economie du Travail.

Gelpe, D. (1992). Stratégies d'insertion et échanges entre activités professionnelles et extra-professionnelles, *communication au VIIe Congrès International de Psychologie du Travail de Langue Française*, 6-8 juillet, Strasbourg, 10 pages.

Goldberg, D.P. (1978). *Manual of the General Health Questionnaire*, NFER Publishing Company : Windsor.

Goodchilds, J.D., Smith, E.E. (1963). The effects of unemployment as mediated by social status, *Sociometry*, 26, 287-293.

Gore, S. (1978). The effect of social support in moderating the health consequences of unemployment, *Journal of health and Social Behavior*, 19, 157-165.

Gough, H., Heilbrun, A. (1965). *The Adjective Check List manual*, Pao Alto (Ca). : Consulting Psychologists Press.

Gould, T., Kenyon, J. (1972). *Stories from the dole queue*, London : Temple Smith.

Gurney, R.M. (1980a). The effects of unemployment on the psycho-social development of school-leavers, *Journal of Occupational Psychology*, 53, 205-213.

Gurney, R.M. (1980b). Does unemployment affect the self-esteem of school-leavers?, *Australian Journal of Psychology*, 32, 175-182.

Gurney, R., Taylor, K. (1981). Research on unemployment : defects, neglect and prospects, *Bulletin of The British Psychological Society*, 34, 349-352.

Hajjar, V., Curie, J. (1985). Système des activités, personnalisation et mode de vie, *Psychologie et Education*, IX, 1-2, 63-80.

Hajjar, V., Baubion-Broye, A., Curie, J. (1988). Interférences et coordinations des conduites. Esquisse d'une conceptualisation psycho-sociale du mode de vie, *Przeglad Psychologiczny*, 31, 1, 125-137.

Hajjar, V., Baubion-Broye, A., Curie, J. (1991). Effets différentiels de deux dispositifs - Information des chômeurs en matière de recherche d'emploi, *le Travail Humain*, 54, 2, 151-164.

Hall, D.T. (1972). A model of coping with role conflict : the role behavior of college educated women, *Administrative Science Quartely*, 7, 471-486.

Hamilton, V.L., Hoffman, W.S., Broman, C.L., Rauma, D. (1993). Unemployment, distress and coping : a panel study of autoworkers, *Journal of Personality and Social Psychology*, 65, 2, 234-247.

Hammarström, A. (1994). Health consequences of youth unemployment - review from a gender perspective, *Social Science and Medicine*, 38, 5, 699-709.

Harrison, R. (1976). The demoralising experience of prolonged unemployment, *Department of unemployment Gazette*, 339-348.

Hartley, J.F. (1980a). Psychological approaches to unemployment, *Bulletin of The British Psychological Society*, 33, 412-414.

Hartley, J.F. (1980b). The impact of unemployment upon the self-esteem of managers, *Journal of Occupational Psychology*, 53, 147-155.

Hartley, J.F., Fryer, D.M. (1984). The psychology of unemployment : a critical appraisal, in G.M. Stephenson & J. Davis (Eds), *Progress in applied social psychology*, vol. 2, London : Wiley, 3-30.

Haworth, J.T., Evans, S.T. (1987). Meaningful activity and unemployment, *in* : D. Fryer and P. Ullah (Eds). *Unemployed people*, Milton Keynes : Open University Press, 241-267.

Hayes, J., Nutman, P. (1981). *Comprendre les chômeurs*, Bruxelles, Mardaga, 221 p.

Heider, F. (1958). *The psychology of interpersonal relations*, New York : John Wiley et Sons.

Helmreich, R. (1972). Stress, self-esteem and attitudes, *in* B.T. King & E. McGinnies (Eds), *Attitudes, conflict and social change*, New York : Academic Press.

Hendry, L.B., Raymond, J. (1986). Psycho-social aspects of youth unemployment : an interpretative theorical model, *Journal of Adolescence*, 9, 355-366.

Hepworth, S. J. (1980). Moderating factors of the psychological impact of unemployment, *Journal of Occupational Psychology*, 53, 139-148.

Herron, F. (1975). *Labour market in crisis*, Londres : Macmillan.

Hill, J.M.M. (1977). *The social and psychological impact of unemployment : a pilot study*, Document no 2T 74, London, The Tavistock Institute of Human Relations, 51 p.

Hill, J.M.M. (1978). The psychological impact of unemployment, *New Society*, 19, 118-120.

Holmes, T.H., Rahe, R.H. (1967). The social readjustment rating scale, *Journal of Psychosomatic Research*, 11, 213-218.

Hong, S.M., Bianca, M.A., Bianca, M.R., Bollington, J. (1993). Self-esteem : the effects of life-satisfaction, sex and age, *Psychological Reports*, 72, 95-101.

Hopson, B., Adams, J. (1976). Towards an understanding of transition : defining some boundaries of transition dynamics, *in* : J. Adams, J. Hayes & B. Hopson, *Transition*, Londres, Martin Robertson.

House, J.S. (1981). *Work stress and social support*, Reading (MA) : Addison-Wesley.

House, J.S., Wells, J.A. (1978). Occupational stress, social support and health, *in Procedings of the Conference on reducing Occupational Stress*, Cincinnati (OH) : niosh., 8-29.

Howard, A., Scott, R.A. (1965). A proposed framework for the analysis of stress in the human organism, *Behavioural Science*, 10, 141-166.

Huczynski, A. (1978). Unemployed managers, a homogeneous group?, *Management Education and Development*, 9, 21-25.

Israël, J. (1960). The effect of positive and negative self-evaluation on the attractiveness of a goal, *Human Relations*, 13, 33-47.

Jackson, P.R., Stafford, E.M., Banks, M.H., Warr, P.B. (1983). Unemployment and psychological distress in young people : the moderating role of employment commitment, *Journal of Applied Psychology*, 68, 3, 525-535.

Jackson, P.R., Warr, P.B. (1984). Unemployment and psychological ill-health : the moderating role of duration and age, *Psychological Medicine*, 14, 605-614.

Jackson, P.R., Warr, P.B. (1987). Mental health of unemployed men in different parts of England and Wales, *British Medical Journal*, 295-525.

Jacobson, D. (1987). Models of stress and meanings of unemployment : reactions to job loss among technical professionals, *Social Science and Medicine*, 24, 13-21.

Jahoda, M. (1979a). The impact of unemployment in the 1930s and the 1970s, *Bulletin of the British Psychological Society*, 32, 309-314.

Jahoda, M. (1979b). The psychological meanings of unemployment, *New Society*, 6 September, 492-495.

Jahoda, M. (1982). *Employment and unemployment*, Cambridge University Press.

Jahoda, M., Lazarsfeld, P.F., Zeisel, H. (1933). *Marienthal. The sociography of an unemployed community*, London : Tavistock (traduit en 1981 : Les chômeurs de Marienthal, Minuit, 145 p).

Janis, I.L., Field, P.B. (1959). Sex differences and personality factors related to persuasibility, *in* C.I. Hovland & I.L. Janis (Eds), *Personality and persuasibility*, New Haven : Yale University Press.

Joelson, L., Wahlquist, L. (1987). The psychological meaning of job insecurity and job loss : results of a longitudinal study, *Social Science and Medicine*, 25, 2, 179-182.

Jones, M. (1972). *Life on the Dole*, Londres : David Poynter.

Kabanoff, B. (1980). Work and nonwork : a review of models, methods and findings *Psychological Bulletin*, 88, 60-77.

Kaplan, B.H., Cassel, J.C., Gore, S. (1977). Social support and health, *Medical Care*, 15 5, 47-58.

Kasl, S.V., Coob, S. (1982). Variability of stress effects among men experiencing job loss, *in* : L. Goldberger et S. Breznitz (Eds), *Handbook of stress : Theoretical and clinical aspects*, New York : Free Press.

Kasl, S.V., Gore, S., Cobb, S. (1975). The experience of losing a job : reported changes in health, symptoms and illness behavior, *Psychosomatic Medicine*, 7, 2, 106-122.

Kaufman, H.G. (1982). *Professionals in search of work : coping with the stress of job loss and unemployment*, New York, Wiley.

Kelvin, P. (1980). Social psychology 2001 : the social bases and implications of structural unemployment, *in* R. Gilmour & S. Duch (Eds), *The development of social psychology*, London : Academic Press.

Kelvin, P. (1981). Work as a source of identity : the implications of unemployment, *British Journal of Guidance and Counseling*, 9, 1, 2-11.

Kelvin, P., Jarrett, J.E. (1985). *Unemployment, its social psychological effects*, European Monographs in Social Psychology, Cambridge University Press, 149 p.

Komarovsky, M. (1940). *The unemployed man and his family : The effect of unemployment upon the status of the man in 59 families*? New York : Dryden.

Korman, A.K. (1966). The self-esteem variable in vocational choice, *Journal of Applied Psychology*, 50, 479-486.

Krahn, H., Graham, S.L., Julian, T. (1985). The social-psychological impact of unemployement in Edmonton, *Canadian Journal of Public Health*, 76, 88-92.

Kuhnert, K.W. (1989). The latent and manifest consequences of work, *The Journal of Psychology*, 123, 5, 417-427.

Lagree, J.C., Lew-Fai, P. (1989). *Jeunes et chômeurs*, Paris, Presses du C.N.R.S.

Laroche, G. (1984). *Les finissants du secondaire professionnel sur le marché du travail*, Québec : Ministère de la Main-d'œuvre et de la Sécurité du Revenu, Février.

Le Blanc, A., Baubion-Broye, A., Hajjar, V. (1991). Activités et processus d'anticipation des jeunes en attente d'emploi, *Actes du Ier Colloque Européen «Connaître les modes de vie et de consommation des jeunes»*, Paris, Tome 1, 297-310.

Le Blanc, A., Cazals, M.P., Hajjar, V. (1992). Processus de structuration des projets chez des jeunes en attente d'emploi, *Actes du colloque «fonction des projets dans les structuration personnelles et sociales»*, Toulouse, 23-24 Septembre, 33-51.

Le Blanc, A., Fraccaroli, F., Hajjar, V. (1992). Attitude envers le futur et auto-placement social en situation de transition, approche comparative, Actes du XXVe Congrès International de Psychologie, *Journal International de Psychologie*, 27, 3/4, 196.

Le Blanc, A., Hajjar, V., Curie, J. (1990). Evolution des sentiments de contrôle des demandeurs d'emploi en situation de formation, *Actes du VIe Congrès International de l'Association de Psychologie Du Travail de Langue Française*, Bruxelles, 14-16 Mai.

Ledrut, R. (1966) *Sociologie du chômage*, Paris : Presses Universitaires de France.

Lefebvre, H. (1961). *Critique de la vie quotidienne*, Paris : l'Arche, 357 p.

Lejeune, R. (1988). *Revenu Minimum, réussir l'insertion*, Editions Syros Alternatives, 185 p.

Le Mouël, J. (1981). Le chômage des jeunes : des «vécus» très différents, *Sociologie du Travail*, 2, 163-172.

Leplat, J., Cuny, X. (1977). *Introduction à la psychologie du travail*, Paris : P.U.F., 240 p.

Lewin, K. (1938). *The conceptual representation and the measurement of psychological forces*, Durham : Duke University Press.

Liem, R. (1987). The psychological costs of unemployment : a comparison of findings and definitions, *Social Research*, 54, 2, 319-353.

Liem, R. (1988). Unemployed workers and their families : social victims or social critics, *in* P. Voydanoff & L. Majka (Eds), *Families and economic distress*, Beverly Hills (CA) : Sage, 135-151.

Liem, R., Liem, J.H. (1988). Psychological effects of unemployment on workers and their families, *Journal of Social Issues*, 44, 4, 87-105.

Lin, N., Dean, A., Ensel, W.M. (1981). Social support scales : a methodological note, *Schizophrenia Bulletin*, 7, 1, 73-89.

Linn, M.W., Sandifer, R., Stein, S. (1985). Effects of unemployment on mental health and physical health, *American Journal of Public Health*, 75, 5, 502-506.

Linton, R. (1968). *Le fondement culturel de la personnalité*, Paris, Dunod.

Little, C.B. (1976). Technical-professional unemployment : middle-class adaptability to personnal crisis, *Sociology quaterly*, 17, 262-274.

Macky, K., Haines, H. (1982). The psychological effects of unemployment : a review of the literature, *New Zealand Journal of Industrial Relations*, 7, 123-135.

Malrieu, P. (1979). La crise de personnalisation. Ses sources et ses conséquences sociales, *Psychologie et Education*, 3, 1-18.

Malrieu, P. (1983). Genèse réciproque de l'idéologie et de la personnalisation, *Psychologie et Education*, VII, 1-2, 29-40.

Manuel S.E.I. (1984). *Inventaire d'estime de soi de Coopersmith : S.E.I.*, Paris : Centre de Psychologie Appliquée, 23 p.

Marcel, B., Taïeb, J. (1991). *Le chômage aujourd'hui, un phénomène pluriel*, Edition Nathan, Collection Economie et Sciences Sociales, 207 p.

Marquié, H. (1991). *Coordination des conduites et fonctionnalité des activités*, Thèse de doctorat, Université de Toulouse le Mirail, 265 p.

Marquié, H., Curie, J. (1993). Nouvelle contribution à l'analyse du système des activités, *Le travail Humain*, 56, 4, 369-379.

Marquié, H., Cascino, N., Roques, M. (1990). Approche psychologique d'un changement social : le chômage (ou sortie du chômage et supports relationnels), *Communication au VIe Congrès International de Psychologie du Travail de Langue Française*, Bruxelles, 14-16 mai, 9 p.

Marsden, D., Duff, W. (1975). *Workless : some unemployed men and their families*, Middlesex, England : Penguin Books.

Mc Ghee, J., Fryer, D. (1989). Unemployment, income and the family : an action research approach, *Social Behavior*, 4, 237-252.

Miller, K., Iscoe, I. (1963). The concept of crisis : current status and mental health implications, *Human Organizations*, 22, 195-201.

Mirels, H.L., Garrett, J.B. (1971). The protestant ethic as a personality variable, *Journal of Consulting and Clinical Psychology*, 36, 1, 40-44.

Moutou, Cl., Blanch, E. (1994) Influence du type de contrat de travail sur les rapports vie au travail - vie hors travail, *Communication au 8e congrès international de Psychologie du Travail de Langue Française (APTLF)*, Neuchâtel, 31 août-2 septembre 1994.

Muhlenkamp, A.F., Sayles, J.A. (1986). Self-esteem, social support and positive health practices, *Nursing Research*, 35, 6, 334-338.

Mussen, P. (1980). La formation de l'identité, découvertes psychologiques et problèmes de recherche, *in* P. Tap (Eds), *Identité individuelle et personnalisation*, Toulouse : Privat, collection Sciences de l'homme, 13-21.

Myers, J., Lindenthal, J.J., Pepper, M.P. (1975). Life events, social integration and psychiatric symptomatology, *Journal of Health and Social Behavior*, 16, 421-427.

Nathanson, C.A. (1980). Social roles and health statuts among women : the significance of employment, *Social Science and Medicine*, 14 A, 6, 463-472.

Nurmi, J.E., Salmela-Aro, K., Rvotsalainen, H. (1994). Cognitive and attributional strategies among unemployed young adults : a case of the failure-trap strategy, *European Journal of Personality*, 8, 135-148.

O'Brien, G.E., Feather, N.T. (1990). The relative effect of unemployment and quality of employment on the affect, work values and personnal control of adolescents, *Journal of Occupational Psychology*, 63, 151-165.

O'Brien, G.E., Kabanoff, B. (1979). Comparison of unemployed and employed workers on work values, locus of control and health variables, *Australian Psychologist*, 14, 143-154.

O'Brien, G.E., Feather, N.T., Kabanoff, B. (1994). Quality of activities and the adjustment of unemployed youth, *Australian Journal of Psychology*, 46, 1, 29-34.

Ouvrage collectif (1991). *Le RMI à l'épreuve des faits*, Editions Syros Alternatives, 298 p.

Paré, S. (1981). Enquête auprès des étudiants de niveau secondaire qui ont terminé leurs études en Juin 1979, *Le Marché du Travail*, 7, 68-71.

Parkes, C.M. (1971). Psycho-social transitions : a field for study, *Social Science and Medicine*, 5, 101-115.

Patton, W., Noller, P. (1984). Unemployment and youth : a longitudinal study, *Australian Journal of Psychology*, 36, 399-413.

Payne, R.L., Hartley, J.F. (1987). A test of a model for explaining the affective experience of unemployed men, *Journal of Occupational Psychology*, 60, 31-47.

Payne, R., Warr, P.B., Hartley, J. (1984). Social class and psychological ill health during unemployment, *Sociology of Health and Illness*, 6, 2, 154-174.

Pearlin, L.I., Lieberman, M.A., Menaghan, E.G., Mullan, J.T. (1981). The stress process, *Journal of Health and Social Behavior*, 22, December, 337-356.

Perron, J. (1993). Adultes en transition : Poursuite et interruption d'un programme d'études universitaires. Colloque de l'Association Canadienne d'Education des Adultes des Universités de Langue Française (Montréal).

Perron, S., Lecomte, C. (1992). Variables objectives, modératrices et de processus associées aux effets psychologiques du chômage. Rapport de recherche au C.Q.R.S.

Petersen, T. (1993). Recent advances in longitudinal methodology, *Annual Review of Sociology*, 19, 425-454.

Peterson, C., Seligman, M.E.P. (1984). Causal explanations as a risk factor for depression : theory and evidence, *Psychological Review*, 91, 347-374.

Pilgrim Trust (1938). *Men without work*, Cambridge : Cambridge University Press.

Powell, D.H., Driscoll, P.F. (1973). Middle-class professionals face unemployment, *Society*, 10, 2, 18-26.

Pym, d. (1979). Work is good, employment is bad, *Employee Relations*, 1, 16-18.

Rapoport, R., Papoport, R. (1965). Work and family in contemporary society, *American Sociological Review*, 30, 381-394.

Rime, B., Leyens, J.P. (1974/1975). Quelques données à propos d'une échelle d'estime de soi, *Bulletin de Psychologie*, 318, XXVIII, 16-17, 784-787.

Roberts, K., Noble, M., Duggan, J. (1982). Youth unemployment : an old problem or a new life style ?, *Leisure Studies*, 1, 171-182.

Rogers, C.R. (1951). *Client-centred Therapy*, Boston : Houghton Mifflin.

Roques, M. (1985). *Enjeux et perspectives de l'insertion socio-professionnelle des travailleurs handicapés au travers d'un groupe de travail et de reflexion*, mémoire de D.E.S.S. (Diplôme d'Etudes Supérieures Spécialisées), Université de Toulouse le Mirail, 180 p.

Roques, M. (1988). L'évolution de l'estime de soi et des comportements de recherche d'emploi au cours du chômage. Premiers résultats, *Actes du colloque Européen «Construction et fonctionnement de l'identité»*, Aix-en-Provence, 153-159.

Roques, M. (1991). Les conditions psychosociales de sortie du chômage, *Communication au Ve congrés Européen de Psychologie du Travail et des Organisations*, Rouen, 24-27 mars, 13 pages.

Roques, M. (1992). Projection dans l'avenir et bien-être psychologique chez les bénéficiaires du Revenu Minimum d'Insertion, résultats préliminaires, *Communication au XXVe congrés International de Psychologie*, Bruxelles, 19-24 juillet, 9 pages.

Roques, M. (1993a). Les effets psychologiques du chômage, in P. Tap et H. Malewska-Peyre (Eds), *Marginalités et troubles de la socialisation*, Paris, P.U.F., 45-83.

Roques, M. (1993b). Work and non-work activities : in which way are social supports and work interdependent?, *Communication au 6e congrès européen de psychologie du travail et des organisations*, Alicante, du 14 au 17 avril 1993, 10 pages.

Roques, M. (1993c). Le RMI : des objectifs au vécu, *Communication à la table ronde «emploi et insertion en Poitou-Charentes»*, ITEEM, 2 avril 1993, paru dans les actes du colloque, 95-104.

Roques, M. (1994). Représentation du métier de formateur et fonctionnement du système des activités, *Communication aux rencontres Orient'action*, Niort, 31 mai-2 juin, à paraître dans les actes du colloque.

Roques, M., Aïssani, Y. (1994). Perception du RMI et fonctionnement du système des activités, *Communication au 8e congrès international de Psychologie du Travail de Langue Française (APTLF)*, Neuchâtel, 31 août-2 septembre 1994.

Roques, M., Chapelier, J.B. (1994). *Analyse des facteurs d'employabilité des bénéficiaires du Revenu Minimum d'Insertion (RMI)*, Rapport de recherche à la Direction Régionale du travail et de l'Emploi de Poitou-Charentes, 134 p.

Roques, M., Gelpe, D., (1992). L'interdépendance des domaines de vie comme mode d'approche des difficultés d'insertion professionnelle, premiers résultats, *Communication au Forum chercheurs-décideurs-praticiens : les applications de la psychologie sociale aujourd'hui*, Rennes, 8-9 septembre, 7 pages.

Roques, M., Gelpe, D. (1994). Interdépendance des domaines de vie et difficultés d'insertion professionnelle, in G. Guingouain et F. Le Poultier (Eds), *A quoi sert aujourd'hui la psychologie sociale ?, demandes actuelles et nouvelles réponses*, Presses Universitaires de Rennes, 67-80.

Roques, M., Cascino, N., Marquié, H. (1989). Evolution des comportements de recherche d'emploi au cours du chômage, *Séminaire PIRTTEM-CNRS/ANPE, «Sortir du chômage ou la construction sociale de l'employabilité»?* Paris, 7-8 décembre.

Roques, M., Cascino, N., Curie, J. (1990). Durée du chômage et phases d'évolution des chômeurs, *Revue Internationale de Psychologie Sociale*, 3, 1, 50-66.

Rosenberg, M. (1962). Self-esteem and concern with public affairs, *Public Opinion Quartely*, 26, 201-211.

Rosenberg, M. (1965). *Society and the adolescent self-image*, Princeton University Press.

Sainsaulieu, R. (1985). *L'identité au travail*, Paris : Presse de la Fondation Nationale des Sciences Politiques, 2e ed., 457 p.

Schnapper, D. (1981). *L'épreuve du chômage*, Gallimard, collection Idées, 222 p.

Schweitzer, S.O., Smith, R.E. (1974). The persistence of the discouraged effect, *Industrial and Labour Relations Review*, 27, 2, p. 249-260.

Seeman, M. (1967). Les conséquences de l'aliénation dans le travail, *Sociologie du Travail*, 9, 113-133.

Seligman, M.E.P. (1975). *Helplessness : on depression, development and death*, San Franscisco (CA) : Freeman.

Shamir, B. (1985). Sex differences in psychological adjustement to unemployment and reemployment : a question of commitment, alternatives or finance? *Social Problems*, 33, 1, 67-77.

Shamir, B. (1986a). Protestant work ethic, work involvement and psychological impact of unemployment, *Journal of Occupational Behaviour*, 7, 25-38.

Shamir, B. (1986b). Unemployment and nonwork activities among persons with higher education, *The Journal of Applied Behavioral Science*, 22, 4, 459-475.

Shamir, B. (1986c). Self-esteem and the psychological impact of unemployment, *Social Psychological Quarterly*, 49, 1, 61-72.

Sheppard, H.L., Belitsky, A.H. (1966). *The job-hunt : job-seeking behaviour of unemployed workers in a local economy*, Baltimore (MD) : Johns Hopkins Press.

Sibille, H. (1989). *Les politiques d'emploi à l'épreuve du chômage de longue durée*, Editions Syros Alternatives, 158 p.

Sinfield, A. (1970). Poor and out of work in Shields, *in* P. Townsend (Eds.), *The concept of poverty*, Londres : Heinemann.

Sivadon, P., Fernandez-Zoïla, A. (1983). *Temps de travail, temps de vie*, Bruxelles, Mardaga, 229 p.

Spruit, I.P. (1983). *Unemployment and health*, Leiden : University of Leiden, 206 p.

Stafford, E.M., Jackson, P.R., Banks, M.H. (1980). Employment, work involvement and mental health in less qualified young people, *Journal of Occupational Psychology*, 53, 291-304.

Staines, G.L. (1980). Spillover vs. compensation : a review of the literature on the relationship between work and nonwork, *Human Relations*, 33, 111-129.

Starrin, B., Larsson, G. (1987). Coping with unemployment - a contribution to the understanding of women's unemployment, *Social Science and Medicine*, 25, 2, 163-171.

Stokes, G.J., Cochrane, R. (1984). A study of the psychological effects of redundancy and unemployment, *Journal of Occupational Psychology*, 57, 309-322.

Tap, P. (1979). Relations interpersonnelles et genèse de l'identité, Annales de l'Université de Toulouse le Mirail, *Homo* XVIII-XIX, 15, 2, 7-43.

Thoits, P.A. (1982). Conceptual, methodological and theoretical problems in studing social support as a buffer against life stress, *Journal of Health and Social behavior*, 23, 145-159.

Tiffany, D.W., Cowan, J.R., Tiffany, P.M. (1970). *The unemployed; a social-psychological portrait*, Englewood Cliffs, New York.

Tiggemann, M., Winefield, A.H. (1980). Some psychological effects of unemployment in school leavers, *Australian Journal of Social Issues*, 15, 269-276.

Tiggemann, M., Winefield, A.H. (1984). The effects of unemployment on the mood, self-esteem, locus of control and depressive affect of school-leavers, *Journal of Occupational Psychology*, 57, 33-42.

Ullah, P. (1990). The association between income, financial strain and psychological well-being among unemployed youths, *Journal of Occupational Psychology*, 63, 317-330.

Ullah, P., Banks, M.H., Warr, P.B. (1985). Social support, social pressures and psychological distress during unemployment, *Psychological Medicine*, 15, 283-295.

Vanlerenberghe, P. (1992) *RMI, le pari de l'insertion*, Paris : La documentation française, Tome 1 et 2.

Verdié, M. (1992). *Voyage à l'intérieur du RMI : l'expérience de Rennes*, Editions Stros Alternatives, 157 p.

Wallon, H. (1935). Le réel et le mental, *Journal de Psychologie*, 5-6, repris dans Enfance, 1959.

Wallon, H. (1968). Les milieux, les groupes et la psychogenèse de l'enfant, *Enfance*, numéro Spécial, 287-296.

Warr, P.B. (1978). A study of psychological well-being, *British Journal of Psychology*, 69, 111-121.

Warr, P.B. (1982). Psychological aspects of employment and unemployment, *Psychological Medicine*, 12, 7-11.

Warr, P.B. (1984a). Job loss, unemployment and psychological well-being, *in* V. Allen & E. Van de Vliert (Eds.), *Role transitions, explorations and explanations*, New York : Plenum Press, 263-285.

Warr, P.B. (1984b). Reported behavior changes after job-loss, *British Journal of Social Psychology*, 23, 271-275.

Warr, P.B. (1984c). Work and unemployment, *in* P.J.D. Drenth, H. Thierry, P.J. Willems & C.J. de Wolff, *Handbook of work and organizational psychology*, John Wiley and Sons Ltd, vol.1, 413-443.

Warr, P.B. (1985). Twelve questions about unemployment and health, *in* B. Roberts, R. Finnegan & D. Gallie (Eds). *New approaches to economic life*, Manchester : Manchester University Press, 302-318.

Warr, P.B., Banks, M.H., Ullah, P. (1985). The experience of unemployment among black and white urban teenagers, *The British Journal of Psychology*, 76, 1, 75-88.

Warr, P., Jackson, P. (1983). Self-esteem and unemployment among young workers, *Le Travail Humain*, 46, 2, 355-366.

Warr, P.B., Jackson, P. (1984). Men without jobs : some correlates of age and length of unemployment, *Journal of Occupational Psychology*, 57, 77-85.

Warr, P.B., Jackson, P. (1985). Factors influencing the psychological impact of prolonged unemployment and re-employment, *Psychological Medicine*, 15, 795-807.

Warr, P.B., Jackson, P., Banks, M. (1982). Duration of unemployment and psychological well-being in young men and women, *Current Psychological Research*, 2, 207-214.

Warr, P.B., Payne, R. (1983). Social class and reported changes in behavior after job loss, *Journal of Applied Social Psychology*, 13, 206-212.

Warr, P.B., Perry, G. (1982). Paid employment and women's psychological well-being, *Psychological Bulletin*, 91, 458-512.

Wells, E.L., Marwell, G. (1976). *Self-esteem : its conceptualisation and measurement*, London : Sage.

Whelan, C.T. (1992). The role of income, life-style deprivation and financial strain mediating the impact of unemployment on psychological distress : evidence from the Republic of Ireland, *Journal of Occupational Psychology*, 65, 331-334.

Winefield, A.H., Tiggemann, M. (1985). Psychological correlates of employment and unemployment : effects, predisposing factors and sex differences, *Journal of Occupational Psychology*, 58, 229-242.

Winefield, A.H., Tiggemann, M. (1990). Employment status and psychological well-being : a longitudinal study, *Journal of Applied Psychology*, 75, 455-459.

Winefield, A.H., Tiggemann, M. (1994). Affective reactions to employment and unemployment as a function of prior expectations and motivation, *Psychological Reports*, 75, 1, 243-247.

Winefield, A.H., Tiggemann, M., Smith, S. (1987). Unemployment, attributional style and psychological well-being, *Personal and individual difference*, 8, 5, 659-665.

Winefield, A.H., Tiggemann, M., Wienefield, H.R. (1990). Factors moderating the psychological impact of unemployment at different ages, *Personality and individual Differences*, 11, 1, p. 45-52.

Winefield, A.H., Tiggemann, M., Wienefield, H.R. (1991). The psychological impact of unemployment and unsatisfactory employment in young men and women : longitudinal and cross-sectional data, *British Journal of Psychology*, 82, 473-486.

Winefield, A.H., Wienefield, H.R., Tiggemann, M., Goldney, R.D. (1991). A longitudinal study of the psychological effects of unemployment and unsatisfactory employment on young adults, *Journal of Applied Psychology*, 76, 424-431.

Wuhl, S. (1991). *Du chômage à l'exclusion*? Editions Syros Alternatives, 207 p.

Zawadski, B., Lazarsfeld, P. (1935). The psychological consequences of unemployemnt, *Journal of Social Psychology*, 6, 224-251.

Ziller, R.C., Hagey, J., Smith, M.D.C., Long, B.H. (1969). Self-esteem : a self-social construct, *Journal of Consulting and Clinical Psychology*, 33, 84-95.

Index des auteurs

Abramson, Seligman & Teasdale
— 1978 : 57
Almudever & Cazals
— 1993 : 231, 237
Atkinson, Liem & Liem
— 1986 : 40, 64, 99

Bakke
— 1933 : 24, 40
— 1940a : 24
— 1940b : 24
Balazs
— 1983 : 53
Bamberg, Rückert & Udris
— 1986 : 60, 62, 63, 161, 222
Banks & Jackson
— 1982 : 37, 49
Baum, Fleming & Reddy
— 1986 : 39
Beales & Lambert
— 1934 : 24
Benoit-Guilbot & Modaï
— 1980 : 127
Bertaux
— 1980 : 121
Bethune & Ballard
— 1986 : 30, 235
Blanch
— 1989 : 12, 15
Bloom
— 1963 : 76

Bolton & Oatley
— 1987 : 40, 44, 191
Bouikni
— 1983 : 53
Bouillaguet & Guitton
— 1992 : 8, 9, 22
Brenner & Bartell
— 1983 : 66, 138, 161
Brenner & Levi
— 1987 : 38
Briar
— 1977 : 87, 122

Callahan & Kidd
— 1986 : 79, 82
Carlson, Fellows & Maslach
— 1989 : 37
Carusso *et al.*
— 1982 : 114
Cascino
— 1992 : 136
Cascino & Le Blanc
— 1993 : 230
Chen, Marks & Bersani
— 1994 : 13
Cobb
— 1976 : 61
Cochrane & Stopes-Roe
— 1981 : 43
Codol
— 1980 : 33

Cohen & Wills
— 1985 : 63
Cohn
— 1978 : 35, 49
Cook, Cumming, Bartley & Shoper
— 1982 : 39
Coopersmith
— 1967 : 80, 81, 82
Crouch & Straub
— 1983 : 80, 81
Curie
— 1993 : 9
Curie & Hajjar
— 1981 : 109, 113, 123
— 1983 : 105
— 1987 : 109, 111, 119, 120, 123, 131, 143
Curie, Baubion-Broye & Hajjar
— 1986 : 171
Curie, Hajjar, Marquié & Roques
— 1990b : 136, 143, 232

D'Arcy & Siddique
— 1985 : 51, 52, 54
De Franck & Ivancevich
— 1986 : 36, 39
Dean & Lin
— 1977 : 61
Demers, Cornier & Fortin
— 1985 : 51, 53, 162
Depolo & Sarchielli
— 1985 : 30
— 1987 : 51
Depolo, Fraccaroli & Sarchielli
— 1989 : 15
Donovan & Oddy
— 1982 : 35, 37, 38, 40, 41, 49, 82

Eden & Aviran
— 1993 :12
Eisenberg & Lazarsfeld
— 1938 : 24, 25, 40, 51, 83, 85, 86, 161, 191
Elliot
— 1986 : 80
Ellis
— 1973a : 115, 116
— 1973b : 115
Ellis & Taylor
— 1983 : 70
Estes & Wilensky
— 1978 : 51, 90

Fahy
— 1985 : 13
Feather
— 1982 : 35, 37, 38, 42, 49
— 1985 : 16, 21, 22, 23, 97, 98

Feather & Bond
— 1983 : 66
Feather & O'Brien
— 1986 : 42
Ferrieux
— 1992 : 10
Fineman
— 1979 : 48, 55, 57, 73, 81, 101, 110, 215, 220, 224
Fink
— 1967 : 75, 76, 89, 95, 101
Finlay-Jones & Eckhart
— 1981 : 37, 49
— 1984 : 37, 49, 53
Foster & Caplan
— 1994 : 80
Fryer
— 1985 : 38, 76, 90
— 1988 : 90
Fryer & Payne
— 1984 : 17, 23, 58, 67, 73, 97, 101, 122, 145, 161, 184
— 1986 : 17
Fryer & Warr
— 1984 : 51
Furnham
— 1984 : 22, 23

Gadbois
— 1975 : 109, 111, 122, 127, 139
Galland & Louis
— 1981 : 68, 130
Gelpe
— 1992 : 136, 230
Goldberg
— 1978 : 36
Goodchilds & Smith
— 1963 : 52
Gore
— 1978 : 54, 60, 62, 64
Gough & Heilbrun
— 1965 : 43, 82
Gould & Kenyon
— 1972 : 24, 85
Grayson
— 1993 : 37
Gurney
— 1980a : 35
— 1980b : 35, 82
Gurney & Taylor
— 1981 : 25, 98

Hajjar & Curie
— 1985 : 109, 121, 143
Hajjar, Baubion-Broye & Curie
— 1988 : 133
— 1991 : 230

Hall
- 1972 : 32
Hamilton, Hoffman, Broman & Rauma
- 1993 : 55
Hammarström
- 1994 : 49
Harrison
- 1976 : 83, 85
Hartley
- 1980a : 13, 16, 81
- 1980b : 35, 43, 80, 82, 164
Hartley & Fryer
- 1984 : 90
Hayes & Nutman
- 1981 : 14, 16, 24, 31, 43, 66, 88, 90, 95, 116, 118, 140, 142
Heider
- 1958 : 79
Helmreich
- 1972 : 81
Hendry & Raymond
- 1986 : 65
Hepworth
- 1980 : 37, 52, 66, 161
Herron
- 1975 : 85
Hill
- 1977 : 86, 235
- 1978 : 86
Holmes & Rahe
- 1967 : 55
Hong, Bianca, Bianca & Bollington
- 1993 : 79
Hopson & Adams
- 1976 : 83, 84, 85
House
- 1981 : 61, 63, 161
House & Wells
- 1978 : 60
Howard & Scott
- 1965 : 56
Huczynski
- 1978 : 53

Israël
- 1960 : 79

Jackson, Stafford, Banks & Warr
- 1983 : 69, 177
Jackson & Warr
- 1984 : 69, 71
- 1987 : 22
Jacobson
- 1987 : 45
Jahoda
- 1979a : 25, 30, 31, 40, 42, 44, 58, 66, 118, 141
- 1979b : 12, 29
- 1982 : 45, 50, 112
Jahoda, Lazarsfeld & Zeisel
- 1933 : 22, 24, 40, 66
Janis & Field
- 1959 : 82
Joelson & Wahlquist
- 1987 : 77
Jones
- 1972 : 85

Kaplan, Cassel & Gore
- 1977 : 61, 161
Kasl, Gore & Cobb
- 1975 : 39, 54, 64, 77, 99
Kasl & Cobb
- 1982 : 35, 97
Kaufman
- 1982 : 52
Kelvin
- 1981 : 24, 32, 66
Kelvin & Jarett
- 1985 : 22, 23, 152
Komarovsky
- 1940 : 22, 24, 40
Korman
- 1966 : 79
Krahn, Graham & Julian
- 1985 : 39
Kuhnert
- 1989 : 44

Laroche
- 1984 : 53
Le Blanc & Cascino
- 1993 : 230
Le Blanc, Hajjar & Curie
- 1990 : 236
Le Blanc, Baubion-Broye & Hajjar
- 1991 : 136
Le Blanc, Cazals & Hajjar
- 1992 : 136
Le Mouël
- 1981 : 69
Lefebvre
- 1961 : 122
Leplat & Cuny
- 1977 : 118
Lewin
- 1938 : 55
Liem
- 1987 : 54
- 1988 : 145
Liem & Liem
- 1988 : 38, 45
Lin, Dean & Ensel
- 1981 : 61, 62

Linn, Sandifer & Stein
- 1985 : 82
Linton
- 1968 : 121
Little
- 1976 : 36, 53

Macky & Haines
- 1982 : 23
Malrieu
- 1979 : 114
- 1983 : 126
Marcel & Taïeb
- 1991 : 13
Marquié
- 1991 : 124
Marquié & Curie
- 1993 : 124, 230
Marsden & Duff
- 1975 : 24, 40, 68, 85, 161, 191
Mc Ghee & Fryer
- 1989 : 38
Miller & Iscoe
- 1963 : 76
Mirels & Garrett
- 1971 : 42
Moutou & Blanch
- 1994 : 230
Muhlenkamp & Sayles
- 1986 : 80, 82
Mussen
- 1980 : 33
Myers, Lindenthal & Pepper
- 1975 : 63, 222

Nathanson
- 1980 : 49

O'Brien & Kabanoff
- 1979 : 39
O'Brien, Feather & Kabanoff
- 1994 : 41

Paré
- 1981 : 53
Parkes
- 1971 : 75, 139, 140, 146
Patton & Noller
- 1984 : 35
Payne, Warr & Hartley
- 1984 : 53, 69
Payne & Hartley
- 1987 : 55
Pearlin, Lieberman, Menaghan & Mullan
- 1981 : 60, 65
Petersen
- 1993 : 98

Peterson & Seligman
- 1984 : 57
Pilgrim Trust
- 1938 : 24, 31
Powell & Driscoll
- 1973 : 88
Pym
- 1979 : 17

Rapoport & Rapoport
- 1965 : 139
Rimé & Leyens
- 1974/1975 : 79, 82, 97
Rogers
- 1951 : 82
Roques
- 1985 : 23, 152
- 1988 : 218
- 1992 : 136, 230
- 1993a : 230
- 1993b : 136, 230
- 1993c : 136, 230
- 1994 : 136
Roques & Aïssani
- 1994 : 136
Roques & Chapelier
- 1994 : 10
Roques & Gelpe
- 1994 : 136, 237
Roques, Cascino & Marquié
- 1989 : 153
Roques, Cascino & Curie
- 1990 : 89, 234
Rosenberg
- 1962 : 80, 81
- 1965 : 35, 43, 82

Sainsaulieu
- 1985 : 32, 108
Schnapper
- 1981 : 51
Schweitzer & Smith
- 1974 : 70
Seeman
- 1967 : 126
Seligman
- 1975 : 56, 57
Shamir
- 1985 : 49
- 1986a : 42
- 1986b : 40, 41, 50, 66, 70, 97
- 1986c : 36
Sheppard & Belitsky
- 1966 : 70
Sinfield
- 1970 : 85
Sivadon & Fernandez-Zoïla
- 1983 : 107, 108, 116

Spruit
 − 1983 : 48, 49, 52, 68, 177
Stafford, Jackson & Banks
 − 1980 : 37, 49, 69
Starrin & Larsson
 − 1987 : 49, 50, 66, 112, 127
Stokes & Cochrane
 − 1984 : 38, 41, 76, 97

Tap
 − 1979 : 33
Thoits
 − 1982 : 60, 61, 62, 63
Tiffany, Cowan & Tiffany
 − 1970 : 68
Tiggemann & Winefield
 − 1980 : 37
 − 1984 : 35, 37, 38, 49

Ullah, Banks & Warr
 − 1985 : 65

Wallon
 − 1935 : 169
 − 1968 : 113
Warr
 − 1978 : 37, 69, 177
 − 1982 : 30
 − 1984a : 41, 80
 − 1984b : 36
 − 1984c : 30
 − 1985 : 37
Warr & Jackson
 − 1983 : 35, 36, 43, 49, 69, 81, 82, 112
 − 1984 : 39, 53
 − 1985 : 69
Warr & Payne
 − 1983 : 41, 44, 65, 161, 185
Warr & Perry
 − 1982 : 50
Warr, Jackson & Banks
 − 1982 : 50
Warr, Banks & Ullah
 − 1985 : 51, 69
Wells & Marwell
 − 1976 : 80
Winefield & Tiggemann
 − 1985 : 35, 49, 97, 98, 112
 − 1994 : 45
Winefield, Tiggemann & Smith
 − 1987 : 55, 57
Winefield, Tiggemann & Wienefield
 − 1990 : 35, 36, 45
Wuhl
 − 1991 : 9

Zawadski & Lazarsfeld
 − 1935 : 22
Ziller, Hagey, Smith & Long
 − 1969 : 80, 81

Annexe 1
Consignes I.S.A.
et liste des activités

Voici quatre paquets d'une vingtaine de fiches chacun. Sur chacune de ces fiches, il y a l'énoncé d'une activité ou d'un objectif possible.

Un paquet comporte des activités relatives à la vie familiale, un autre des activités de la vie professionnelle, un autre des activités de la vie personnelle et un dernier paquet est composé d'activités sociales.

Nous allons nous servir de ces fiches pour décrire comment vous concevez l'organisation de votre vie. Bien sûr, dans ces exercices, il n'y a pas de bonnes ou de mauvaises réponses. Chacun répond comme il veut.

EXERCICE 1 (IMPORTANCE)

- Nous prenons d'abord le paquet de fiches relatives à la vie familiale. Avec ces fiches, vous allez faire quatre tas :
- celles qui décrivent des activités ou des objectifs qui sont très importants pour vous ;
- celles qui décrivent des activités ou des objectifs qui sont moyennement importants pour vous ;
- celles qui décrivent des activités ou des objectifs qui ne sont pas très importants pour vous ;

— celles qui décrivent des activités ou des objectifs pour lesquels vous considérez que vous n'êtes pas ou que vous n'êtes plus concerné soit parce que cet objectif n'a jamais existé pour vous, soit parce que vous l'avez déjà atteint.

Ces tas peuvent être égaux ou inégaux, comme vous voulez.

• Parmi les fiches que vous avez classées comme activités ou objectifs très importants *(s'il y a 1 seul objectif classé comme très important, prendre aussi les objectifs moyennement importants)* dans la vie familiale, pourriez-vous isoler la fiche qui correspond pour vous à un objectif prioritaire à atteindre ?

• Maintenant, vous allez faire de même pour le paquet de fiches relatives à la vie professionnelle.

• Recommencer la même procédure avec le paquet de fiches relatives à la vie personnelle et enfin pour celui de la vie sociale.

EXERCICE 2 (ANTICIPATION)

• Vous venez de nous indiquer les objectifs qu'il est important pour vous d'atteindre. A propos de chacun d'eux, est-ce que vous pensez arriver ou non à réaliser ces objectifs et dans quel délai ?

• Nous prenons d'abord les objectifs que vous avez classés comme « très importants » ou comme « moyennement importants » à atteindre dans votre vie familiale. Avec ces objectifs, vous allez faire cinq tas, égaux ou inégaux :

— vous pensez y arriver dans un délai de trois à six mois

— vous pensez y arriver dans un délai d'un an

— vous pensez y arriver d'ici trois ans

— vous pensez y arriver, mais vous ne savez pas quand

— vous doutez beaucoup d'y arriver

• Recommencer la même procédure avec les objectifs « très importants » et « moyennement importants » de la vie professionnelle, puis avec ceux de la vie personnelle et, enfin, avec ceux de la vie sociale.

EXERCICE 3 (ATTRIBUTION DE PROBABILITÉ)

• Vous venez de dire si vous pensez ou non arriver à atteindre ces objectifs dans les différents domaines de vie, et si oui, dans combien de temps. A votre avis, maintenant, de quoi cela dépend-il que vous arriviez (ou que vous n'arriviez pas) à atteindre ces objectifs?

1) A propos de chacun d'eux, vous diriez : «j'arriverai ou je n'arriverai pas à atteindre cet objectif parce que :
– cela dépend de moi, de ma volonté, de ma personnalité :

```
      1     2    3    4    5    6
◊-----◊----◊----◊----◊----◊----◊
non, pas du tout              oui, totalement
```

Pour répondre, vous allez placer la fiche sur un de ces six intervalles.

2) A propos de chacun d'eux, vous diriez maintenant : «j'arriverai ou je n'arriverai pas à atteindre cet objectif parce que :
– cela dépend des circonstances, c'est la situation qui décidera» :

```
      1     2    3    4    5    6
◊-----◊----◊----◊----◊----◊----◊
non, pas du tout              oui, totalement
```

Pour répondre, vous allez placer la fiche sur un de ces six intervalles.

EXERCICE 4 (INTERCLASSEMENT)

• Dans les quatre domaines de vie (familiale, professionnelle, personnelle et sociale), vous avez classé ces objectifs comme très importants ou moyennement importants pour vous.

Nous les mettons ensembles et vous allez en faire 3 tas :

– les plus importants
– les moins importants
– les intermédiaires

Cette fois-ci, vous allez essayer de faire *3 piles à peu près égales*.

EXERCICE 5 (ECHANGES)

• Tout à l'heure, vous avez retenu cette fiche comme étant votre objectif prioritaire dans la vie familiale. Bien sûr, les activités de notre vie ne sont pas toutes indépendantes les unes des autres : le fait d'accomplir telle ou telle activité dans un domaine de vie peut faciliter ou au contraire gêner l'atteinte d'un objectif. Je vais donc vous redonner toutes les fiches en dehors de celle-ci.

• Vous allez classer ces fiches en 3 piles, qui seront ou non égales comme vous voulez, selon que pour vous c'est une activité qui peut faciliter l'atteinte de votre objectif prioritaire dans le domaine familial, celles que vous considérez comme une gêne ou un obstacle et celles qui, selon vous, sont sans rapport avec cet objectif.

• Recommencer la même procédure avec la fiche objectif prioritaire du domaine professionnel.

• Vous allez classer ces fiches en 3 piles, qui seront ou non égales comme vous voulez, selon que pour vous c'est une activité qui peut faciliter l'atteinte de votre objectif prioritaire dans le domaine professionnel, celles que vous considérez comme une gêne ou un obstacle et celles qui, selon vous, sont sans rapport avec ces objectifs.

• Recommencer la même procédure avec la fiche objectif prioritaire de la vie personnelle et enfin avec celle du domaine social.

EXERCICE 6 (ACTIVITES ACCOMPLIES)

• Maintenant, nous allons reprendre ces fiches. Vous allez les répartir en 2 tas :
– celles qui décrivent ce que vous faites habituellement;
– celles que vous ne faites jamais ou qu'exceptionnellement.

EXERCICE 7 (INTERNALITE)

• Vous venez de nous indiquer les activités que vous faites et celles que vous ne faites pas.

1) A propos de chacune d'elles, vous diriez je fais (ou je ne fais pas) cette activité parce que :

– cela dépend de moi, de ma volonté, de ma personnalité

```
      1     2     3     4     5     6
◊-----◊-----◊-----◊-----◊-----◊-----◊
non, pas du tout                oui, totalement
```

Pour répondre, vous allez placer la fiche sur un de ces six intervalles.

2) A propos de chacune de ces activités, vous diriez maintenant je fais (ou je ne fais pas) cette activités parce que :
– cela dépend des circonstances, c'est la situation qui décide.

```
      1     2     3     4     5     6
◊-----◊-----◊-----◊-----◊-----◊-----◊
non, pas du tout                oui, totalement
```

Pour répondre, vous allez placer la fiche sur un de ces six intervalles.

VIE FAMILIALE

1) me rendre disponible pour rendre visite à mes parents, les aider, ...
2) avoir des enfants (ou un enfant de plus)
3) quitter ma famille pour être indépendant
4) m'occuper de la maison (cuisine, ménage, ...)
5) trouver un logement
6) faire des économies sur mon logement, réduire les charges
7) bien gérer mon budget (ou celui du couple)
8) chercher un nouveau logement (plus grand, plus confortable, ...)
9) payer mes dettes, rembourser mes emprunts
10) améliorer le confort de mon logement, faire des réparations (peindre, tapisser, poser des étagères, ...)
11) me rendre disponible pour m'occuper de mes (futurs) enfants
12) faire en sorte d'obtenir le respect de mon entourage familial
13) renouer des liens avec ma famille
14) participer aux repas et cérémonies familiales traditionnelles (Noël, anniversaires, ...)
15) acheter ou me procurer des équipements ménagers (aspirateur, lave-linge, ...)

16) me marier ou vivre en couple
17) demander à ma famille de m'aider à trouver du boulot
18) me décharger des tâches domestiques
19) partager des loisirs avec ma famille
20) ne pas être aidé financièrement par mes parents et/ou ma famille

VIE PROFESSIONNELLE

21) acquérir un maximum de qualification
22) suivre une formation ou un stage
23) changer d'orientation et apprendre un nouveau métier
24) chercher un petit boulot, un «job» (faire des livraisons, des ménages, ...)
25) chercher n'importe quel travail
26) trouver une formation qui me permette de mieux savoir lire et écrire
27) lire régulièrement les offres d'emploi dans les journaux
28) aller régulièrement à l'ANPE
29) chercher un emploi provisoire (à temps partiel, par intérim, non déclaré, ...)
30) chercher un travail pas trop loin de chez moi
31) chercher un travail à temps plein, régulier et stable
32) me servir le plus longtemps possible des aides sociales de l'état (allocations diverses : logement, chômage, RMI, ...)
33) reprendre des études
34) rencontrer des employeurs, des «patrons» pour être embauché(e)
35) faire (ou trouver de l'aide pour faire) un bilan (mettre au clair mes envies et mes possibilités pour avoir un travail)
36) utiliser mes relations personnelles pour trouver un emploi
37) chercher un travail à tout prix dans ma spécialité
38) acquérir une plus grande confiance en mes capacités professionnelles et personnelles
39) reculer le plus possible la recherche d'un emploi
40) chercher des moyens d'améliorer mes revenus (heures supplémentaires, travail au noir, obtenir une allocation, ...)

VIE PERSONNELLE

41) pratiquer des sports individuels (footing, gym, musculation, ...)
42) acheter des livres ou des revues
43) acheter une voiture (ou une moto, mobylette) ou en changer
44) pratiquer une activité artistique (musique, peinture, ...)
45) écouter de la musique
46) se ballader dans les magasins, faire du «lèche-vitrine»
47) chercher à avoir plus de temps pour mes loisirs
48) passer du temps à regarder la télévision ou à écouter la radio
49) passer le permis de conduire
50) faire quelque chose pour ma santé
51) chercher à avoir plus d'argent pour mes loisirs
52) avoir des animaux domestiques
53) faire des activités manuelles (bricolage, jardinage, couture, ...)
54) m'aménager un coin tranquille là où j'habite (où je peux me détendre sans être dérangé (e))
55) trouver (ou retrouver) un rythme de vie «normal» (heures de lever, de coucher, de repas, ...)
56) passer ou «tuer» le temps en pratiquant souvent des jeux individuels (flippers, jeux vidéo, ...)
57) acheter une chaîne HI FI, une télévision, ... ou en changer
58) prendre le temps de lire
59) m'informer de l'actualité (politique, sociale, sportive, ...)
60) ne plus être dépendant financièrement

VIE SOCIALE

61) être ou devenir membre d'une association, d'un club
62) faire des rencontres, chercher à me faire des amis
63) m'engager dans des activités pour aider les autres (bénévolat)
64) avoir des contacts réguliers avec mes amis (lettre, téléphone, ...)
65) participer à des activités organisées (randonnée en montagne, visite de monument, ...)

66) pratiquer un sport collectif (football, basket, ...)
67) rencontrer des gens qui ne sont pas dans la même situation que moi
68) voir du monde dans des cafés pour bavarder
69) faire du sport avec quelques amis
70) partir en vacances avec des amis, faire des voyages
71) aller régulièrement chez des amis et/ou les recevoir chez moi
72) choisir ou faire «le tri» parmi mes relations, mes amis
73) sortir (aller au ciné, au resto, au théâtre, ...)
74) faire en sorte d'obtenir le respect de mes amis
75) être ou devenir militant dans un parti politique
76) faire des jeux avec des amis (jeux de société, cartes, baby-foot, ...)
77) m'inscrire sur les listes électorales et/ou voter aux élections
78) aller «en boite» pour m'amuser, faire des rencontres
79) trouver différentes aides (resto du cœur, secours catholique, ...) pour améliorer l'ordinaire
80) rencontrer ou voir plus souvent des travailleurs sociaux (à la mission locale par exemple ou dans d'autres endroits)

Annexe 2
Questionnaire

n° anonymat : ....   date de réponse : le .... 19......

IDENTIFICATION

1. Etes-vous : ❏ marié
              ❏ vie maritale
              ❏ autres – précisez : ....

2. Si vous êtes marié ou si vous vivez maritalement, votre conjointe a-t-elle un emploi ?
    ❏ oui
    ❏ non

3. Si elle a un emploi, est-ce un emploi :
    ❏ à temps complet (39 heures ou plus)
    ❏ à temps partiel (moins de 39 heures)

4. Avez-vous des enfants ?
    ❏ oui
    ❏ non

5. Si vous avez un (ou des) enfant(s), combien ?
   - ....
   - ....

6. Quel âge a (ont) il(s) ?
   - ....
   - ....

7. Avez-vous déjà occupé un emploi ?
   - ❏ oui
   - ❏ non

8. Quel est votre niveau d'études, votre scolarité ?
   - ❏ jusqu'en quatrième (jusqu'à 16 ans)
   - ❏ inférieur au B.E.P.C., C.A.P., B.E.P.
   - ❏ niveau B.E.P.C., C.A.P., B.E.P.
   - ❏ niveau seconde ou première
   - ❏ niveau terminale ou BAC
   - ❏ BAC plus deux ans d'études
   - ❏ licence, maîtrise, ...

9. Quelle est votre catégorie professionnelle, votre qualification ?
   - ❏ manœuvre
   - ❏ ouvrier spécialisé
   - ❏ ouvrier qualifié (P1, P2, P3, O.H.Q.)
   - ❏ employé non qualifié
   - ❏ employé qualifié
   - ❏ agent de maîtrise, cadre, technicien

10. Depuis combien de temps habitez-vous ici ? (c'est-à-dire dans cette ville ou village)
    - ❏ depuis moins d'un an
    - ❏ de 1 à 5 ans
    - ❏ de 5 à 10 ans
    - ❏ depuis plus de 10 ans

11. Avez-vous de la famille ici ?
    - ❏ oui
    - ❏ non

12. Depuis quelle date êtes-vous au chômage ?
    - ....

13. Vous êtes actuellement au chômage à cause de :
    - ❏ licenciement économique

- ❏ autres licenciements
- ❏ démission
- ❏ fin de contrat
- ❏ autres raisons – précisez : ....

14. Etes-vous actuellement au chômage rémunéré ?
    - ❏ oui
    - ❏ non
    - ❏ vous allez bientôt le toucher

15. Est-ce la première fois que vous êtes au chômage ?
    - ❏ oui
    - ❏ non

16. Si ce n'est pas la première fois :

Combien de fois avez-vous été au chômage ?	Durée de chacune des périodes de chômage
	1. .... 3. .... 2. .... 4. ....

17. Renseignements concernant votre expérience professionnelle :

principaux emplois	du	au	qualification
....	....	....	....
....	....	....	....
dernier emploi	du	au	qualification
....	....	....	....

1. Par rapport au précédent questionnaire, est-ce qu'il y a des choses qui ont changé dans votre situation ?
(par exemple : - vous avez déménagé - vous étiez en concubinage, vous êtes marié, ...)
    - ❏ non
    - ❏ oui – précisez les changements : ....

VOTRE SITUATION PAR RAPPORT A L'EMPLOI

Deux possibilités :
1. vous occupez actuellement un emploi : répondez aux questions des pages vertes.
2. vous êtes actuellement au chômage : répondez aux questions des pages oranges.

☞ Même si votre situation est identique à celle que vous aviez lorsque vous avez rempli le questionnaire précédent, je me permets d'insister pour que vous répondiez à nouveau aux questions concernant votre position par rapport à l'emploi.

<u>Attention</u> : Que vous soyez dans l'une ou l'autre de ces deux situations, répondez aux questions des pages blanches.

VOUS OCCUPEZ ACTUELLEMENT UN EMPLOI :

2. Depuis quelle date retravaillez-vous ?
   depuis le .... 19..........
3. Quel est votre nouvel emploi ?
   • ....
4. Par quel intermédiaire avez-vous retrouvé cet emploi ?
   ❑ par l'A.N.P.E. :
      ❑ offre que vous avez trouvée en vous rendant à l'A.N.P.E.
      ❑ offre que l'A.N.P.E. vous a envoyée
      ❑ offre téléphonique de l'A.N.P.E.
   ❑ par les petites annonces
   ❑ par des relations amicales
   ❑ par votre famille
   ❑ par des relations professionnelles antérieures
   ❑ après avoir écrit à une entreprise ou un employeur éventuel
   ❑ après vous être rendu dans des entreprises
   ❑ vous vous êtes mis à votre compte
   ❑ autre – précisez : ....
5. Est-ce un emploi :
   ❑ à durée indéterminée
   ❑ à durée déterminée – précisez cette durée : ....

6. Est-ce un emploi :
- ❏ à temps complet
- ❏ à temps partiel – précisez le nombre d'heures par semaine :
....

7. Si vous avez un emploi à durée déterminée ou un emploi à temps partiel, cherchez-vous en même temps un autre emploi ?
- ❏ oui
- ❏ non

8. Par rapport à votre nouvel emploi, est-ce un emploi :
- ❏ qui correspond à votre qualification
- ❏ qui correspond à votre expérience professionnelle
- ❏ qui se situe dans une autre branche

9. A combien de kilomètres de votre domicile se situe votre nouvel emploi :
- ❏ moins d'un km
- ❏ de 1 à 5 km
- ❏ de 5 à 20 km
- ❏ de 20 à 50 km
- ❏ plus de 50 km

10. Votre nouvel emploi se situe :
- ❏ dans le Lot
- ❏ dans un autre département

11. Par rapport à votre ancien travail, diriez-vous que l'emploi que vous avez maintenant est :
- ❏ plutôt mieux qu'avant
- ❏ plutôt moins bien qu'avant
- ❏ pareil qu'avant

12. Toujours par rapport à votre ancien travail, votre nouvel emploi est-il :
- ❏ moins rémunéré
- ❏ aussi bien rémunéré
- ❏ plus rémunéré

13. A propos de votre nouveau travail, diriez-vous que c'est un travail :
- ❏ très intéressant
- ❏ assez intéressant
- ❏ peu intéressant
- ❏ pas intéressant du tout

■ Si vous avez des remarques à ajouter sur la façon dont vous avez retrouvé un emploi ou des précisions sur cet emploi, vous pouvez le faire ici : ....
....
....

VOUS ÊTES ACTUELLEMENT AU CHÔMAGE
votre recherche d'emploi

■ l'A.N.P.E.

14. Durant ces 15 derniers jours, combien de fois avez-vous contacté l'A.N.P.E. ?
- ❏ jamais (passez à la question 20)
- ❏ moins de 4 fois
- ❏ de 4 à 7 fois
- ❏ de 8 à 12 fois
- ❏ tous les jours

☞ Si vous avez contacté l'A.N.P.E. durant ces 15 derniers jours :

15. Vous vous êtes rendu à l'A.N.P.E. :
- ❏ volontairement, de votre propre initiative
- ❏ sur convocation

16. Quand vous avez été à l'A.N.P.E., durant ces 15 derniers jours : (plusieurs réponses possible)
- ❏ vous avez consulté le tableau d'affichage pour les offres d'emploi
- ❏ vous avez demandé à être reçu pour un entretien
- ❏ vous vous êtes renseigné sur des possibilités de stage
- ❏ vous avez consulté de la documentation (stages, concours, ...)
- ❏ vous avez demandé des informations sur la création d'une entreprise
- ❏ autres – précisez : ....

17. Pour connaître les offres d'emploi : (plusieurs réponses possible)
- ❏ vous vous êtes rendu sur place
- ❏ vous avez téléphoné à l'A.N.P.E.
- ❏ vous avez appelé le service d'offres par téléphone
- ❏ vous avez écouté les offres de l'A.N.P.E. diffusées sur une radio locale
- ❏ on se renseigne aussi pour vous (amis, famille)

18. Durant ces 15 derniers jours, avez-vous répondu à une (ou des) offre(s) d'emploi trouvée(s) à l'A.N.P.E. ?
  - ❏ oui
  - ❏ non (passez à la question 20)

19. Si vous avez répondu à une (ou des) offre(s) d'emploi, combien de fois l'avez-vous fait ?
  - ❏ moins de 4 fois
  - ❏ de 4 à 7 fois
  - ❏ de 8 à 12 fois
  - ❏ plus de 12 fois

■ Petites annonces

20. Durant ces 15 derniers jours, avez-vous consulté des petites annonces dans des journaux ?
  - ❏ oui
  - ❏ non (passez à la question 27)

☞ Si vous avez consulté des petites annonces durant ces 15 derniers jours :

21. Combien de fois l'avez-vous fait ?
  - ❏ moins de 4 fois
  - ❏ de 4 à 7 fois
  - ❏ de 8 à 12 fois
  - ❏ tous les jours

22. Les journaux que vous avez consultés :
  - ❏ vous les avez achetés
  - ❏ vous les avez reçus gratuitement
  - ❏ vous les avez consultés dans un endroit public (café, ...) ou chez des amis

23. A quel moment de la journée avez-vous consulté ces journaux ?
  - ❏ tôt le matin
  - ❏ en fin de mâtinée
  - ❏ l'après-midi

24. Avez-vous répondu à des petites annonces ces 15 derniers jours ?
  - ❏ oui
  - ❏ non (passez à la question 27)

☞ Si vous avez répondu à des petites annonces durant ces 15 derniers jours :

25. Combien de fois l'avez-vous fait ?
 ❏ moins de 4 fois
 ❏ de 4 à 7 fois
 ❏ de 8 à 12 fois
 ❏ plus de 12 fois

26. De quelle manière avez-vous répondu ?
 ❏ par téléphone
 ❏ par courrier
  ❏ avec curriculum vitae
   (c'est-à-dire en donnant le détail de votre carrière professionnelle)
  ❏ sans curriculum vitae
 ❏ en vous rendant sur place

■ **Démarches personnelles**

27. Durant ces 15 derniers jours, avez-vous fait des démarches personnelles (c'est-à-dire sans passer par l'A.N.P.E. ou les petites annonces) ?
 ❏ oui
 ❏ non (passez à la question 31)

☞ Si vous avez fait des démarches personnelles durant ces 15 derniers jours :

28. En quoi ont consisté ces démarches ? (plusieurs réponses possible)
 ❏ vous avez écrit à différentes entreprises
  ❏ avec curriculum vitae (voir question 26)
  ❏ sans curriculum vitae
 ❏ vous avez parlé à des connaissances de votre situation, de l'emploi recherché
 ❏ vous vous êtes rendu sur place (entreprises, commerçants, ...)
 ❏ vous avez téléphoné à des employeurs
 ❏ vous vous êtes renseigné sur des concours
 ❏ vous êtes allé dans divers organismes (chambre de commerce, ...)
 ❏ vous avez cherché des renseignements pour la création d'une entreprise
 ❏ vous avez cherché des renseignements sur le travail à domicile
 ❏ autres – précisez : ....

29. Comment avez-vous trouvé l'adresse ou l'offre d'emploi ?
 ❏ en faisant du porte à porte

- ❏ en consultant l'annuaire
- ❏ par des relations professionnelles antérieures
- ❏ par des amis
- ❏ par la famille

30. Combien de fois l'avez-vous fait ?
- ❏ moins de 4 fois
- ❏ de 4 à 7 fois
- ❏ de 8 à 12 fois
- ❏ plus de 12 fois

■ Si vous avez des remarques ou des observations à faire sur votre recherche d'emploi, vous pouvez le faire ici : ....
....
....
....

Voici maintenant quelques questions concernant :
- la façon dont vous vivez actuellement la situation de chômage ou d'emploi
- quelles sont vos opinions sur le travail et les autres activités de la vie.

Essayez d'y répondre le plus simplement et le plus franchement possible. (Vous pouvez ajouter tous les commentaires qu'il vous semblera bon de faire.)

Bien que ces questions soient identiques à celles figurant dans le précédent questionnaire, je me permets d'insister à nouveau pour que vous répondiez à toutes ces questions. Merci.

31. En parlant de l'emploi (soit des emplois que vous avez occupés, soit de l'emploi en général), quelle est celle des deux formules suivantes que vous utiliseriez de préférence, celle avec laquelle vous êtes le plus d'accord ? (vous ne cochez donc qu'une case par couple de questions)
- a) ❏ l'emploi permet de se sentir autonome, indépendant
  - ❏ Ce n'est pas l'emploi qui permet d'être indépendant, autonome
- b) ❏ Sans emploi, il est difficile d'organiser son temps, on s'ennuie facilement

- ☐ Même sans emploi, on peut arriver à occuper son temps, à ne pas s'ennuyer
c) ☐ Sans emploi, on a l'impression de ne plus appartenir à la société, on se sent rejeté
- ☐ Même sans emploi, on appartient à la société, on ne doit pas se sentir rejeté
d) ☐ L'emploi permet de rencontrer d'autres personnes, d'avoir des contacts
- ☐ Ce n'est pas par l'emploi que l'on se fait le plus de relations
e) ☐ L'emploi permet de donner un sens à la vie quotidienne
- ☐ Ce n'est pas l'emploi qui permet de donner un sens à la vie quotidienne
f) ☐ On est respecté par les autres, même si on n'a pas d'emploi
- ☐ Quand on n'a pas d'emploi, on n'est pas respecté par les autres
g) ☐ L'emploi est un soutien moral, il permet de préserver son équilibre
- ☐ On peut préserver son équilibre et trouver un autre soutien moral en dehors de l'emploi

32. Voici une liste d'adjectifs. Pour chaque adjectif, cochez la case correspondante à votre opinion, vous pouvez décrire, *tel que vous vous voyez actuellement.*

Par exemple :
    vous êtes très satisfait, cochez alors "le plus proche de moi",
    vous êtes satisfait, cochez "proche de moi"
    vous n'êtes pas très satisfait, cochez "différent de moi"
    vous n'êtes pas du tout satisfait, cochez "le plus différent de moi"

	le plus différent de moi	différent de moi	proche de moi	le plus proche de moi
1. Satisfait				
2. Apprécié				
3. Déprimé				
4. Sympathique				
5. Impatient				
6. Ambitieux				
7. Energique				

8. Pessimiste				
9. Sûr de moi				
10. Désagréable				
11. Coléreux				
12. Travailleur				
13. Sociable				
14. Persévérent				
15. Intelligent				
16. Solitaire				
17. Ennuyeux				
18. Anxieux				
19. Rejeté				
20. Perturbé				

33. Avez-vous des activités supposant la rencontre avec un groupe ou des activités à rythme régulier, c'est-à-dire participez-vous à une organisation ou à une association ?
   - ☐ oui
   - ☐ non

Si vous participez à une organisation ou à une association, pouvez-vous remplir le tableau suivant pour donner des détails sur cette ou ces activités.

association ou organisation	vous participez		place occupée (adhérent, membre du bureau)	vous pratiquiez cette activité avant d'être au chômage ?	combien d'heures au cours des 15 derniers jours	vous participez...		
	oui	non				seul	avec des ami(e)s	avec des membres de votre famille
culturelle								
sportive								
de parents d'élèves								
de locataires								
religieuse								

syndicale								
humanitaire								
politique								
de quartier								
autre, précisez :								

34. Pouvez-vous remplir le tableau suivant, en cochant les cases correspondantes à votre cas ?

ACTIVITÉS	combien de fois durant le mois dernier					vous y êtes allé...		
	0	1	2	3-5	+5	avec des amis	en famille	seul
cinéma								
théâtre								
musées, galeries, expositions								
concerts								
matches ou compétitions sportives								
restaurant								
bals ou fêtes locales								
soirées M.J.C.								
concours (belote, pétanque...)								
loto ou quine local								
parties de cartes (belote, manille...)								
pêche, chasse								
jeux de société								
promenade								

autres activités	nombre d'heures durant les 15 derniers jours			
passe-temps (informatique, etc.), précisez :				
bricolages divers				
sport (en dehors d'associations)				
jardinage				
lecture				
jouer d'un instrument de musique				
autres, précisez :				

35. Durant le mois dernier, avez-vous reçu des amis ou êtes-vous allé chez des amis (repas, soirées, regarder la télé, parties de cartes, ...) ?
  ❑ oui
  ❑ non (passez à la question 37)

36. Si oui, combien de fois ?
  ❑ 1 fois
  ❑ 2 fois
  ❑ 3 à 5 fois
  ❑ 5 à 10 fois
  ❑ plus de 10 fois

■ Si vous avez des activités dont nous n'avons pas parlé ici et auwquelles vous consacrez du temps, ou si vous avez des remarques à faire sur vos activités en dehors de l'emploi, vous pouvez le faire ici : ....
....
....
....

37. Tout à l'heure, je vous ai présenté une liste d'adjectifs pour vous interroger sur la manière dont vous vous voyez actuellement. Maintenant, pourriez-vous, avec la même méthode, vous décrire : *tel que vous aimeriez être idéalement* (vous ne tenez plus compte de ce que vous êtes, mais de ce que vous aimeriez être).
Par exemple :
    vous aimeriez être très énergique, cochez alors "le plus proche de moi",
    vous aimeriez être énergique, cochez "proche de moi",
    vous n'aimeriez pas être énergique, cochez "différent de moi",
    vous n'aimeriez pas du tout être énergique, cochez "le plus différent de moi".

	le plus différent de moi	différent de moi	proche de moi	le plus proche de moi
1. Energique				
2. Intelligent				
3. Sûr de moi				
4. Coléreux				
5. Pessimiste				
6. Sociable				
7. Déprimé				
8. Satisfait				
9. Sympathique				
10. Ennuyeux				
11. Travailleur				
12. Perturbé				
13. Solitaire				
14. Ambitieux				
15. Anxieux				
16. Rejeté				
17. Apprécié				

18. Persévérent				
19. Désagréable				
20. Impatient				

38. Tout à l'heure, je vous ai interrogé sur vos sentiments par rapport à l'emploi. Pourriez-vous, avec la même méthode, indiquer vos sentiments sur les activités en dehors de l'emploi ou, si vous préférez, sur les activités non-professionnelles (sportive, culturelle, religieuse...) (c'est-à-dire sur les activités dont vous avez parlé aux questions 33 à 36).

Indiquez quelle est celle des deux formules que vous utiliseriez de préférence :
a) ❑ on peut avoir des responsabilités en dehors de l'emploi
   ❑ les responsabilités ne se trouvent que dans l'emploi
b) ❑ les activités non-professionnelles permettent de rencontrer des gens, de se faire des relations
   ❑ c'est seulement par l'intermédiaire d'un emploi que l'on se fait des relations
c) ❑ si c'était possible financièrement, je préférerais ne pas avoir d'emploi pour me consacrer à d'autres activités
   ❑ même si c'était possible financièrement, je voudrais quand même avoir un emploi
d) ❑ il est nécessaire d'avoir des activités non-professionnelles pour préserver son équilibre
   ❑ on peut préserver son équilibre, même si on n'a pas d'activités non-professionnelles
e) ❑ sans emploi, on se sent inutile
   ❑ les activités non-professionnelles permettent de se sentir utile
f) ❑ les activités en dehors de l'emploi permettent de progresser, d'évoluer
   ❑ ce ne sont pas les activités en dehors de l'emploi qui permettent de progresser, d'évoluer
g) ❑ les activités non-professionnelles ne permettent pas de se mettre en valeur
   ❑ dans les activités non-professionnelles, on peut vraiment se mettre en valeur

39. Voici une dernière liste d'adjectifs. Je vais vous demander, pour finir, de vous décrire, *tel que vous pensez que les gens vous perçoivent* (c'est-

à-dire comment vous pensez que les personnes que vous connaissez vous voient).

Par exemple, vous pensez que les gens vous perçoivent comme :
- une personne très ambitieuse, cochez alors "le plus proche de moi",
- une personne ambitieuse, cochez "proche de moi",
- une personne pas très ambitieuse, cochez "différent de moi",
- une personne pas du tout ambitieuse, cochez "le plus différent de moi".

■ Attention : il ne s'agit pas de demander à quelqu'un de votre entourage de dire ce qu'il pense de vous, vous devez répondre seul à ces questions.

	le plus différent de moi	différent de moi	proche de moi	le plus proche de moi
1. Ambitieux				
2. Impatient				
3. Déprimé				
4. Sociable				
5. Satisfait				
6. Anxieux				
7. Persévérent				
8. Sûr de moi				
9. Energique				
10. Travailleur				
11. Ennuyeux				
12. Intelligent				
13. Apprécié				
14. Coléreux				
15. Pessimiste				
16. Sympathique				
17. Perturbé				

18. Solitaire			
19. Rejeté			
20. Désagréable			

Nous arrivons au terme de ce questionnaire.

40. Pourriez-vous dire dans quelle tranche se situe *actuellement* le revenu mensuel de votre foyer, toutes allocations comprises :
    - ❏ moins de 3000 F
    - ❏ de 3000 à 5000 F
    - ❏ de 5000 à 7000 F
    - ❏ de 7000 à 9000 F
    - ❏ de 9000 à 12000 F
    - ❏ plus de 12000 F

41. Percevez-vous actuellement votre chômage ?
    - ❏ oui
    - ❏ non

42. Avez-vous des traites d'emprunt ou des dettes à rembourser (même si ce sont les même que celles que vous avez indiqué il y a trois mois) ?
    - ❏ oui
    - ❏ non

43. Si oui, à quel montant ces dettes ou ces traites s'élèvent-elles, par mois ?
    - ❏ moins de 500 F
    - ❏ de 500 à 1000 F
    - ❏ de 1000 à 1500 F
    - ❏ de 1500 à 2000 F
    - ❏ de 2000 à 3000 F
    - ❏ plus de 3000 F

Nous voici arrivés au terme de ce questionnaire. J'espère que remplir ce questionnaire ne vous a pas trop ennuyé et que votre participation à cette recherche continuera. A très bientôt, en vous remerciant encore pour votre participation et votre compréhension.

Annexe 3
Caractéristiques sociologiques des trois sous-groupes

Principales caractéristiques socio-démographiques des trois sous-groupes
(cf. chapitre 1, partie 3)

variables	modalités	sous-groupe A		sous-groupe B		sous-groupe C	
Age	20-30	8	31%	6	50%	5	26%
	31-40	8	31%	4	33%	6	32%
	41-55	10	38%	2	17%	8	42%
CSP	O.N.Q.	3	12%	4	33%	3	16%
	O.Q.	13	50%	5	42%	10	53%
	autres	10	38%	3	25%	6	31%
niveau d'études	inf. B.E.P.C.	10	38%	6	50%	4	21%
	B.E.P.C.	10	38%	5	42%	11	58%
	sup. B.E.P.C.	6	24%	1	8%	4	21%
conjointe	sans emploi	12	46%	8	67%	10	53%
	avec emploi	14	54%	4	33%	9	47%
enfant ?	non	6	23%	2	17%	5	26%
	oui	20	77%	10	83%	14	74%
chômage	récurrent	22	85%	6	50%	12	63%
	non récurrent	4	15%	6	50%	7	37%
revenu	inf. à 5000 F	14	54%	9	75%	12	63%
	sup. à 5000 F	12	46%	3	25%	7	37%
dettes	inf. à 1000 F	12	46%	7	58%	11	58%
	sup. à 1000 F	14	54%	5	42%	8	42%
enracinement	faible	7	27%	4	33%	5	26%
	moyen	9	35%	2	17%	7	37%
	fort	10	38%	6	50%	7	37%

Annexe 4
Éléments des domaines et variables sociologiques

Relations entre intensité des C.R.E. et déterminants sociologiques

Dans chaque case du tableau ci-dessous (n° 1) figure, pour chaque temps d'observation, l'occurrence de la variable sociologique correspondant à la moyenne d'intensité des C.R.E. la plus élevée. Il est noté, en dessous, si la moyenne de cette occurrence est significativement différente du (ou des) autres(s) niveau(x) de la variable.

	T1	T2
âge	les plus jeune n.s.	les plus jeunes sign
C.S.P.	O.N.Q. n.s.	O.N.Q. n.s.
niveau d'études	B.E.P.C. n.s.	< au B.E.P.C. sign
conjointe emploi	conj. sans emploi n.s.	conj. sans emploi n.s.
enfant ?	sans enfant n.s.	sans enfant n.s.
récurrence	pas de différence	récurrent n.s.
revenus	revenu < à 5000 F n.s.	revenu < à 5000 F n.s.
dettes	dettes > à 1000 F sign	dettes > à 1000 F n.s.
enracinement	enracin. moyen sign	enracin. moyen sign

Tableau 1 — Relations entre l'intensité des C.R.E. et les déterminants sociologiques.

Relations entre valorisation du domaine professionnel et déterminants sociologiques

Dans le tableau ci-dessous (tableau n° 2) est notée, pour chaque variable sociologique, l'occurrence correspondant à la moyenne de valorisation de la sphère professionnelle la plus élevée.

	T1	T2
âge	les plus âgés sign	les plus jeunes sign
C.S.P.	O.Q. sign	O.N.Q. sign
niveau d'études	< au B.E.P.C. sign	< au B.E.P.C. sign
conjointe emploi	conj. avec emploi n.s.	conj. avec emploi n.s.
enfant ?	sans enfant n.s.	sans enfant n.s.
récurrence	non récurrent	non récurrent n.s.
revenus	revenu < à 5000 F n.s.	revenu < à 5000 F n.s.
dettes	dettes < à 1000 F n.s.	dettes < à 1000 F n.s.
enracinement	pas de différence	pas de différence

Tableau 2 — Relations entre la valorisation de la sphère professionnelle et les déterminants sociologiques.

Relations entre activités sociales et déterminants sociologiques

Dans chaque case du tableau (n° 3) figure pour chaque temps d'observation, l'occurrence de la variable sociologique correspondant à la moyenne d'activités sociales la plus élevée. Au dessous, est précisé si la moyenne de cette occurrence est significativement différente du (ou des) autre(s) niveau(x) de la variable :

	T1	T2
âge	les 30-41 ans sign	les 20-30 ans sign
C.S.P.	catégorie Autres n.s.	catégorie Autres n.s.
niveau d'études	> au B.E.P.C. n.s.	> au B.E.P.C. n.s.
conjointe emploi	conj. avec emploi sign	conj. avec emploi sign
enfant ?	sans enfant n.s.	sans enfant n.s.
récurrence	non récurrent n.s.	récurrent n.s.
revenus	revenu > à 5000 F n.s.	revenu > à 5000 F n.s.
dettes	dettes > à 1000 F n.s.	dettes > à 1000 F n.s.
enracinement	enracinement faible n.s.	enracinement faible sign

Tableau 3 — Relations entre les activités sociales et les déterminants sociologiques.

Relations entre activités privées et déterminants sociologiques

Dans les cases du tableau (n° 4) figure l'occurrence de la variable qui correspond à la moyenne la plus élevée d'activités privées, en T2 :

	T2
âge	les plus âgés n.s.
C.S.P.	O.N.Q. sign
niveau d'études	> au B.E.P.C. n.s.
conjointe emploi	pas de différence
enfant ?	sans enfant n.s.
récurrence	non récurrent n.s.
revenus	revenu > à 5000 F sign
dettes	pas de différence
enracinement	enracinement faible n.s.

Tableau 4 — Relations entre les activités privées et les déterminants sociologiques.

Relations entre valorisation des sphères extra-professionnelles et déterminants sociologiques

Figure dans le tableau ci-dessous (n° 5) les occurrences des variables sociologiques associées aux moyennes les plus élevées de la valorisation des sphères extra-professionnelles.

	T1	T2
âge	les plus jeunes sign	les plus âgés sign
C.S.P.	O.Q. sign	Autres n.s.
niveau d'études	niveau B.E.P.C. sign	> au B.E.P.C. sign
conjointe emploi	conj. avec emploi sign	conj. avec emploi n.s.
enfant ?	sans enfant n.s.	sans enfant sign
récurrence	non récurrent sign	non récurrent sign
revenus	revenu > à 5000 F n.s.	revenu > à 5000 F n.s.
dettes	pas de différence	dettes < à 1000 F n.s.
enracinement	enracinement faible n.s.	enracinement moyen n.s.

Tableau 5 — Relations entre la valorisation des sphères extra-professionnelles et les déterminants sociologiques.

Table des matières

Note aux lecteurs 7

Introduction 9
1. *Une question centrale : quels sont les facteurs psychologiques et psychosociaux susceptibles d'accélérer (ou de gêner) la sortie du chômage?* 11
2. *Quelques définitions préliminaires* 13

PREMIÈRE PARTIE
LES EFFETS PSYCHOLOGIQUES DU CHÔMAGE

Introduction 21

Chapitre 1
La perspective fonctionnaliste 29
1.1. Les fonctions de l'emploi 30
1.2. Emploi et identité 32
1.3. Chômage et estime de soi 34
1.4. Chômage et bien-être psychologique 36
1.5. Chômage et santé physique 39
1.6. Chômage et interactions sociales 40
1.7. Autres variables 42
1.8. Apports et limites de la perspective fonctionnaliste 42

Chapitre 2
La perspective différentialiste 47

2.1. Les variables sociologiques 48
2.2. LA perception de la situation comme stressante 54
2.3. Les supports sociaux 59
2.4. Autres variables 68
2.5. Apports et limites de la perspective différentialiste 71

Chapitre 3
La perspective génétique... 75

3.1. Le modèle de crise de Fink 76
3.2. L'estime de soi 79
3.3. Chômage et cycle transitionnel 83
3.4. Apports et limites de la perspective génétique 89

Chapitre 4
Résumé et conclusion
Apports et limites des études sur les effets psychologiques du chômage 93

4.1. Résumé 93
4.2. Conclusion 96

DEUXIÈME PARTIE
PROBLÉMATIQUE DU SYSTÈME DES ACTIVITÉS ET RÉACTIONS AU CHÔMAGE

Introduction 105

Chapitre 1
Dichotomie : vie de travail/vie hors travail 107

1.1. Position générale du problème 107
1.2. Bilan critique des recherches existantes sur les rapports entre vie de travail et vie hors travail 109

Chapitre 2
La problématique du système des activités.................................... 113

2.1. La notion de système des activités 113
2.2. La notion de mode de vie 121
2.3. Les outils conceptuels inhérents au modèle du système des activités 123
2.4. Implications de la problématique du système des activités 128
2.5. Opérationnalisation de la problématique du système des activités..... 132
2.6. Le chômage comme situation de transition psycho-sociale 138

Chapitre 3
Résumé et conclusion... 143

3.1. Résumé 143
3.2. Conclusion 145

TROISIÈME PARTIE
VITESSE DE SORTIE DU CHÔMAGE ET RÉORGANISATION DU SYSTÈME DES ACTIVITÉS

Introduction 149

Chapitre 1
Dispositif de recherche 151

1.1. Constitution de trois sous-groupes 151
1.2. Techniques de recueil de données 156
1.3. Les variables analysées : indicateurs et traitements 158
1.4. Vitesse de sortie du chômage et déterminants sociologiques 166

Chapitre 2
Le domaine professionnel 173

2.1. Relations entre vitesse de sortie du chomage et éléments du domaine professionnel 174
2.2. Rapport entre valorisation et activités pour la sphère professionnelle 178

Chapitre 3
Les domaines extra-professionnels 183

3.1. Relation entre vitesse de sortie du chômage et éléments des domaines extra-professionnels 183
3.2. Rapport entre valorisation et activités pour les domaines extra-professionnels 186
3.3. Résumé et conclusion 190

Chapitre 4
Le fonctionnement du système des activités en fonction de la vitesse de sortie du chômage 193

4.1. Les relations entre les activités des différents domaines de vie 195
4.2. Les relations entre valorisations des sphères professionnelle et extra-professionnelles 200
4.3. Relations entre valorisation d'une sphère et activités dans d'autres sphères 202

Chapitre 5
Résumé : le fonctionnement du système des activités par sous-groupe 205

5.1. Le sous-groupe A 206
5.2. Le sous-groupe B 208
5.3. Le sous-groupe C 210
5.4. Résumé et conclusion 212

Chapitre 6
La perception de l'individu par lui-même 215

6.1. L'estime de soi et la vitesse de sortie du chômage 216

6.2. Utilisation des canaux de recherche d'emploi et estime de soi 218
6.3. Les activités sociales et l'estime de soi 219
6.4. Moi perçu et estime de soi.. 220
6.5. Conclusion 222

Chapitre 7
Conclusion.. 223

QUATRIÈME PARTIE
CONCLUSION

4.1. Conclusion par rapport à la problématique du système des activités   231
4.2. Conclusion par rapport aux recherches sur le chômage 233
4.3. Conclusion par rapport aux actions d'aides aux chômeurs 235

Bibliographie.. 239

Index des auteurs 253

Annexes.. 259

CHEZ LE MÊME ÉDITEUR

PSYCHOLOGIE ET SCIENCES HUMAINES
collection publiée sous la direction de MARC RICHELLE

1. Dr Paul Chauchard : LA MAITRISE DE SOI. *9ᵉ éd.*
7. Paul-A. Osterrieth : FAIRE DES ADULTES. *16ᵉ éd.*
9. Daniel Widlöcher : L'INTERPRETATION DES DESSINS D'ENFANTS. *9ᵉ éd.*
11. Berthe Reymond-Rivier : LE DEVELOPPEMENT SOCIAL DE L'ENFANT ET DE L'ADOLESCENT. *9ᵉ éd.*
22. H. T. Klinkhamer-Steketée : PSYCHOTHERAPIE PAR LE JEU. *3ᵉ éd.*
24. Marc Richelle : POURQUOI LES PSYCHOLOGUES? *6ᵉ éd.*
25. Lucien Israel : LE MEDECIN FACE AU MALADE. *5ᵉ éd.*
26. Francine Robaye-Geelen : L'ENFANT AU CERVEAU BLESSE. *2ᵉ éd.*
27. B.F. Skinner : LA REVOLUTION SCIENTIFIQUE DE L'ENSEIGNEMENT. *3ᵉ éd.*
29. J.C. Ruwet : ETHOLOGIE : BIOLOGIE DU COMPORTEMENT. *3ᵉ éd.*
38. B.-F. Skinner : L'ANALYSE EXPERIMENTALE DU COMPORTEMENT. *2ᵉ éd.*
40. R. Droz et M. Rahmy : LIRE PIAGET. *3ᵉ éd.*
42. Denis Szabo, Denis Gagné, Alice Parizeau : L'ADOLESCENT ET LA SOCIETE. *2ᵉ éd.*
43. Pierre Oléron : LANGAGE ET DEVELOPPEMENT MENTAL. *2ᵉ éd.*
45. Gertrud L. Wyatt : LA RELATION MERE-ENFANT ET L'ACQUISITION DU LANGAGE. *2ᵉ éd.*
49. T. Ayllon et N. Azrin : TRAITEMENT COMPORTEMENTAL EN INSTITUTION PSYCHIATRIQUE
52. G. Kellens : BANQUEROUTE ET BANQUEROUTIERS
55. Alain Lieury : LA MEMOIRE
58. Jean-Marie Paisse : L'UNIVERS SYMBOLIQUE DE L'ENFANT ARRIERE MENTAL
59. Jacques Van Rillaer : L'AGRESSIVITE HUMAINE
61. Jérôme Kagan : COMPRENDRE L'ENFANT
62. Michel S. Gazzaniga : LE CERVEAU DEDOUBLE
64. X. Seron, J.L. Lambert, M. Van der Linden : LA MODIFICATION DU COMPORTEMENT
65. W. Huber : INTRODUCTION A LA PSYCHOLOGIE DE LA PERSONNALITE. *2ᵉ éd.*
66. Emile Meurice : PSYCHIATRIE ET VIE SOCIALE
67. J. Château, H. Gratiot-Alphandéry, R. Doron et P. Cazayus : LES GRANDES PSYCHOLOGIES MODERNES
68. P. Sifnéos : PSYCHOTHERAPIE BREVE ET CRISE EMOTIONNELLE
69. Marc Richelle : B.F. SKINNER OU LE PERIL BEHAVIORISTE
70. J.P. Bronckart : THEORIES DU LANGAGE
71. Anika Lemaire : JACQUES LACAN. *2ᵉ éd. revue et augmentée.*
72. J.L. Lambert : INTRODUCTION A L'ARRIERATION MENTALE
73. T.G.R. Bower : DEVELOPPEMENT PSYCHOLOGIQUE DE LA PREMIERE ENFANCE
74. J. Rondal : LANGAGE ET EDUCATION
75. Sheila Kitzinger : PREPARER A L'ACCOUCHEMENT
76. Ovide Fontaine : INTRODUCTION AUX THERAPIES COMPORTEMENTALES
77. Jacques-Philippe Leyens : PSYCHOLOGIE SOCIALE. *2ᵉ éd.*
78. Jean Rondal : VOTRE ENFANT APPREND A PARLER
79. Michel Legrand : LE TEST DE SZONDI
80. H.J. Eysenck : LA NEVROSE ET VOUS
81. Albert Demaret : ETHOLOGIE ET PSYCHIATRIE
82. Jean-Luc Lambert et Jean A. Rondal : LE MONGOLISME
83. Albert Bandura : L'APPRENTISSAGE SOCIAL
84. Xavier Seron : APHASIE ET NEUROPSYCHOLOGIE
85. Roger Rondeau : LES GROUPES EN CRISE?

86 J. Danset-Léger : L'ENFANT ET LES IMAGES DE LA LITTERATURE ENFANTINE
87 Herbert S. Terrace : NIM. UN CHIMPANZE QUI A APPRIS LE LANGAGE GESTUEL
88 Roger Gilbert : BON POUR ENSEIGNER?
89 Wing, Cooper et Sartorius : GUIDE POUR UN EXAMEN PSYCHIATRIQUE
90 Jean Costermans : PSYCHOLOGIE DU LANGAGE
91 Françoise Macar : LE TEMPS, PERSPECTIVES PSYCHOPHYSIOLOGIQUES
92 Jacques Van Rillaer : LES ILLUSIONS DE LA PSYCHANALYSE. 2ᵉ éd.
93 Alain Lieury : LES PROCEDES MNEMOTECHNIQUES
94 Georges Thinès : PHENOMENOLOGIE ET SCIENCE DU COMPORTEMENT
95 Rudolph Schaffer : COMPORTEMENT MATERNEL
96 Daniel Stern : MERE ET ENFANT, LES PREMIERES RELATIONS
97 R. Kempe & C. Kempe : L'ENFANCE TORTUREE
98 Jean-Luc Lambert : ENSEIGNEMENT SPECIAL ET HANDICAP MENTAL
99 Jean Morval : INTRODUCTION A LA PSYCHOLOGIE DE L'ENVIRONNEMENT
100 Pierre Oleron et al. : SAVOIRS ET SAVOIR-FAIRE PSYCHOLOGIQUES CHEZ L'ENFANT
101 Bernard I. Murstein : STYLES DE VIE INTIME
102 Rondal/Lambert/Chipman : PSYCHOLINGUISTIQUE ET HANDICAP MENTAL
103 Brédart/Rondal : L'ANALYSE DU LANGAGE CHEZ L'ENFANT
104 David Malan : PSYCHODYNAMIQUE ET PSYCHOTHERAPIE INDIVIDUELLE
105 Philippe Muller : WAGNER PAR SES REVES
106 John Eccles : LE MYSTERE HUMAIN
107 Xavier Seron : REEDUQUER LE CERVEAU
108 Moreau/Richelle : L'ACQUISITION DU LANGAGE
109 Georges Nizard : ANALYSE TRANSACTIONNELLE ET SOIN INFIRMIER
110 Howard Gardner : GRIBOUILLAGES ET DESSINS D'ENFANTS, LEUR SIGNIFICATION
111 Wilson/Otto : LA FEMME MODERNE ET L'ALCOOL
112 Edwards : DESSINER GRACE AU CERVEAU DROIT
113 Rondal : L'INTERACTION ADULTE-ENFANT
114 Blancheteau : L'APPRENTISSAGE CHEZ L'ANIMAL
115 Boutin : FORMATION ET DEVELOPPEMENTS
116 Húsen : L'ECOLE EN QUESTION
117 Ferrero/Besse : L'ENFANT ET SES COMPLEXES
118 R. Bruyer : LE VISAGE ET L'EXPRESSION FACIALE
119 J.P. Leyens : SOMMES-NOUS TOUS DES PSYCHOLOGUES?
120 J. Château : L'INTELLIGENCE OU LES INTELLIGENCES?
121 M. Claes : L'EXPERIENCE ADOLESCENTE
122 J. Hayes et P. Nutman : COMPRENDRE LES CHOMEURS
123 S. Sturdivant : LES FEMMES ET LA PSYCHOTHERAPIE
124 A. Pomerleau et G. Malcuit : L'ENFANT ET SON ENVIRONNEMENT
125 A. Van Hout et X. Seron : L'APHASIE DE L'ENFANT
126 A. Vergote : RELIGION, FOI, INCROYANCE
127 Sivadon/Fernandez-Zoïla : TEMPS DE TRAVAIL, TEMPS DE VIVRE
128 Born : JEUNES DEVIANTS OU DELINQUANTS JUVENILES?
129 Hamers/Blanc : BILINGUALITE ET BILINGUISME
130 Legrand : PSYCHANALYSE, SCIENCE, SOCIETE
131 Le Camus : PRATIQUES PSYCHOMOTRICES
132 Lars Fredén : ASPECTS PSYCHOSOCIAUX DE LA DEPRESSION
133 Mount : LA FAMILLE SUBVERSIVE
134 Magerotte : MANUEL D'EDUCATION COMPORTEMENTALE CLINIQUE
135 Dailly/Moscato : LATERALISATION ET LATERALITE CHEZ L'ENFANT
136 Bonnet/Tamine-Gardes : QUAND L'ENFANT PARLE DU LANGAGE
137 Bruyer : LES SCIENCES HUMAINES ET LES DROITS DE L'HOMME

138 Taulelle : L'ENFANT A LA RENCONTRE DU LANGAGE
139 de Boucaud : PSYCHOLOGIE DE L'ENFANT ASTHMATIQUE
140 Duruz : NARCISSE EN QUETE DE SOI
141 Feyereisen/de Lannoy : PSYCHOLOGIE DU GESTE
142 Florin et al. : LE LANGAGE A L'ECOLE MATERNELLE
143 Debuyst : MODELE ETHOLOGIQUE ET CRIMINOLOGIE
144 Ashton/Stepney : FUMER
145 Winkel et al. : L'IMAGE DE LA FEMME DANS LES LIVRES SCOLAIRES
146 Bideau/Richelle : PSYCHOLOGIE DEVELOPPEMENTALE
147 Schmid-Kitsikis : THEORIE CLINIQUE ET FONCTIONNEMENT MENTAL
148 Guggenbühl/Craig : POUVOIR ET RELATION D'AIDE
149 Rondal : LANGAGE ET COMMUNICATION CHEZ LES HANDICAPES MENTAUX
150 Moscato et al. : FONCTIONNEMENT COGNITIF ET INDIVIDUALITE
151 Château : L'HUMANISATION OU LES PREMIERS PAS DES VALEURS HUMAINES
152 Avery/Litwack : NEE TROP TOT
153 Rondal : LE DEVELOPPEMENT DU LANGAGE CHEZ L'ENFANT TRISOMIQUE 21
154 Kellens : QU'AS-TU FAIT DE TON FRERE?
155 Rondal/Henrot : LE LANGAGE DES SIGNES
156 Lafontaine : LE PARTI PRIS DES MOTS
157 Bonnet/Hoc/Tiberghien : AUTOMATIQUE, INTELLIGENCE ARTIFICIELLE ET PSYCHOLOGIE
158 Giovannini et al. : PSYCHOLOGIE ET SANTE
159 Wilmotte et al. : LE SUICIDE
160 Giurgea : L'HERITAGE DE PAVLOV
161 Ionescu : MANUEL D'INTERVENTION EN DEFICIENCE MENTALE N° 1
162 Ionescu : MANUEL D'INTERVENTION EN DEFICIENCE MENTALE N° 2
163 Pieraut-Le Bonniec : CONNAITRE ET LE DIRE
164 Huber : PSYCHOLOGIE CLINIQUE AUJOURD'HUI
165 Rondal et al. : PROBLEMES DE PSYCHOLINGUISTIQUE
166 Slukin : LE LIEN MATERNEL
167 Baudour : L'AMOUR CONDAMNE
168 Wilwerth : VISAGES DE LA LITTERATURE FEMININE
169 Edwards : VISION, DESSIN, CREATIVITE
170 Lutte : LIBERER L'ADOLESCENCE
171 Defays : L'ESPRIT EN FRICHE
172 Broome Walace : PSYCHOLOGIE ET PROBLEMES GYNECOLOGIQUES
173 Aimard : LES BEBES DE L'HUMOUR
174 Perruchet : LES AUTOMATISMES COGNITIFS
175 Bawin-Legros : FAMILLES, MARIAGE, DIVORCE
176 Pourtois/Desmet : EPISTEMOLOGIE ET INSTRUMENTATION EN SCIENCES HUMAINES
177 Sloboda : L'ESPRIT MUSICIEN
178 Fraisse : POUR LA PSYCHOLOGIE SCIENTIFIQUE
179 Ruffiot : PSYCHOLOGIE DU SIDA
180 McAdams/Deliège : LA MUSIQUE ET LES SCIENCES COGNITIVES
181 Argentin : QUAND FAIRE C'EST DIRE...
182 Van der Linden : LES TROUBLES DE LA MEMOIRE
183 Lecuyer : BEBES ASTRONOMES, BEBES PSYCHOLOGUES : L'INTELLIGENCE DE LA 1re ANNEE
184 Immelmann : DICTIONNAIRE DE L'ETHOLOGIE
185 Collectif : ACTEUR SOCIAL ET DELINQUANCE
186 Fontana : GERER LE STRESS
187 Bouchard : DE LA PHENOMENOLOGIE A LA PSYCHANALYSE
188 Chanceaulme : MOURIR, ULTIME TENDRESSE
189 Rivière : LA PSYCHOLOGIE DE VYGOTSKY

190 Lecoq : APPRENTISSAGE DE LA LECTURE ET DYSLEXIE
191 de Montmolin/Amalberti/Theureau : MODÈLES DE L'ANALYSE DU TRAVAIL
192 Minary : MODÈLES SYSTÉMIQUES ET PSYCHOLOGIE
193 Grégoire : ÉVALUER L'INTELLIGENCE DE L'ENFANT
194 Gommers/van den Bosch/de Aguilar : POUR UNE VIEILLESSE AUTONOME
195 Van Rillaer : LA GESTION DE SOI
196 Lecas : L'ATTENTION VISUELLE
197 Macquet : TOXICOMANIES ET FORMES DE LA VIE QUOTIDIENNE
198 Giurgea : LE VIEILLISSEMENT CÉRÉBRAL
199 Pillon : LA MÉMOIRE DES MOTS
200 Pouthas/Jouen : LES COMPORTEMENTS DU BÉBÉ : EXPRESSION DE SON SAVOIR ?
201 Montangero/Maurice-Naville : PIAGET OU L'INTELLIGENCE EN MARCHE
202 Colin A. Epsie : LE TRAITEMENT PSYCHOLOGIQUE DE L'INSOMNIE
203 Samalin-Amboise : VIVRE À DEUX
204 Bourhis/Leyens : STÉRÉOTYPES, DISCRIMINATION ET RELATIONS INTERGROUPES
205 Feltz/Lambert : ENTRE LE CORPS ET L'ESPRIT
206 Francès : MOTIVATION ET EFFICIENCE AU TRAVAIL
207 Houziaux : ÉDUCATION DU PATIENT ET ORDINATEUR
208 Roques : SORTIR DU CHÔMAGE

Manuels et Traités

Droz-Richelle : MANUEL DE PSYCHOLOGIE
Hurtig-Rondal : MANUEL DE PSYCHOLOGIE DE L'ENFANT (Tome 1)
Hurtig-Rondal : MANUEL DE PSYCHOLOGIE DE L'ENFANT (Tome 2)
Hurtig-Rondal : MANUEL DE PSYCHOLOGIE DE L'ENFANT (Tome 3)
Rondal-Seron : LES TROUBLES DU LANGAGE (DIAGNOSTIC ET REEDUCATION)
Fontaine/Cottraux/Ladouceur : CLINIQUES DE THERAPIE COMPORTEMENTALE
Godefroid : LES CHEMINS DE LA PSYCHOLOGIE